KB236055

스크린 연기의 비밀

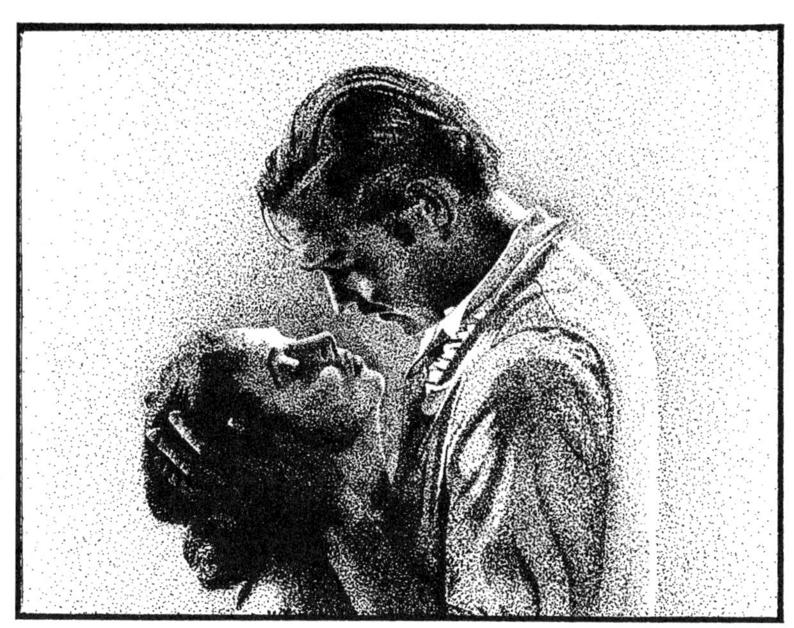

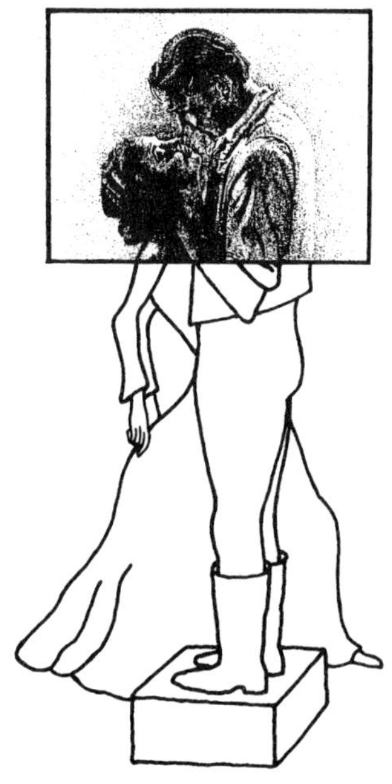

스크린 연기의 비밀

패트릭 터커 지음
방은진 옮김
일러스트레이션 존 스탬프

SIGONGART

시네파일

스크린 연기의 비밀

초판 1쇄 발행일 1999년 8월 15일
초판 12쇄 발행일 2023년 1월 25일

지은이 패트릭 터커
옮긴이 방은진

발행인 윤호권
사업총괄 정유한

발행처 ㈜시공사 **주소** 서울시 성동구 상원1길 22, 6-8층(우편번호 04779)
대표전화 02-3486-6877 **팩스(주문)** 02-585-1755
홈페이지 www.sigongsa.com / www.sigongjunior.com

ISBN 978-89-527-0118-3 93680

*시공사는 시공간을 넘는 무한한 콘텐츠 세상을 만듭니다.
*시공사는 더 나은 내일을 함께 만들 여러분의 소중한 의견을 기다립니다.
*잘못 만들어진 책은 구입하신 곳에서 바꾸어 드립니다.

나의 아내 크리스틴에게

차 례

서문

<table>
<tr><td>스크린 연기가 더 현실적이다</td><td>틀립니다</td></tr>
<tr><td>감정이나 표현을 축소한 것이 텔레비전 연기이다</td><td>역시 틀립니다</td></tr>
<tr><td>영화는 시각적인 것이 전부이다</td><td>그렇게 단순하지만은 않습니다</td></tr>
<tr><td>스크린에서 표정 연기는 절제하라</td><td>오히려 반대의 경우가 맞습니다</td></tr>
<tr><td>배우의 입장에서 무대나 스크린이나 연기는 같은 것이다</td><td>절대 오산입니다</td></tr>
</table>

앞으로 이 책에서는 위에서 언급한 문제에 대한 올바른 답뿐만 아니라, 더 많은 것들을 다루게 될 것이다.

영화나 텔레비전, 즉 영상 매체의 연기 방법은 무대와는 분명한 차이가 있다는 것을 알고 있으면서도 과연 **무엇을 어떻게 해야 할 것인가** 하는 단순하면서도 본질적인 의문을 풀기 위해서 이 글을 쓰게 되었다. 배우 혹은 연기를 가르치는 사람들을 우선적으로 염두에 두었지만 아나운서, 감독, 그리고 방송에서 인터뷰에 응하는 방법 등도 구분해서 정리해보았다.

영화, TV, 연극이라는 매체에 따른 연기의 차이점도 결국 여타의 영상물에서 다루어져야 하는 연기의 다양성이라는 측면으로 조심스럽게 대입시켜보았다. 이 미디엄 샷에서는 어떤 연기를 **어떻게 해야 하는지**, 다른 크기의 화면에서는 **또 어떤 것이 필요한지**를 구체적으로 알려주게 될 것이다. 따라서 영화나 텔레비전에 출연할 의사가 없다거나 관계가 없는 사람에게는 이 책이 전혀 가치가 없을 수도 있다.

그러나 스크린 속에서 배우가 연기를 한다는 것은 도대체 어떤 것인가에 관심이 있는 사람이라면 미처 생각지 못했던 것들과 만나게 될 수도 있을 것이다.

내가 이 책에서 쓰는 '스크린'이라는 용어는 큰 화면(영화)과 작은 화면(텔레비전)을 함께 지칭하고 있다. 만약 미디엄 샷이라 표현한다면, 그것은 어떤 한 특정한 장면을 논하는 것이 된다. 글을 쓰면서 완벽하게 중간자적인 입장에 서기가 불가능했던 것처럼, 성별을 함께 쓰는 것도 용이하지 않았다. 그래서 차라리 각 장마다 편이에 따라 '그녀' 또는 '그'를 취사 선택하였다. 이런 경우가 그리 많지는 않지만, 각 장의 주제와는 관련이 없음을 밝힌다. "배우"라는 호칭 역시 남성과 여성을 통칭한다.

지금은 해체되어버린 미국 극예술협회(American Theater Association)에서 '스크린 연기 교육의 **필요-가능성**과 방법'이라는 주제로 강의를 한 적이 있었다. 강의는 대단히 성공적이었고, 열렬한 반응과 지지를 받았지만 쏟아지는 질문에는 대답할 길이 없었다. "어떤 텍스트를 참조하셨나요?", "어디서 더 배울 수 없을까요?"

이 책이 뒤늦게나마 그들에게 답장이 되기를 바란다.

감사의 말

"책을 내려면 더 망설이지 말고 계약서를 부치는 것이라고 하더군요. 여기 보내주신 계약서에 사인을 해서 보냅니다." 이 한 장의 편지가 이 책을 탄생시킨 배경이라면 배경이다. 나의 동지 빌 게르마노(Bill Germano)의 독려와, 루트리지(Rdutledge) 출판사의 협조가 없었다면 이 책은 출판되지 못했을지도 모른다.

덴마크의 볼덴보르그, 아일랜드의 더블린, 영국의 리버풀에서 텔레비전 드라마를 연출하던 당시 나는 이 글을 쓰기 시작했고, 런던과 뉴욕에서 마무리 작업을 하고나서야 끝낼 수 있었다. 그때 나와 함께 작업했던 스태프들과 연기자들의 숨은 격려와 도움에도 감사한다.

내가 텔레비전 연기자 양성 교육을 시작한 것이 벌써 1975년의 일이다. 그때부터 런던 드라마 스튜디오(Drama Studio London)에서 1년 코스로서 매년 연기자들을 배출했고, 마찬가지로 영국의 다른 연기 학교와 미국에서도 지속적으로 수업을 할 수 있었다. 무엇보다도 전혀 새로운 연기 방법을 시도할 수 있도록 믿고 지켜봐주었던 런던 드라마 스튜디오의 피터 레이튼(Peter Layton) 학장에게 가장 큰 감사의 마음을 전하고 싶다. 그리고 나의 연기 체계가 뉴욕에까지 성공적으로 입성할 수 있게 물심양면으로 도와준 팀 오만(Tim Oman), 덕 머스턴(Doug Moston), 존 베이즐(John Basil)과 아메리칸 글로브 시어터(American Globe Theatre), 마고 극단(The Magots)에게도 고마움을 전한다.

제1장

스크린 VS 무대
Screen versus Stage

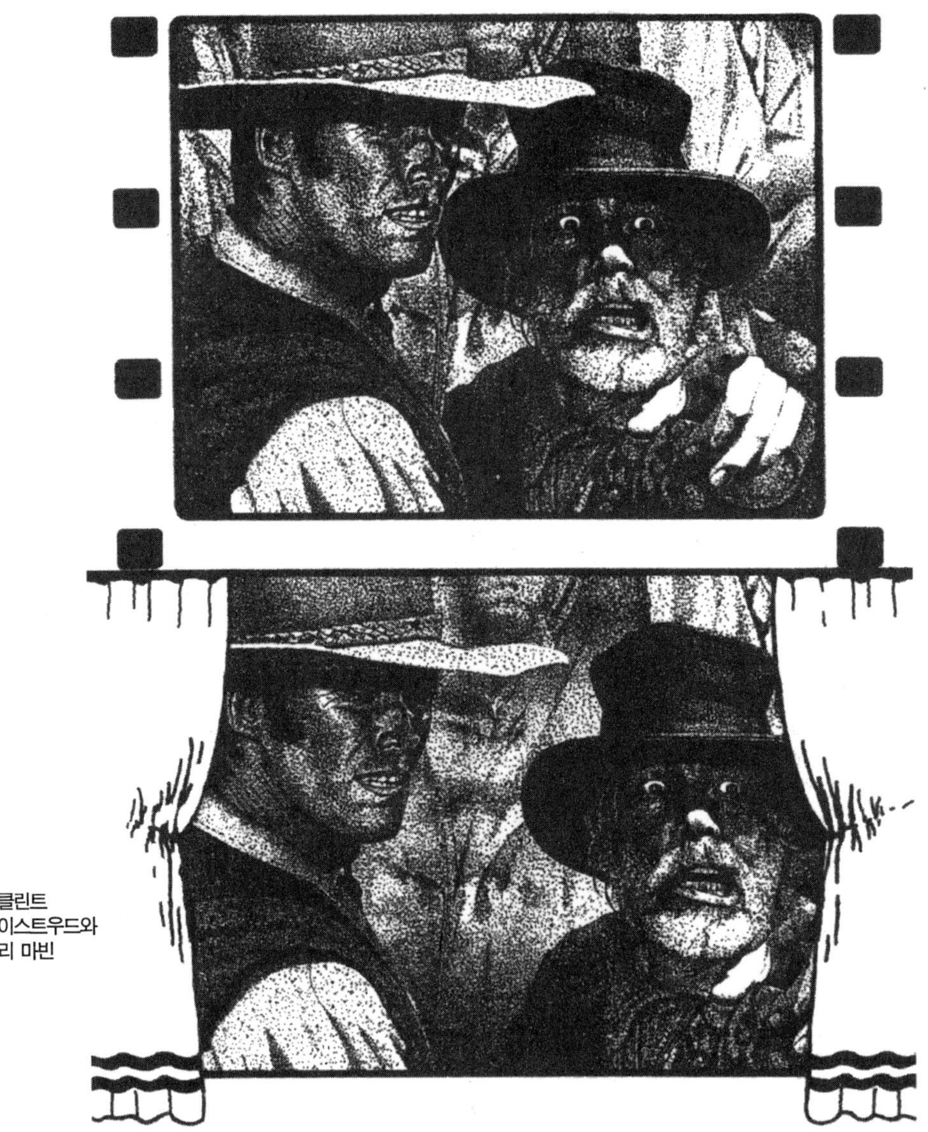

클린트
이스트우드와
리 마빈

우리는 모두 연극 배우이다

네, 그렇습니다. 비록 실제로 무대에 서본 경험이 없더라도, 매순간 우리가 원하는 무엇을 위해 '행동(action)'을 취하는 것이 바로 '연기(acting)'이며, 행위의 상대와 나 사이에는 어떤 공간이 존재하게 되고, 그 공간은 "현실적인" 거리이므로 그 행동은 이미 연극인 것이다.

어린아이는 울음으로써 욕구나 의사를 표현하지만, 그것이 채워지면 언제 그랬냐는 듯이 울음을 뚝 그친다. 너무나도 그럴 듯한 '연기(performance)'이다.

불친절한 서비스 때문에 항의하게 될 때 나오는, 퉁명스럽고 경직된 말투도 그 중의 하나이다.

운전하다 속도위반으로 걸려 한 번만 봐달라고, 거짓 미소를 지으며 온갖 말로 사정하는 것도 특정한 관객을 향한 연기의 일종이다.

이런 순간들은 사실 우리의 감정이나 생각은 그렇지 않은데, 상대방에게 그렇게 납득되도록 우리의 언어나 신체를 사용한 것이다. 우리가 느끼는 것이 무엇인지가 진실이 아니라 다른 사람에게 우리가 그렇게 느끼고 있다고 **믿게** 하는 것이다. 이것은 무대 배우도 마찬가지이다.

설령 영화 감독이라 할지라도 우리들 중에 스크린 연기에 경험이 있다거나, 실제 화면에서의 연기와 지금까지 위에서 말한 연기가 어떻게 다른지 아는 사람은 극히 드물다.

대체 스크린 연기와 무대 연기의 차이점은 무엇이라고 생각하느냐는 질문을 하면, 경험이 전혀 없든 짧든 풍부한 경험을 쌓은 사람이든 놀라울 정도로 하나같이 똑같은 대답을 한다.

다음은 미국과 영국에서 현재 프로로 활동하고 있는 배우에서부터 학생에 이르기까지 나의 질문에 답한 내용들을 추려본 것이다.

만약 영화와 연극에서 연기의 차이가 있다면 무엇이라고 생각하며 어떻게 하겠습니까?

과장하지 않아야 한다.

좀더 사실적인 연기를 해야 한다.

좀더 밀착된, 친근한 방식이어야 하지 않을까?

대사의 톤은 전체적으로 낮춘다.

좀더 내면적이라고나 할까.

연극적인 연기 방법을 축소하면 되는 것 아닐까.

정적인 표현.

표정 연기가 중요하다.

연극보다는 아무래도 모든 것을 작게 해야 할 것이다.

자연스러워야 한다.

공통적인 반응은 이런 것들인데 **전부 틀린 대답들이다!**

정규 수업이나 워크샵을 통해 내가 들을 수 있는 대답은 위에 열거한 10가지 항목 안에 있거나, 일곱 여덟 가지는 이 잘못된 조항들의 변형일 뿐이다. 메소드 연기를 가르치는 영국의 한 드라마 학교를 최근에 졸업한 학생들조차도 그동안 사실적인 연기를 하도록 철저하게 교육받았기 때문에 연극 무대보다는 텔레비전에 적응하기가 훨씬 쉽고, 다른 누구보다 잘 훈련받았다고 확신에 차 있지만, 실상 그들은 3년의 교육 과정 동안 스크린 연기를 단 한 번도 연습해본 적이 없기 때문에 화면을 통해 연기하는 것이 어떤 것인지 분석해본 적도 없을 것이다.

과거 신참 배우들은 경험이 있고 노련한 선배들의 연기를 관찰하고, 함께 무대에 서면서 연기를 배웠다. 연구생들은 아무리 작은 역이라도 기꺼이 했으

<table>
<tr><td>

나의 학생들이 영화 연기가 무대 연기와는 달라야 한다고 생각하는 점

· 과장되지 않게
· 좀더 사실적으로
· 친근한 연기
· 너무 크게 말하지 않도록
· 좀더 내면적인 연기
· 행위의 축소
· 너무 많이 움직이지 말 것
· 표정으로 연기
· 섬세한 표현
· 더 자연스럽게

</td></tr>
</table>

며, 무대 뒤에서 주연 배우의 연기를 보면서 언젠가 나도 꼭 저렇게 해야지 하는 꿈을 꾸다가 막상 그런 기회가 오면 정말로 그렇게 흉내만 내기 십상이었다.

지금까지 살아오면서 **본인**이 직접 표를 사고, 마찬가지로 배우도 자신이 공연한 만큼 정당한 출연료를 받는 공연을 몇 편이나 보았는가?

20편? 50편? 아니면 한 100편 이상? 훨씬 더 된다면? 좋다. 그러면 300편쯤 된다고 치자.

그렇다면 전문적인 무대 연기를 **몇 시간** 정도 본 것이 되는 걸까?

900시간 정도 될 것이다. 사실, 대부분 그 정도의 시간을 연극을 보느라고 소비했을 리는 없지만, 이왕이면 1000시간이라고 하자.

그런데 비해 소위 상업 **영화나 텔레비전**은 몇 시간 정도 봤을까? 과연 몇 시간이나 될까?

요즘 세태로 어림만 잡아도, 10대 청소년기를 지날 때쯤 되면 이미 1만 시간에서 2만 시간 정도의 영상물을 접하게 될 것이다.

그럼에도 불구하고 여전히 대다수는 스크린 연기에는 필연적으로 어떤 것들이 수반되어야 하는지에 대해서 아무런 개념 정리조차 되어 있지를 않고, 무엇이든지 항상 **무대 연기적인 측면**으로만 대입시켜서 생각하려 한다.

참으로 아이러니가 아닐 수 없다.

기초적인 시작

스크린에서는 *샷의 크기에 따라 전신이 다 보일 수도 있고 얼굴만 크게 비추어질 수도 있다. 각기 다른 화면의 크기에 관해서는 조목조목 얘기를 하겠지만, 불행히도 샷의 크기를 규정짓는 **의미**가 나라마다 다르고, 심지어는 한 나라 안에서도 혼용되고 있는 형편이다. 나로서는 가장 보편적인 것을 따라야 한다는 입장이지만, '미디엄 클로즈업(medium close-up)'의 의미만 예를 들어보아도 막상 혼동될 때가 종종 있기 때문에, 각각의 샷마다 항상 보편적인 용어로 정립하는 것이 수반되어야 하겠다. 그러므로 앞으로 이 책에서는 샷에 관해 기술할 때도 다각도로 풀이해보려 한다.

TV화면에 한 여자의 모습이 나온다고 하자. 얼굴이 화면의 상단에, 하단에는 발 끝까지 보인다면 이것을 *롱 샷(Long Shot, LS)이라고 한다.

일반적으로 우리는 22인치 크기의 텔레비전을 약 2-3미터 떨어져서 시청한다. 가능하다면 지금 한번 시험해보는 것이 좋겠다. 꺼져 있는 화면에서 3미터 정도 떨어져서, 한 여인의 전신상이 그 화면에 있다고 상상해보자.

이제, 실제로 극장에서 배우가 이 정도의 크기로 보이려면 얼마나 멀리 떨어져 앉아 있어야 될까? 거리로 따지면 약 20미터가 되고, 이는 대극장의 맨 뒷자리나 2층 발코니석이 될 것이다.

그렇다면 이때 배우는 어떻게 그들의 감정이나 행동, 분위기를 멀리 떨어져 있는 관객에게 전달할 수 있을까? 상황에 맞게 연극적인 발성과 온몸을 적극적으로 활용하는 방식을 택할 것이다. 왜냐하면 이 정도의 거리에선 배우의 얼굴 표정을 거의 볼 수 없기 때문이다.

다음은 미드 샷, 혹은 *미디엄 샷(Mid-Shot, MS)이다. 여자의 머리는 여전히 화면 상단에 있지만 영상 이미지는 커졌기 때문에 상체에서 무릎까지만 보일 때를 말한다. 스크린에 세 인물을 동시에 잡을 때도 보통 이 샷을 사용한다.

공연장이라면 어디쯤 앉아야 인물이 **이 정도의 크기**로 보일까? 미국이라면 오케스트라 시트(orchestra seat)라고 불리는 객석의 중간쯤(우리 나라의 R석 개념이다–옮긴이 주), 영국이라면 스톨(stalls)이 될 것이다. 이제 배우는 약간의 표정 연기를 할 수는 있지만 역시 몸 전체를 쓰지 않으면 안 된다.

다음은 *미디엄 클로즈업(Medium Close-Up, MCU). 이 샷은 배우의 얼굴과 어깨, 즉 상반신을 가슴선까지 자른 것이다. 그렇다면 극장의 위치로는 어디쯤 될까?

우연히도 객석의 맨 앞줄에 앉게 되었다면, 이것이 바로 3미터 정도 떨어진 위치에서 보게 되는 샷과 거의 동일한 크기가 되는 것이다. 같은 맥락으로 미디엄 클로즈업이란 **텔레비전이 놓여 있는 위치에 배우가 있다고 생각**하면 되는 것이다. 다시 말하자면 미디엄 클로즈업 샷은 실제 우리의 삶과 일련의 관계가 형성되기 때문에 당연히 텔레비전 드라마에서 가장 흔히 쓰이는 샷이다.

이 부분에서 너무 텔레비전 쪽에 치중해서 이야기하는 것이 아닌가 하겠지만, 영화관에서 상영되는 영화(films)에서의 샷은 텔레비전보다는 영상 이미지를 더 여유 있게 찍기 때문에 약간의 차이가 있다. 고전이지만 존 포드(John Ford)의 〈역마차

샷의 크기에 맞는 연기의 방식	
롱 샷	크고, 멜로드라마틱한 연기
미드 샷	소극장 스타일의 연기
미디엄 클로즈업	사실적인 연기
익스트림 클로즈업	가상의 것

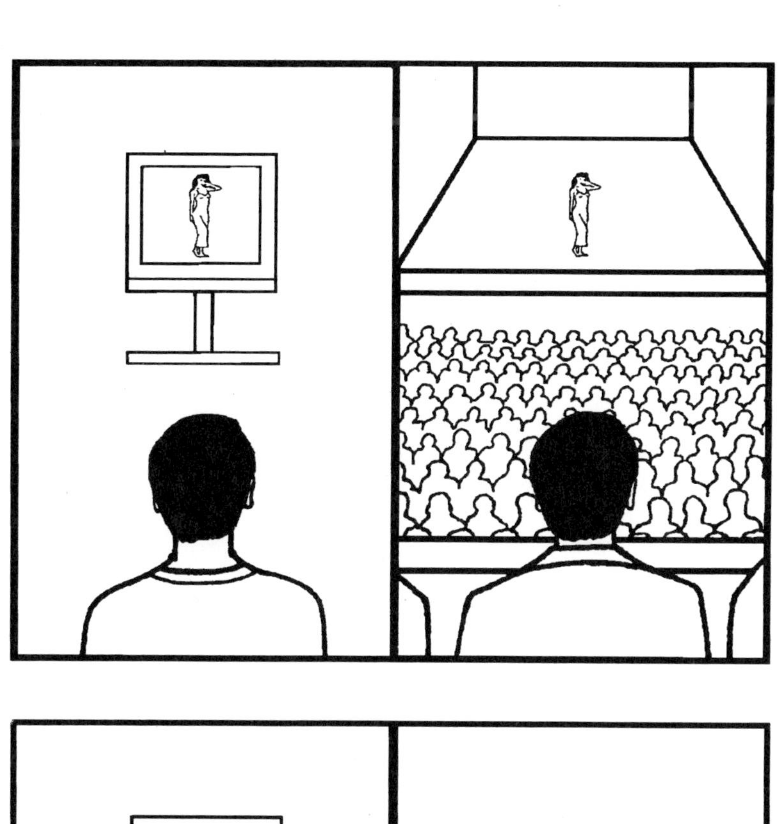

발코니석에서
봤을때

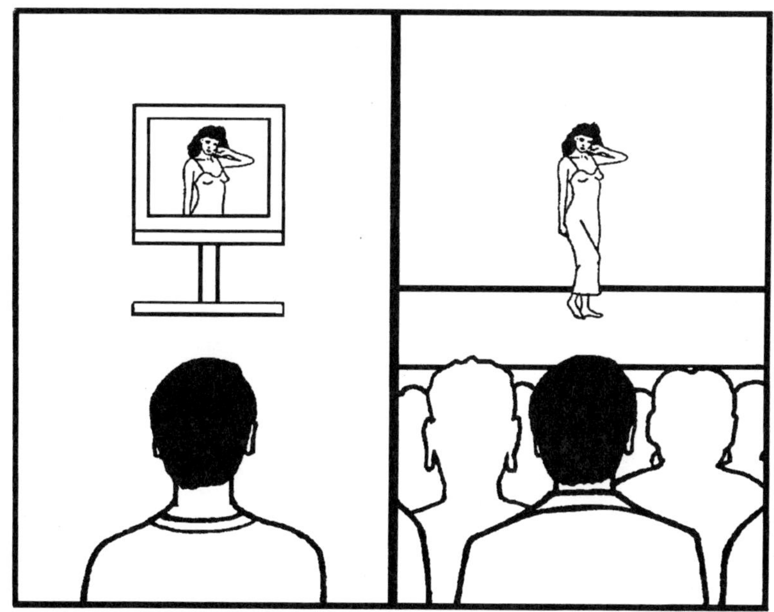

오케스트라석
중간에서
봤을 때

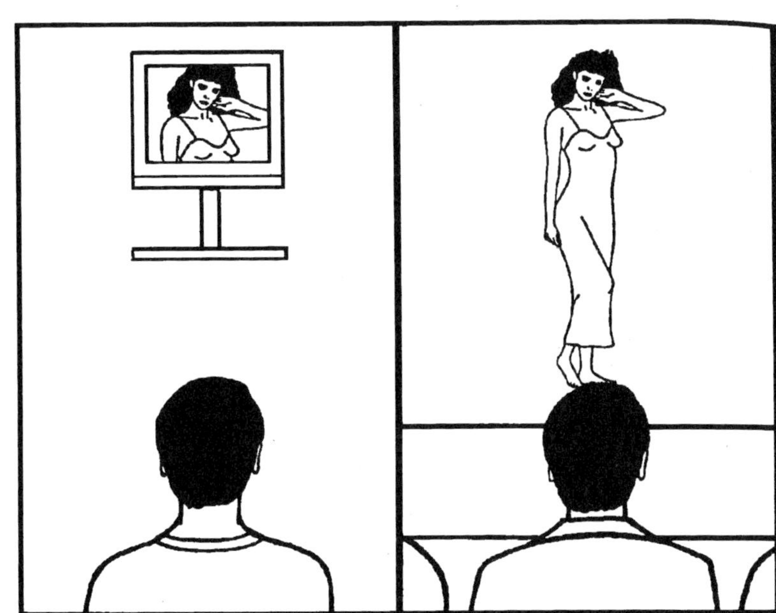

오케스트라석
앞줄에서
봤을 때

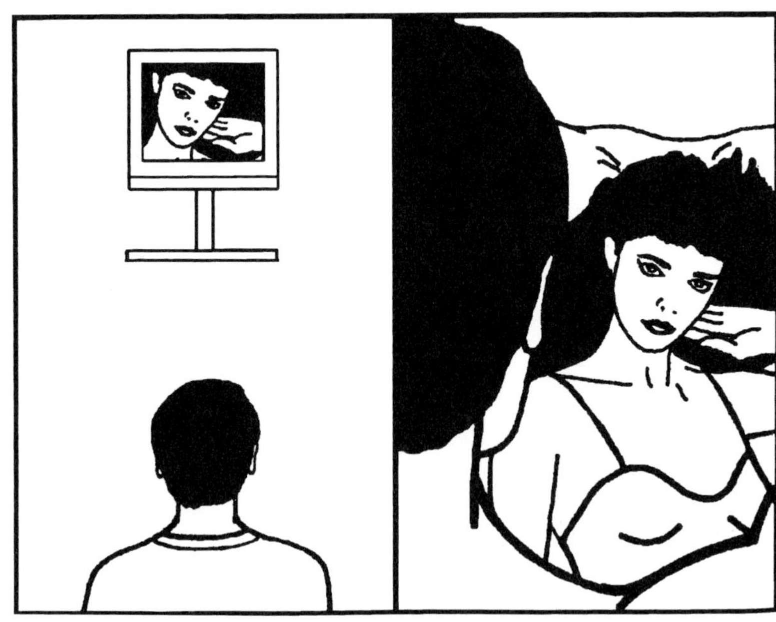

무대 위에
올라가서
봤을 때

Stage Coach〉를 보면 미디엄 샷보다 큰 사이즈가 거의 없다. 근래에 와서 영화도 텔레비전 방영권이라든지 개봉 후 바로 비디오로 출시해서 수입의 큰 몫을 벌어들이는 것을 주목할 필요가 있다. 이제 영화도 화면의 크기가 점점 커져서 방송에 걸맞는 사이즈나 스타일을 채택하고 있는 것이다.

그렇다면 배우는 3미터 가량밖에 떨어져 있지 않은 관객과 어떤 방식으로 교감해야 할까? 당연히 아주 섬세한 감정 표현과 미세한 표정으로 실제 그들의 현실과 흡사한 연기를 해야 할 것이다.

여기서 끝나는 것이 아니다. 하나의 샷이 더 있는데, 바로 눈썹에서부터 뺨까지 얼굴 자체만을 크게 잡아서 화면을 채우는 익스트림 클로즈업(Extreme Close-Up, ECU)이 그것이며, 영국에서는 빅 클로즈업(Big Close-Up, BCU)이라고 부른다. 그렇다면 **이런 화면**을 보기 위해서는 극장의 어디쯤 앉아야 좋을까?

그러기 위해서는 무대에 올라, 배우가 누워 있는 침대로 뛰어들어서 그렇게 보이게끔 가까이 다가가야 하는데, 그 정도로 가까이 간다하더라도 어찌 됐든 시야는 초점이 맞지 않을 것이므로 **절대로** 현실적으로는 화면에서처럼 사람을 볼 수 없다. 그렇다고 해서 이 샷이 쓰이지 않을 리 있는가! 이것은 이른바 비현실적인 샷이며, 현상적인 화면이 아니라 **가상으로 떠올리는** 화면이라고 할 수 있다.

배우가 순회 공연을 하게 되면 으레 공연을 하게 될 극장이 대극장이냐, 중극장이냐, 소극장이냐에 따라서 같은 작품이라도 극장 조건에 맞게 적응하는 일이 불가피한 것이다. 즉 매주 장소가 바뀔 때마다 매번 다른 공연을 하는 것이나 마찬가지인 셈이다.

스크린 연기는 어디까지나 다양한 사이즈의 샷과 더불어서 연기하는 것이므로 스크린 배우라면 당연히 **각각의 샷에 적합한 연기를 할 수 있도록** 준비되어 있어야 한다.

다시 말하자면 반드시 배우는 샷의 크기에 따라 연기 스타일을 변화시켜야만 한다는 것이다.

롱 샷	**크고, 멜로드라마틱한 연기**
미디엄 샷	**소극장 스타일의 연기**
미디엄 클로즈업	**사실적인 연기**
익스트림 클로즈업	**가상의 것**

아주 간단하다. 그렇지 않은가?

13페이지를 보면 샷의 크기에 따른 배우의 모습을 볼 수 있다. 왼쪽 줄은 카메라가 배우를 점점 타이트하게 잡아가는데도 똑같은 방식으로 연기하는 경우이고, 오른쪽은 샷의 크기에 적절하게 반응하는 경우이다. (내가 어느쪽을 더 좋아하겠느냐는 생각해볼 필요도 없는 일이다. 각자의 판단이 더 중요한 것이다.)

연극 감상 vs 스크린 감상

이미 알고 있겠지만, 무대 공연을 관람할 때 관객은 무대의 어느 부분을 봐야 하는지에 대한 선택권을 가지고 있다고 할 수 있다. 관객은 극 중 대사를 하고 있는 배우의 모습을 볼 수도 있고, 그 말을 경청하고 있는 상대방을 볼 수도 있으며, 아니면 구석에 조용히 서 있는 하인의 모습을 볼 수도 있다. 혹은 무대 장치나 조명을 관찰할 수도 있고, 심지어 작품이 지루하기 짝이 없을 경우에는 앞줄에 앉은 다른 관객의 뒤통수에 관심을 쏟을 수도 있다.

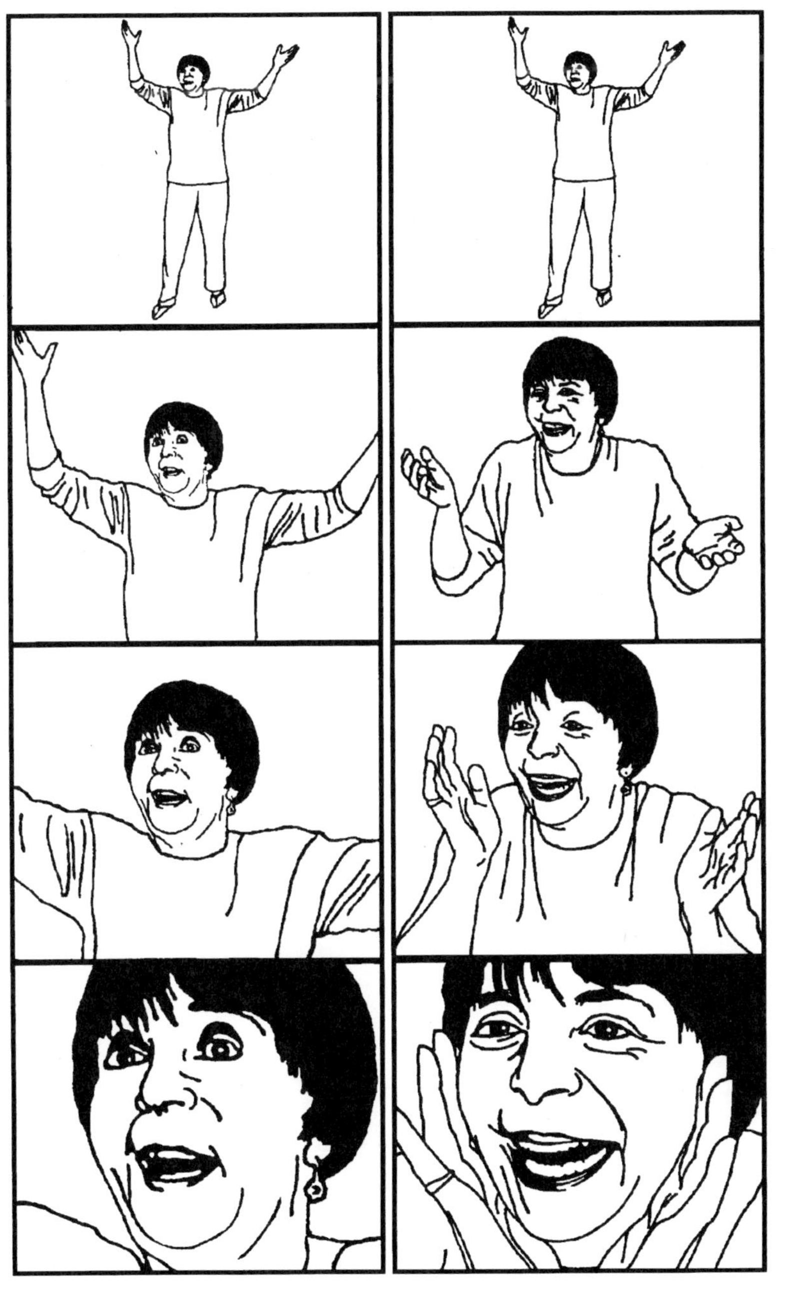
롱 샷(LS)
미드 샷(MS)
미디엄
클로즈업(MCU)
익스트림
클로즈업(ECU)

그러나 스크린은 제작자가 제시하고 있는 그 순간의 장면을 제외하고는 그 어떤 것도 볼 수가 없다. 따라서 관객은 나열된 여러 이미지들에서 골라 볼 수 있는 것이 아니고, 주어진 하나의 장면으로 **모든 것**을 느껴야 하기 때문에 좀더 많은 의미가 **함축되어 있어야** 한다.

무대와 스크린 간에는 또다른 근본적인 차이가 있는데, 텔레비전 화면의 경우를 한번 살펴보자. 극장이라는 조건하에서 우리는 빛의 반사에 의해 배우를 보지만, 화면은 이미지 자체가 빛을 전달하고 있다. 그렇기 때문에 텔레비전 화면은 상당히 강제적이며, 즉 보지 않을 수 없게 만든다는 것이다. (일상적인 분위기의 무대를 만든다고 텔레비전을 무대 위에 설치해놓고, 실제로 화면에 무엇인가를 틀어주는 식의 연출을 하는 것도 위험하다. 얼마 전에 런던에서 그렇게 한 작품을 한 편 보았다. 관객들은 텔레비전 화면에 나오는 저녁 뉴스와 광고를 아주 재미있게 보았지만, 관객의 시선을 뺏긴 무대 위의 배우는 승산 없는 노력을 계속하고 있었다.)

이제 사람들은 화면을 대하는 것에 지나칠 정도로 익숙해져버렸다. 내가 아는 강사 한 사람은 자신의 강의 시간에 뒤에 앉아 있는 학생들을 위해 TV 스크린을 설치하고 스크린을 통해 자신을 볼 수 있게 했다. 그때 그녀는 가까이 있는 학생들 조차도 조명 아래 실제 자신의 모습보다 화면을 통해 나오는 모습에 시선을 빼앗기고 있다는 것을 알게 되었다고 한다. 화면에 이상이 생겨 지직거릴 뿐 아무 것도 나오지 않았을 때도 여전히 화면만 보고 있는 것을 보니, 화가 나서 도저히 견딜 수가 없었다고 했다.

실생활에서 무대로, 스크린으로

실생활에서 두 사람이 대화를 나누고 있다고 상상해보자. 만일 이 상황을 무대화 시켜서 재현한다면 어떤 변화가 생길까? 우선 목소리가 커질 것이고 몸은 관객 쪽으로 향하여 객석에서 좀더 얼굴이 잘 보이도록 하겠지만, 전반적으로

'일상'과 '무대'라는 개념 사이에는 상당한 유사성이 존재하고 있다.

같은 상황을 스크린 상에서 보여준다면 또 어떨까? 그럴 경우는 좀더 극적인 변화가 일어나게 된다. 두 배우를 서로가 서로에게 **아주** 밀착시킨다든지, 한 배우를 뒤쪽에 비껴 세워서 앞에 있는 배우의 머리카락에다가 말하게 한다든지 하는 식이다. 그러므로 두 배우를 한 화면에 잡아야 한다면, 이것이 실제와 같은 **느낌**이 나게 하기 위해서는 '실제' 생활로부터 기본적으로 떨어져 나오지 않을 수가 없다. 이것을 *눈속임이라고 한다. 이 장 첫 페이지의 삽화를 다시 한 번 살펴보기 바란다. 영화 〈당신의 왜건을 색칠하세요 *Paint Your Wagon*〉에서 클린트 이스트우드(Clint Eastwood)와 리 마빈(Lee Marvin)이 아주 가까이 서 있는 영화 속의 한 장면이다. 영화 화면에서처럼 두 성인 남자가 몸을 바짝 붙이고 서 있다는 것은 거의 불가능한 일이므로, 아래의 그림이 '실생활'에 있음직한 간격이라고 하겠다.

아직 뭔가 잘 이해가 안 된다고 생각이 든다면, 일단 책은 접어두고 텔레비전을 켜서 **볼륨은 완전히 줄이고**(그래야 스토리를 따라가느라 방해받지 않는다) 드라마나 영화를 보면서 화면 속에서 어떻게 배우들이 **실제로** 서로 관계를 설정하며 서 있는지, 위치는 어떤 식으로 잡았는지 스스로 느껴보길 권한다. 그러면서 사실적으로 **보이게** 하기 위해 그 안에서 이뤄지는 모든 종류의 **눈속임**들을 인식하는 안목을 키우길 바란다.

이런 눈속임이 왜 필수적인가는 제3장 '프레임'과 제4장 '카메라'에서 더 세밀히 다루게 될 것이다.

스크린과 무대의 차이점	
스크린	**무대**
·관객은 보여지는 것만을 본다	·관객이 선택해서 본다
·'실생활'과는 상당한 차이가 있다	·'실생활'과 비교적 가깝다
·일관성 있는 인물 성격	·인물 성격의 변화와 증대
·샷에 따른 연기 방식	·극장에 따른 연기 방식

드라마의 구조

화면에서 다뤄지는 드라마의 구조는, 특히 그것이 텔레비전의 연속극이거나 고정 캐스팅이 끌어나가는 정규 프로그램일 때, 무대에서 공연되는 연극 작품의 구조와는 상당한 차이점이 있다. 굳이 타입 캐스팅(typecasting. 출연자만 보고도 이미 어떤 성격의 드라마인지 알 수 있는 것—제7장 '타입 캐스팅' 참조)이라는 속성을 언급하지 않더라도, 일반적으로 텔레비전에서는 드라마가 지향하는 성격이나 종류를 바꿀 수 없고, 등장하는 인물의 성격도 매회 거의 일관된 역할을 수행하며, 그렇게 해를 넘기기도 한다. 바로 이러한 점, 바깥 세상과 맞부딪칠 수 있는 대체된 감정적 보상심리 때문에 사람들은 연속극을 보는 것이다. 시청자들은 007 첩보원이 어떤 난관에도 불구하고, 어떻게 끝끝내 그의 정의가 실현되는지, 그럼으로써 어떤 인물이 법의 심판 앞에서 항상 승리하고, 항상 패배할 것인지를 **알고 싶어한다.**

이는 내가 언급하려 하는 고통의 법칙(Theory of Suffering)과 연관이 있다. 텔레비전 드라마에는 대개 어려움에 처해 고통받는 인물들을 설정하고 있는데, 이는 시청자들로 하여금 적어도 자신이 아는 누군가가 자기보다 더 고통받고 있다는 것을 느낄 수 있게 해주기 때문이다. 실제의 삶에서 우리는, 어떤 사건이 어떻게 벌어져서 또 어떤 방식으로 잘 대처해나갈지 혹은 그렇지 못할지를 전혀 예측할 수 없지만, 드라마 상에서는 채널만 고정해놓으면 몇 회를 건너뛰고 보더라도 J.R(TV 시리즈 〈다이너스티 *Dynasty*〉에 나왔던 주인공 중의 한 사람–옮긴이 주)은 여전히 사기꾼이라는 것을 이내 **알아차릴 수 있다.** 마찬가지로 탐정 모스는 언제나 살인사건을 해결할 것이며, 로잔느(TV 시트콤 중 하나인 〈로잔느 *Roseanne*〉의 뚱뚱하고 억척스러우면서도 재치 있는 주인공–옮긴이 주)도 우리를 대신하여 사소한 인생의 위기를 넘기며 꿋꿋하게 살아갈 것을 알고 있으며 또 그렇게 믿는 것이다.

몇 년 전 독일의 방송드라마 팀들과의 회의에서 영국의 드라마는 가난한 하층민이 어떤 역경을 견뎌내며 사는가를 보여주려 하는 반면, 미국에서는 부유한 사람들의 고통을 다루고자 한다는 언급을 한 적이 있다. 그리고 최근에 우연히 독일 드라마를 보게 되었을 때, 시청자들을 대신해서 온갖 역경을 극복해내는 이들은 결국 그 사회의 중류층이라는 결론을 얻게 되었다.

그러므로 배우들이여! 고통과 분노의 최대치를 표현하는 방법을 터득하라. 그리하면 맡을 역할은 지천일 것이다. 여러분들은 지금쯤 아마 이 말을 듣고 쾌재를 부르고 있을 것이다. 존 배리모어(John Barrymore. 대표작으로는 〈리처드 3세〉, 1920년 〈지킬박사와 하이드〉, 1928년 〈폭풍우〉 등이 있다-옮긴이 주)조차도, 왜 영화에서 큰 역할보다도 작은 역할을 선택했느냐는 질문에 이렇게 대답했다고 한다. 항상 가장 괴로움을 많이 당하는 어려운 인물을 선호하다보니 그렇게 되었을 뿐이다라고.

무대 위의 배우 vs 스크린 속의 배우

배우들은 저마다 느끼는 이 두 매체의 엄청난 차이에 대해 많은 얘기를 한다. 리처드 A. 블럼(Richard A. Blum)의 『연기하는 배우*Working Actors*』를 참조하기 바란다. 그러나 정작 연기에 대해 물으면 자신이 실제로 느끼고 알고 있는 것이 아니라, 이런 얘기를 듣고 싶어 할 것이라 생각한 바를 얘기하기 일쑤이다.

왜냐하면 무수히 많은 연극 배우들 중 영화 쪽에 선택된 배우들은 영화 연기를 알든 모르든 간에 스크린에서 좀더 '자연스런' 연기를 하고 싶어하며, 또 그렇게 해야만 하기 때문이다. 때로는 배우들이 알고 있는 전문지식이 명확하지 못한 것이 이유가 되기도 한다.

한번은 뉴욕에서 꽤 명성 있는 원로급 여배우와 작업을 한 일이 있었는데, 자신은 영화나 연극이나 연기적인 차이는 없다며 내게 단언하였다. 스타니슬라브스키(Stanislavski)의 연기론을 공부한 그녀는 영화도 무대에서와 같이 연기하면 된다는 것이었다. 그러나 우리가 함께 일을 해나가면서 그녀는 내가 얘기했던 여러 부분들을 사실은 자기도 실행하고 있다는 것을 인정하게 되었다. 결국 워크샵이 끝날 때쯤에는 무대에서와는 다르게 스크린에서 연기했던 것들을 그녀 스스로 인정하고 받아들이게 되었다. 그 여배우를 비난하려는 것이 아니라(사실 이런 경우는 비일비재하다), 중요한 것은 그녀가 자신의 연기에 대해 **말하고 있는 것 그대로 연기하지 않는다**는 점이다. 그녀는 대단히 노련한 배우였고, 따라서 결과는 당연히 성공적이었다. 많은 경우 배우들은 프로로서 현장에서 촬영할 때 어떤 식으로 연기에 임하는지와 같은 실제적인 것보다는, 아마도 상대방이 듣고 싶어 할 것이라 스스로 판단한 것에 대해서 말할 것이다. (흔한 질문 중에 하나인 "자신이 맡은 배역의 인물이나 성격에 대해 늘 생각하시는 편이시죠?"라고 물으면 그렇다고 대답해야지 별 수 없지 않은가.)

웬만큼 경력이 있는 배우들은 이렇게 말을 할 것이다. "그동안 스크린 연기를 하면서 터득한 것은 뭘 하려고 하지 말라는 것이다. 단지 느낌대로 하라." 신인 배우들은 그 말을 듣고 그런 것쯤이야 하며 현장에 뛰어들어보지만, 그들이 생각해왔던 연기라는 측면은 어디에도 존재하지 않으며 자신은 화면에서 보이지도 않는다는 것을 깨닫고는 당황하게 된다.

여기에 또다른 두 가지 흥미로운 점을 발견할 수 있다. 첫째는 배우가 스크린 연기에 경험이 쌓이면 쌓일수록 내가 강조하고 싶어하는 스크린 연기의 테크닉들을 **무의식** 중에도 구사하게 된다는 것이다. 마치 우리가 운전을 처음 배울 때는 기어를 바꾸면서 말을 하는 것이 전혀 불가능한 것처럼 생각되지만, 익숙해지면 운전을 하면서도 끊임없이 수다를 떨 수 있는 것과 마찬가지이다. 두 번째는 훨씬 더 구체적으로 드러나는 현상이다. 소위 스타는 스크린에 얼굴이나 성격만을 표출할 뿐만 아니라, 이전 작품의 뛰어났던 연기까지도 더불어 기억하게 만든다는 것이다. 이는 그 배우의 연기를 감상하는 데 일종의 **선입견**을 만든다. 실베스터 스탤론(Sylvester Stalon)이 영화 속에서 흘낏 보는 눈길만으로도 우리는—그가 전작(前作)에서 폭력과 액션물을 주로 했다는 것을 기억하는 한—위협적이고 강한 느낌을 받는 반면, 똑같은 눈빛이라도 우리가 전혀 모르는 배우일 때는 아무 감흥을 받을 수가 없다. 마찬가지로 스펜서 트레이시(Spencer Tracy)가 뭔가 수상쩍은 역할로 나오면—그의 영웅적인 캐릭터를 떠올리게 되면서—관객들은 팽팽한 심리전 속으로 빠져들게 되겠지만, 만약 우리 자신이 똑같은 역할을 맡는다면 뭔가 수상하다는 그것밖에는 떠올리지 못할 것이다. 우리가 알고 있는 스타가 술이나 성적(性的)인 결함이나 스캔들, 혹은 신경과민 증세가 있다든지 하다면(이 모두가 친절한 매스컴 덕으로 알게 되는 것이지만), 즉각적으로 작품을 감상하는 것에 영향을 끼치게 된다. 그렇기 때문에 제작자는 캐스팅을 할 때 배우 개개인의 사생활과 평판까지도 고려하여 인물을 결정한다. 누구라도 우디 알렌(Woody Allen)의 사진 한 장만 보면 그가 가지고 있는 여러 경력을 망라해서 떠올릴 수 있으며 이는 굳이 그의 연기를 보지 않고도 가능한 일이다.

킹 비더(King Vidor)는 스크린 연기에 대해 "나는 모든 미세한 것들이 사실적으로 보이길 바라지만, 반드시 사실적이어야 할 필요는 없다."라고 했다. 메소드 연기의 감독인 엘리아 카잔(Elia Kazan)은 이렇게 기술하고 있다. "영상 예술은 이미지를 촬영해내는 것이지 대사를 찍어내는 것이 아니다."

공연을 녹화한다는 것은

연극 공연을 실황 녹화한다는 것은 어쨌든 실패하게 되어 있다. 그만큼 무대 연기와 스크린 연기는 엄청난 차이가 있다는 것을 증명해주고 있는 것이다.

제작 주체가 적지 않은 돈을 투자해서 녹화할 각오가 되어 있지 않은 이상—일례로 트레버 넌(Trevor Nunn)의 〈니콜라스 니클비 *Nicholas Nickleby*〉 같은 작품은 **촬영**을 위해 따로 6주 이상의 리허설을 했었다—극장으로 비디오 카메라를 들고 와서 실제 공연과 같은 무언가를 얻으려 한다면 이는 절대로 불가능하다. 배우의 연기 방식, 관객을 향한 접근, 이 모두가 엉성하기 짝이 없게 된다. 과연 그들은 객석을 향해 연기할 것인가? 아니면 카메라를 염두에 두고 연기할 것인가? 자신이 서 있는 무대의 바로 앞에 앉아 있는 관객 쪽으로 열린 연기를 해야 할 것인가? 아니면 다양한 각도로 자리를 잡고 있는 카메라 렌즈에 시선과 높이를 맞출 것인가?

결과적으로 이런 경우는 무대는 무대대로, 텔레비전은 텔레비전대로 맞지 않게 된다. 보관의 의미로 녹화해놓는다면 객석 후면(後面) 어딘가에 카메라를 뻗쳐놓고 촬영하는 것도 한 방법이겠지만, 이것은 여전히 그날 공연을 기록해놓는다는 것 외에는 진정한 의미의 공연 예술을 체험하는 것과는 상당한 거리가 있다.

영상물로서의 〈니콜라스 니클비〉가 성공할 수 있었던 것은 모든 연기자들이 무대 위의 상황을 똑같이 펼쳐 보이면서도 **스크린에 맞는 연기**를 했기 때문이다. 물론 그렇기 때문에 그 작업을 하기 위한 시간적인 투자를 별도로 할 수밖에 없었다.

영국 출신 배우 이안 리처드슨(Ian Richardson)이 뉴욕에 머물렀을 때의 일이다. 우연히 어떤 극장에서 자신이 십 수년 전에 공연했던 전설적인 작품 〈마라/사드 *Marat/Sade*〉의 녹화물을 상영한다는 소식을 접하게 되었다. 당연히 그의 발길은 그곳으로 향하지 않을 수 없었고 그 작품을 보게 되었는데, 관객의 혹평과 비웃음을 받아들이지 않을 수 없었던 것은 자기 자신의 눈에도 그렇게 보였기 때문이다. 연극은 그것을 바라보는 관객의 눈 안에 존재하는 것이다. 바로 그 관객을 배제하고는 무대는 무대로서의 가치를 잃어버리게 된다. 로렌스 올리비에(Sir Lanrence Olivier)의 〈오델로 *Othello*〉를 절대로 비디오 테이프로는 보지 말기 바란다. 그가 무대 위에서 보여주었던 천재성과 걸출함은 어디에도 없고, 형편없는 스크린 속의 모습만 보게 될 것이기 때문이다. 그러나 극장에서 관객들과 호흡하며 공연했을 이안 리처드슨의 연기는 관객들이 매일 밤 기립 박수로 열광하였을 정도로 **탁월한 것이었다.**

그러므로 19세기 여배우의 살아 있는 전설, 사라 베른하르트(Sarah Bernhardt)의 오래된 역작들을 보고 함부로 평가하지 말 일이다. 그 당시 그 극장의 감동을 현재의 우리는 공유하기 어렵다. 무대와 스크린은 섞이지 않는 매체이고, 그렇기 때문에 그것이 빛을 발하게 하기 위해서는 다른 각도의 접근이 필요하다.

얼마 전에 내가 몸담고 있던 대학에 스크린 연기에 관한 이틀 일정의 특강을 하러 갔을 때의 일이다. 강의 이틀째였는데 특강을 신청했던 학생들 중 몇 명이 보이지 않았다. 연유를 알고 보니 자기들은 앞으로 무대에서만 연기하는 연극 배우로 남기로 결정했다는 것이다. (그들에게 타입 캐스팅에 대해서도 얘기를 했었는데, 어쨌든 그들은 내가 얘기했던 내용들에 공감을 못했던 모양이다.) 그렇게 불투명한 프로 근성을 가지고 이 불확실한 미래와 어떻게 싸워보겠다는 것인지 참으로 안타까울 뿐이다.

작품을 관통할 때 vs 부분을 연기할 때

무대에서 배우는 일단 공연이 시작되면 처음부터 끝까지 연속되는 사건, 그리고 스토리 속에서 인물을 구축하고, 성격을 드러내는 반면, 영화에서의 배우는 내용의 흐름이나 시간 경과는 전혀 무시하고 연기할 것을 요구받게 된다. 대부분의 경우라면 가장 먼저 다루게 되겠지만 나는 이제야 비로소 다루겠다.

내가 마지막에 와서야 이 부분을 언급하는 것은 연기적인 측면에서 가장 큰 차이임에도 불구하고 배우의 입장으로서는 그리 큰 영향을 미친다고 생각되지 않기 때문이다. 이는 곧 영화 배우는 첫 장면을 미처 찍기도 전에 맨 마지막 장면을 찍을 수 있다는 얘기이다. 하지만 연극을 할 때도 장면마다 따로 연습하는 경우가 허다하기 때문에 영화의 전체 흐름을 **명확히 파악**하고 그 장면의 쓰임새를 알고 있는 배우라면 그런 것쯤은 **구애받지 않고 연기**할 수 있다는 것이 나의 지론이다. 결국 어떤 한 장면을 연기하도록 주문 받았을 때는 이미 분석되어 있는 인물의 배경과 디테일과 더불어 연기한다는 것이다.

자신의 연기에 대한 계산과 인물이 해석되어 있는 한, 배우는 어떤 상황하에 연기를 하더라도 본질적으로는 **같은 방식의 연기**를 해낼 것이라 믿는다. 그러므로 영화와 연극의 차이점에 대해서는 오히려 지금까지 언급되었던 요소들, 그리고 앞으로 다뤄질 것들을 유념해주기 바란다.

제2장

스크린 VS 텔레비전
Film versus Television

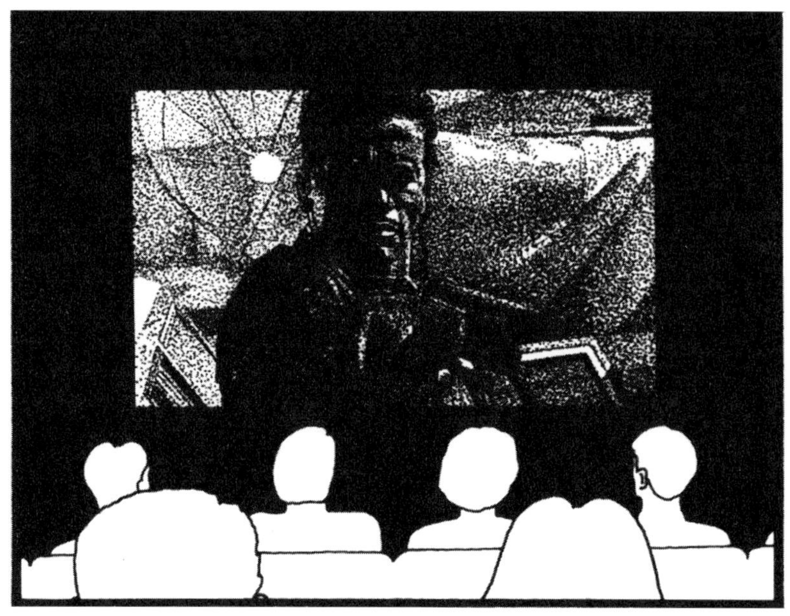

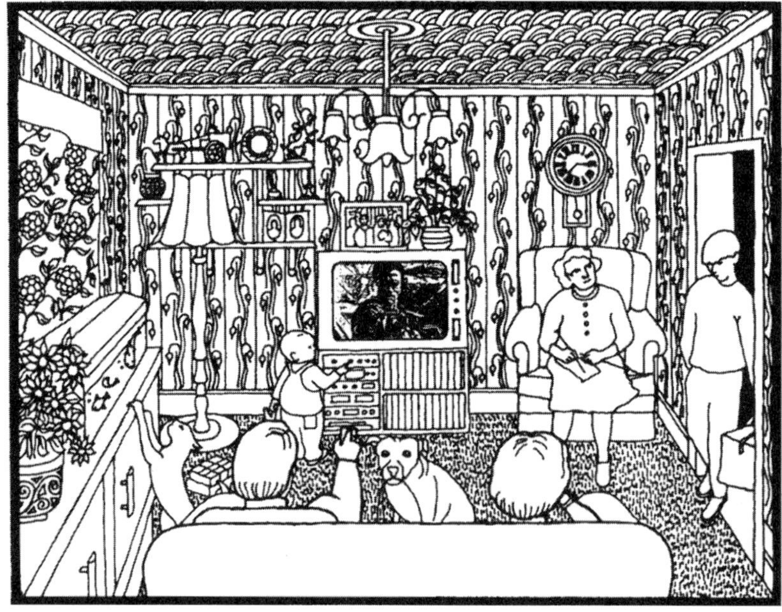

아놀드
슈워제네거

스크린 VS 텔레비전

필름과 텔레비전의 차이는 무엇일까? 대형 스크린과 안방용 스크린은 무엇이 다를까? 한 영화 편집 기사가 내게 이런 질문을 한 적이 있었다. "작업하기에 실버(silver)가 편하세요? 러스트(rust)가 편하세요?" 그가 이렇게 묻는 것은 필름 원판은 화학적으로 은 요오드화물로 감광시켜 영상이 형성되는 것이고, 초창기의 비디오 테이프는 산화철물, 흔히 우리가 녹이라고 알고 있는 물질로 코팅된 것이기 때문이다.

텔레비전을 통해서 많은 양의 영화를 접할 수 있고, 비디오의 보급으로 아예 텔레비전용으로 제작되는 영화 또한 다반사이지만, 특별한 경우를 제외하고는 텔레비전용으로 찍은 비디오를 영화 극장에서 상영하는 일은 없다. 혼란을 막기 위해서, 이 장에서 내가 '필름'이라 지칭하는 것은 극장이라는 공공장소에서 상영하는 것이 본래의 목적인 것을 뜻하며, '텔레비전'이란 필름을 사용했든 비디오로 찍었든 사적인 공간에서 텔레비전 화면으로 볼 수 있는 것들을 통칭하는 것임을 미리 밝혀두는 바이다.

실버니 러스트니 하는 용어를 쓰다보면 마치 비디오는 필름과 반대되는 개념이고, 필름이 보다 '순수한' 매체가 아닌가 생각되어지곤 하는데 그것은 당연한 일이다. 필름이 비디오로 가능하지 않은 것을 훨씬 많이 해내는 이유를 알아보기로 한다.

재생 미디어
(필름은 영화와 텔레비전 공용, 비디오 테이프는 텔레비전 전용)

셀룰로이드 필름으로 촬영된 화면은 비디오 테이프로 녹화된 화면보다 훨씬 다양한 범위의 빛을 투사할 수 있다. 비디오 카메라는 '명암 대비율(contrast ratio)'에 따른 일정한 양의 빛을 항상 필요로 하기 때문이다. 필름에서 극도로 하얗게 처리하고 싶을 땐, 화면 전체를 희게 하고 다른 화면을 연결시키는 기법(전문 용어로는 번 아웃이라고 한다 - 옮긴이 주)을 사용하여 영화적으로 상당히 효과적인 장면을 연출해낼 수 있지만, 텔레비전 화면은 가장 밝게 보이는 것만이 하얗게 보이게 되어 있다. 만약 배우의 얼굴과 밝게 드러나 있는 부분(예를 들어 햇빛이 내리쬐는 벽)의 **빛의 대비**가 너무 커지게 되면, 벽은 그대로 벽으로 보일 테지만 배우의 얼굴은 시커멓게 보이고 말 것이다. 배우의 얼굴이 정상적으로 보이게 하려면 조명의 보조를 받아 벽과 얼굴의 **명암 차이**를 텔레비전 스크린에 적합하게 조절해주어야 한다.

이는 배우에게도 **직접적으로 관련이 있는** 것인데, 만약 창문 앞에서 비디오로 녹화를 해야 하는 경우라면 해가 있든 그렇지 않든 간에 촬영 스태프들이 배우와 배경 사이의 강한 콘트라스트를 적절하게 맞추기 위해서 젤라틴(광원을 변화시키거나 채색하기 위해 쓰는 투명한 재료 - 옮긴이 주)이나 스크림(광선의 강도를 조절하기 위해 광원 앞에 씌우는 그물망 - 옮긴이 주)을 끼웠다 빼는 등의 작업을 하는 동안을 기다려야 하기 때문이다. 이런 상황을 이해하고 서로 도우면서, 어쩔 수 없이 소요되는 시간에 대해 참을성을 가지고 기다려주는 것이 작업에 함께 참여하는 배우의 몫이다. 필름은 극도로 밝은 부분을 번 아웃(burnt out)시켜버릴 수 있기 때문에 다른 조명 기술이 필요하고, 텔레비전처럼 제한적이지는 않다.

필름으로 촬영된 화면(빛이 투사되는 것에 따라 표면에 입힌 감광유제가 반응하면서 다른 색으로 영상을 만들어낸다)과 비디오로 녹화된 화면(전자 입체화된 화면의 구성 궤도를 전자파로 균열을 만들면서 영상을 만들어낸다)은 서로 다른 시각적 감흥을 느끼게 한다. 사실 엄밀히 말하자면, 전자파 영상은 사물의 실상 그 자체를 보여주기 때문에 우리가 본다고 생각하는 것과 **다르고**, 필름이 보여주는 이미지가 우리가 본다고 **생각하는 것**에 훨씬 더 가깝다고 느끼게 된다.

좀더 자세히 설명하기 위해서 잔디밭에 누워서 일광욕을 즐기는 한 사람을 상상해보자. 이 장면을 각각 필름과 비디오로 촬영한다면 어떠한 현상이 벌어질까? 필름은 화학반응 작용을 하는 입자에 의해 표면에 기록을 하게 되고, 잔디밭과 일광욕 하는 사람의 피부 사이의 경계선은 풀의 녹색 빛깔과 살갗의 피부색이 서로 섞여들면서 잔디밭의 이미지와 인체의 이미지가 꽤 많은 부분 상쇄되어 불분명해진다. 반면 비디오는 서로 다른 피사체를 전자파로 읽어내는 것이기 때문에 그 둘 사이가 분명하게 구분되어진다. 마치 일광욕하는 사람의 팔과 풀밭 사이에 선을 그어놓은 듯하게 '보이고', 이것이 비디오가 필름보다 비사실적으로 '보이는' 이유인 것이다.

극히 미세한 피사체(被寫體), 일례로 풀잎파리 하나는 필름상의 화학물질이 일일이 구별해내기가 어렵기 때문에 그 하나 하나보다는 좀더 군상화된 '풀잎들'로서 나타난다. 이것을 영상으로 보면 우리도 일상 속에서 잔디밭의 잎 하나 하나를 보지 않는 것처럼, 잔디밭에 앉아 있는 누군가를 바라본다는 것은 그냥 사람과 '잔디밭'을 보는 것이므로 우리의 눈이 매일 세계를 대하는 것과 더 유사한 것이다. 그런데 비디오는 풀잎 하나 하나까지도 정교하게 재생해낼 수 있고, 때때로 지나친 배경의 실제감 때문에 오히려 배우가 약화되어 보이기도 한다. 이는 마치 필름은 '나무'를 보여주지만, 비디오는 단지 '잎이 무성한 무엇'을 보여주는 것과 같다. 그러므로 비디오는 배경이나 외관을 필름 같은 '사실적인' 느낌으로 재생해내기가 어렵다고 할 수 있다.

필름은 한 번에 한 대의 카메라로 찍는다. 대형 폭발이라든가 자동차 충돌 같은 장면은 당연히 예외겠지만, 그렇기 때문에 한 장면마다 그 장면에 맞게 완벽한 세팅을 하고, 그 장면을 끝내고 나서야 스태프와 배우는 다음 장면을 위한 준비와 이동을 하게 된다.

비디오는 대부분 스튜디오에서 녹화하는데, 그런 경우에는 당연히 하나가 아니라 몇 대의 카메라가 동시에 녹화를 하게 된다. (나의 경우는 한 스튜디오에서 6대의 카메라까지 써본 적이 있다.) 배우는 자기에게 주어진 대사와 동작을 하고, 부조실(副助室)의 편집 기사(미국에서는 *커터 cutter, 영국에서는 비전 믹서 vision mixer 라고 부른다－옮긴이 주)는 이미 짜여져 있는 편집 대본대로 카메라를 전환한다. 이런 메카니즘적인 차이가 한 대의 카메라로 장면을 찍을 때와는 상이한 연기 방법을 요구하게 되는 것은 당연한 일이다.

그런데 최근에는, 특히 제작비가 그리 높지 않은 소품 드라마일 경우에 **한 대의 비디오 카메라**를 가지고 영화적인 방법으로 찍는 경우가 늘어나는 추세이다. 많은 사람들(이 분야의 전문직들도 포함해서)의 상상과는 달리 반드시 카메라를 여러 대 쓸 필요도 **없거니와** 카메라를 한 대 쓴다고 해서 속도가 더딘 것도 아니다. 이것은 내가 영국에서 줄곧 만들었던 〈브룩사이드 *Brookside*〉라는 드라마에서 체득한 것이다. 감독이 일일 방송 가능한 분량을 12분 30초씩만 찍어준다면, 6일이면 카메라 한 대를 가지고도 25분 짜리 3편은 만들 수 있다는 얘기가 된다. 그러면서도 얼마든지 *트랙(tracks)이나 *집 암(jib arm)을 사용하여 원하는 장면을 만들어낼 수 있다. 그러나 여기에는 배우를 포함하여 전원이 정확하고, 능숙하고, 빠르게 작업에 임할 수 있는 여건이 갖추어져야만 한다. 왜냐하면 대부분 이런 경우는 충분한 예산도 확보되어 있지 못한데다가, 시간도 촉박한 상태에서 영화적인 기법을 쓰기 때문이다. 그러나 저예산 드라마의 수요가 점점 늘어가는 한 이런 방식의 촬영은 앞으로 더욱 늘어날 전망이다.

일일 촬영 분량

만약 당신이 메이저 영화를 찍게 된다면, 제작자는 배우와 스태프들로부터 그 날 촬영한 분량 중에 1분에서 2분만 건져도 다행이라고 생각할 것이다. 필름으로 찍은 드라마이지만, 결국 텔레비전용 영화라면 제작진 쪽에서는 하루에 6분 정도만 소화해주었으면 하고 바랄 것이다. 또 연속극을 현장에서 한 대의 카메라로 찍는다면, 하루에 15분 이상은 찍어내야 할 것이다. 이와 같이 무엇을 가지고 어떻게 찍느냐에 따라서 각기 다른 표준 목표량이 나오게 되는 것은 당연한 일이다. 그렇지만 기술 스태프들이 아무리 서두른다고 해도 촬영 스태프들이 매장면마다 완벽하게 OK 컷을 만들어낸다는 것은 불가능한 일이다. 그러나 배우에게는 그 배우가 1분 짜리 대사를 하든 15분 이상의 대사를 준비해야 하든, 연기만큼은 완벽하게 해야 한다고 생각하기 마련이다.

물론 여러 대의 카메라를 동원하는 경우에는 촬영할 때마다 훨씬 많은 분량을 완성해낼 수 있다. 대사는 고정 출연자들에게 분산되지만, 대개의 경우 한 스튜디오에서 60분 짜리 드라마를 하루에 녹화할 수 있다.

지금까지 본 것처럼 텔레비전 연기자들은 영화 쪽 배우들보다 물량적으로 훨씬 많은 것을 그 조건 안에서 완전히 소화해내야 하면서도 그들보다 수입은 적다. 그러니 너도 나도 할리우드로 가서 스타가 되겠다고 하는 것이리라.

편집

전세계에서 영화를 공부하는 학생이라면 누구나 온 시간을 투자해서 공부할 것이며, 몇 달이고 편집실에 틀어박혀서 자신이 찍은 필름을 가지고 열심히 학생 작품을 만들어왔을 테지만, 잔인한 프로의 세계에서는 30분 길이의 드라마를 단 하루만에 편집하기도 하고 어렵게 영화를 찍어놓고도 편집 시간이 몇 주밖에 없을 수도 있다. 샷들의 의도적 배치, 스토리를 부연해줄 *몽타주 등 시도해보고 싶은 온갖 방법들은 현실에서는 실험할 **시간**이 없다. 나 자신이 현장에서 뭘 원하는지 미리 파악하고 도착해서는 바로 실행에 옮겨야 한다. 제11장에서는 연출자로서의 감독이 배우와 일을 할 때와 편집을 할 때와는 어떤 차이가 있는지 연출적인 측면으로 더 다루게 될 것이다.

스크린 보기

오늘 우리가 전부 영화를 보기로 마음먹었다면 먼저 영화를 보러 가기로 **결정해야 한다**. 그 다음에 어디서 무엇을 볼 것인가를 고르게 된다.

우리는 어떤 곳으로 향하게 되고, 그 곳에 들어가기 위해 돈을 지불하며, 그 안이 안락하고 조금은 화려하기를 바라며 들어선다. 이제 옛날의 붉은 비단 커튼은 사라졌지만 우리의 입을 즐겁게 할 먹거리들을 파는 사람들은 여전히 그 곳에 있다.

우리는 꽤 많은 익명의 사람들과 함께 좋은 영화 관람을 위해 적당히 어두운 극장이라는 공간에 자리잡는다.

영화가 시작되면 우리의 시야를 사로잡아버리는 그 **거대한 스크린** 속으로 빠져들어간다. 만약 공교롭게도 우리 옆에 있는 사람이 속닥대거나 바스락거리는 소리를 낸다면 우리 중에 누군가가 조용히 좀 해달라고 핀잔을 줄 수도 있을 것이며, 설상가상으로 영화가 형편없다 해도 표를 사서 들어온 이상 기대를 갖고 인내하면서, 끝까지 자리를 지키고 앉아 영화로서의 값어치를 되돌려 받기를 바란다.

영화가 끝나면 각자의 집으로 돌아가게 될 것이다. 경우에 따라서 우리는 주변 사람들에게 앞으로 일정 기간은 상영될 그 영화를 적극 권장하기도 한다.

텔레비전이라면 모든 것이 달라진다.

텔레비전을 본다는 개념은 무의식적으로 켜거나 켜져 있는 경우가 다반사이기 때문에 굳이 **결정을 내릴 필요가 없다.**

텔레비전 스크린을 볼 때는 불을 끄지도 않으며, 텔레비전이란 것은 **우리** 일상 생활의 잡다함으로 둘러싸여 있기 마련이다. 화초라든가 책, 신문, 또한 유리 잔에 담아놓은 의치(義齒) 같은 것들 말이다. 이 장 맨 앞에 그려놓은 아놀드 슈워제네거(Arnold Schwarzenegger)의 그림을 다시 한 번 보기 바란다. 우리에게 친근하게 다가오는가?

집 안에서 텔레비전을 보고 있는데 누군가가 들어오면 일단 그 사람을 흘낏 본다. 그리고 종종 얘기를 하거나 먹거나 장난을 치느라 화면에서 눈을 떼게 된다. 심지어는 중간에 불쑥 일어나 다른 곳으로 가서 다른 일을 할 수도 있다. 그럴 때 우리는 뭘 많이 놓치고 못 본다는 따위의 생각은 하지 않는다.

우리가 집으로 '불러들인' **자그마한** 이것, 텔레비전이 켜져 있더라도 상관하지 않고 우리는 대화를 나눈다. 그리고 조금이라도 재미가 없거나 성가시다는 느낌이 들면 **탁!** 하고 꺼버리면 그만이다. 버튼 하나로 우리는 그것의 존재 자체를 없애버릴 수도 있다. 게다가 만일 녹화해놓은 프로그램이라면 다시 보고 싶은 부분은 얼마든지 되돌려 볼 수도 있고, 허점을 발견해낼 수도 있으며, 방금 본 살인자의 발을 정지시켜놓고 정확히 그 신발이 누구의 것이었는지 확인해 볼 수도 있다. 다시 말하자면 화면 속의 모든 것들은 오로지 **우리를 위해** 벌어지고 있는 것이다. (최근에 우연히 제2차 세계 대전 당시의 독일 선전용 필름을 보다가 히틀러의 겨드랑이가 온통 땀으로 젖어 있는 것을 *정지 화면으로 잡아냈다! 언젠가는 **이 장면**이 누구든지 정지버튼만 누르면 또렷이 볼 수 있다는 것을 미리 알았더라면, 감독의 입장에서 잘라내고도 남았을 장면이다.)

이처럼 텔레비전과 우리와의 관계는 영화와는 판이하게 **다르다.**

많은 경우 텔레비전은 그들의 입장에서 본 합당한 이유로 영화를 원본 그대로 방송하지 않고 어느 정도의 편집을 거치게 된다는 것을 애기하고 싶다. 텔레비전 화면에 맞는 사이즈로 필름을 자르기도 하며, 연기자의 얼굴을 잡아내기 위하여 기계적으로 왼쪽, 오른쪽으로 팬 앤 스캔(pan and scan. 대형 화면이나 필름을 TV의 표준비율인 1 : 1.33에 맞게 조절하는 것 – 옮긴이 주)하기도 하며, 대형 스크린 상에서는 분명히 두 사람이 대화하는 장면인데 한 사람이 잘려나가기도 한다. 방송 윤리라는 이름하에 다른 대사가 덧입혀지기도 한다. 광고 시간을 벌기 위해 원래의 속도보다 표시 안 날 정도로 속도를 빠르게 하는 것(대사나 효과의 빈도를 줄여서 배우의 목소리는 칙칙거리지 않게 하면서)은 이미 보편화되어 있다고 해도 과언이 아니다. 그리고 또 한 가지, 아무리 최근에 나온 영화라 할지라도 텔레비전 수상기를 통해 나오는 소리는 극장에서 우리가 직접 듣는 음질을 따라올 수가 없다.

영상 vs 대사

영화에서는 감독이 마음먹기에 따라서 영상 그 자체가 가지고 있는 화면의 전체적인 구성과 배치, 배경, 분위기만으로도 무엇이 어떻게 벌어지고 있는지 충분히 전달할 수 있다. 특히 흥행적으로도 성공한 액션 영화들을 보면 대사라는 건 거의 없다고 보아도 무방할 정도로 적다. 〈람보 3 *Rambo III*〉에서 **그 많은 돈**을 받은 실베스터 스탤론의 대사가 **얼마나 없었는지** 아는가? 정확히 592 단어뿐이었고, 〈퍼스트 블러드 *Frist Blood*〉에서는 861단어였다.

텔레비전이라면 그 어떤 PD라도 시청자를 대사 없는 화면 앞에 앉혀두고, 잠깐이라도 자리를 비웠다 하면 무슨 애기인지 알아들을 수 없게 만들 리가 없다. 그렇기 때문에 텔레비전에서는 **사운드 트랙**(sound track. 음향만이 녹음된 테이프–옮긴이 주)보다는 대사나 스토리가 선행되는 것이다. 이렇게 되었을 때에야 비로소 중간에 자리를 뜨거나 주위가 환기되더라도 스토리를 따라갈 수 있다는 얘기가 된다. **바로 이런 점** 때문에 텔레비전 연속극에서는 연기자가 끊임없이 말을 할 수밖에 없다는 결론에 도달하는 것이다. 그들은 시청자가 중간에 화장실을 가거나 식사를 하거나 상관없이 오락을 제공하고 정보를 전달해주어야 하고 시청자들은 당연히 **나름대로의** 편안한 방식으로 텔레비전을 대한다.

싱글 카메라 vs 멀티 카메라

짧은 장면 하나를 찍는다고 한번 가정해보자. 강의실에서 교수의 강의를 듣는 한 학생과 그의 친구가 있다. 그는 강의 도중에 옆의 친구에게 말을 한다. "정말 지루하다, 야!" 그때 친구는 대답한다. "쉿! 조용히 해." 과연 어떻게 찍을 것인가?

이제 대사를 하는 장본인은 당신이고, 내가 감독이라는 가정하에 얘기를 풀어나가보자. 이 장면을 카메라 한 대로 찍는다면(필름이나 비디오나 상관없다) 실제 촬영 가능한 강의실을 찾아서(스튜디오나 세트를 지을 필요가 없다) 먼저 그룹 샷을 찍을 수 있도록 카메라와 장비를 배치하고(교수의 어깨 위에서 원거리로 그룹 전체를 잡는다), 그 다음엔 강의실과 인물에 적합한 조명을 설치할 것이다. 그리고 전체 장면을 촬영

필름과 텔레비전의 차이	
필름	**텔레비전**
·실버	·러스트
·대개 싱글 카메라를 쓴다	·멀티 카메라를 쓴다
·저가의 필름 편집	·고가의 비디오 편집
·대형 스크린 영사	·소형 화면 방송
·유료 극장 상영	·사적인 공간의 시청
·어두운 곳에서 관람한다	·밝게 해놓고 시청한다
·영상으로 담아내는 줄거리	·대사에 의존하는 줄거리

한다. 이것이 나의 *마스터 샷(master shot)이 되는 것이다.

이 장면을 찍고나면 스태프들은 카메라를 움직이고, **조명을 바꾼 후** 카메라가 잡아냈던 "정말 지루하다, 야!"의 화자(話者), 곧 당신의 클로즈업을 잡는다. 카메라와 조명이 자리잡기 위해서 책상과 의자 등의 가구들을 움직여야 할 것이며, 당신의 얼굴 눈 밑에 그늘을 없애기 위해서 반사판도 동원될 것이다. 이 모든 수고는 한 장면, 한 장면이 완벽하게 찍혀야 하기 때문이다. 감독은 배우의 *주광선(key light)을 조절하여 배우의 눈동자 한가운데 정확히 하나의 광선이 꽂혀서, 당신의 눈빛이 살아 있도록 할 것이다. (사진을 찍을 때도 같은 효과를 낼 수 있다. 눈동자 안에 몇 개의 라이트가 동시에 반사되거나 반사광이 한 쪽 눈에만 보이면 자칫 인상이 나빠 보이게 할 수 있다.)

그런 다음에야 당신의 단독 장면을 찍을 것이다. 녹음 기사는 *붐(boom) 마이크로 배우의 소리 중 가장 정확하고 듣기 좋은 소리를 잡아낼 것이다. 혹 내가 당신의 대사가 마음에 안 들 수도 있고 경우에 따라선 당신이 잘못했다고 느낄 수도 있다. 그러면 감독은 몇 번이고 "정말 지루하다, 야!"를 반복해서 찍을 수 있지만 **내가 몇 번째 *테이크(take)를 쓸지 배우인 당신은 모른다.**

다음은 카메라를 당신의 친구에게로 옮겨갈 것이다. 그리고는 "쉿! 조용히 해."라는 대답을 찍기 위해 이전에 했던 것과 같은 온갖 작업을 되풀이한다. 이때도 역시 여러 가지의 "쉿! 조용히 해."를 배우에게 주문할 것이며, 편집할 때 적당한 것을 고르게 된다. "정말 지루하다, 야!"라는 대사를 하는 배우는 이 장면을 찍는 곳에 있을 필요가 없다. 나는 "쉿! 조용히 해."라는 대사를 상대방 대신 해놓은 *마크(marks)에 할 것이다.

이와 같이 나는 이 장면을 필름으로 찍든 비디오로 찍든 상관없이 편집을 위해서 **세 단계**로 나누어 찍었다. 이것은 단순히 실제 그 장소에서 벌어진 상황을 자르는 것이 아니라 다양한 "정말 지루하다, 야!"와 "쉿! 조용히 해."를 가지고 어떤 순간을 창조해내는 것과 같다. 특히 영화라면 이 장면 하나를 가지고도 내가 원하는 효과를 위해 꽤 많은 시간을 소비하게 될 것이다.

그렇다면 *멀티 카메라(multicamera)로는 이 순간을 어떻게 찍을 수 있을까? 처음부터 나는 촬영 장비와 스태프들을 그 좁은 공간으로 끌고 들어오는 것이 아니라, 스튜디오 내에 그와 유사한 분위기의 세트를 짓게 할 것이다. 그리고 는 그 학생들과 더불어 **실제 그 시간에 벌어지는 것처럼** 똑같이 리허설을 한다. 세 대의 카메라를 동원해서 하나는 교수의 뒤에서 그의 *오버 숄더로 학생들을 잡을 것이며, 하나는 "정말 지루하다, 야!"라고 말하는 학생을 잡고, 나머지 하나는 "쉿! 조용히 해."라고 말하는 사람을 잡기 위해 후미(後尾)에 배치할 것이다.

그러나 이렇게 세 대의 카메라를 동시에 쓰면 균형 잡힌 화면 구도를 만들기 위한 정확한 위치에 카메라를 배치하지 못하는 난점이 있다. 싱글 카메라로는 내가 놓고 싶은 곳 어디에나 카메라를 뻗쳐놓을 수가 있다. 그러나 이제는 카메라가 카메라 속에 잡히지 않는 위치에만 카메라를 배치해야 한다. 그렇게 되면 샷 자체도 내가 그리 원치 않는 것일 수 있다는 얘기다. 화면도 싱글 카메라였을 때처럼 제대로 된 구도가 아니라, 이 조건하에서 내가 선택할 수 있는 최선의 것으로 타협해야 한다. 조명 역시 싱글 카메라일 때보다 현저하게 질이 떨어진다. 이유는 단순히 반사판을 쓰지 못해서가 아니라, 자칫하면 다른 카메라에 조명기가 잡히기 때문이다. 그러므로 조명도 서로 절충하게 되는 것이다.

거의 예외 없이, 배우의 얼굴을 조명하는 데는 주광선(배우의 얼굴에 혈색을 주고 눈동자에 초점을 준다)과 *역광(back light. 인물을 배경으로부터 돌출되게 하기 위해서 테두리를 만들어준다), 그리고 *보조 광선(fill light. 그림자를 효과적으로 없앤다)이 필요하다. 싱글 카메라 촬영이라면 이 조명기들을 적절한 곳에 위치시키고 얼굴을 제대로 살려주는 것이 가능하다. 그러나 카메라가 세대, 아니면 그보다 더 많을 경우에 이렇게 필요한 조명을 모두 갖추다보면 눈동자에 여러 개의 하얀 점들이 생기기 때문에 같은 문법으로 조명을 쓴다는 것은 불가능하다. 싱글 카메라였을 땐 그 카메라의 주광선이었던 것이 다른 카메라에겐 불필요한 조명으로 둔갑하기 때문이다. 조명과 카메라의 위치는 이러한 점을 감안하여 위치를 정한다. (제11장에서 연출적인 측면을 더 깊게 다루겠지만, 카메라를 두 대만 쓴다면 싱글 카메라와 훨씬 유사한 효과를 낼 수 있을 것이다.)

사운드도 마찬가지이다. 왜냐하면 붐 오퍼레이터가 와이드 샷에서 카메라에 나와버릴 수 있으므로 명확하고 좋은 소리를 잡아낼 만큼 접근하기가 어렵기 때문이다. 그래서 음향의 질이 떨어지는 것도 감수해야만 한다. 아니면 세트 어딘가에 마이크를 숨겨놓거나 와이어리스 마이크를 배우의 몸에 부착시켜야 하는데, 둘 다 시간이 걸리는 작업이며 그렇다고 해서 반드시 양질의 소리를 기대하기도 **어렵다**.

그러나 **연기**로서는 멀티 카메라로 하는 촬영이 "실제 이야기와 동일한 시간 경과"이다. 여기에서의 "쉿! 조용히 해."라는 반응은 "정말 지루하다, 야!"에 대한 대답을 실제 상황에서 하는 것과 똑같이 하면 된다. 어떤 배우들은 그 장면 전체를 끊지 않고 같은 호흡으로 연결할 수 있기 때문에 멀티 카메라를 선호한다. 대개 스튜디오에서는 싱글 카메라의 예를 들었던 것처럼 *컷마다 나눠서 따로 찍는 것이 아니라, 3-4분 짜리 연결된 장면을 찍는다. 그러면서 카메라는 연출의 지시에 따라 제각각 부산하게 움직이며 자신의 위치에서 녹화를 하고, 편집 기사는 *촬영 대본에 기준해서 약 40개의 샷에 달하는 이 장면을 편집하고 믹싱한다.

그러나 여기에도 어려움은 있다. 이 책의 8페이지에서 이미 간파를 했겠지만, **배우는 샷의 크기에 따라 거기에 맞는 연기를 해야 한다**는 것이 바로 그 점이다. 뛰어난 텔레비전 탤런트라면 대사를 하는 중간에도 롱 샷의 연기에서 클로즈업 샷 연기로 전환할 수 있어야 한다. (물론 그렇게 하지 않고 자신의 생각대로 해버리는 배우들도 있다. 대개는 시추에이션 코미디같이 연기를 가볍고 편한 대로 그냥 해버린다.) 그래서 스크린 연기를 본격적으로 하게 된 많은 배우들은 싱글 카메라를 훨씬 선호한다. 그때부터는 이것이 어떤 샷인지 정확히 알 뿐더러 자신의 연기적 재능과 집중을 다해서 연기할 수 있기 때문이다. 예를 들어 〈사랑의 기적 *Awakenings*〉에서 로버트 드 니로(Robert De Niro)가 양팔을 한껏 벌리는 장면이 있었다. 롱 샷에서 드 니로는 팔을 넓게 벌리고 있었지만, 연결되는 다음 미디엄 샷에서는 똑같이 그렇게 넓게 벌리지는 않는다. 역시 훌륭한 배우다!

그러므로 연기는 어떤 재료로 촬영하느냐에 따라, 편집하는 방법에 따라, 관객이 접하게 되는 경로에 따라, 싱글 카메라냐 멀티 카메라냐 그 촬영 방식에 따라 달라져야 하며, 무엇보다 가장 큰 차이는, 배우에게 가장 많은 영향을 끼치는 부분이지만, 역시 어떤 특정한 순간을 포착하는 데에 소요되는 시간에 의해 좌우된다고 볼 수 있다.

제3장

프레임
The Frame

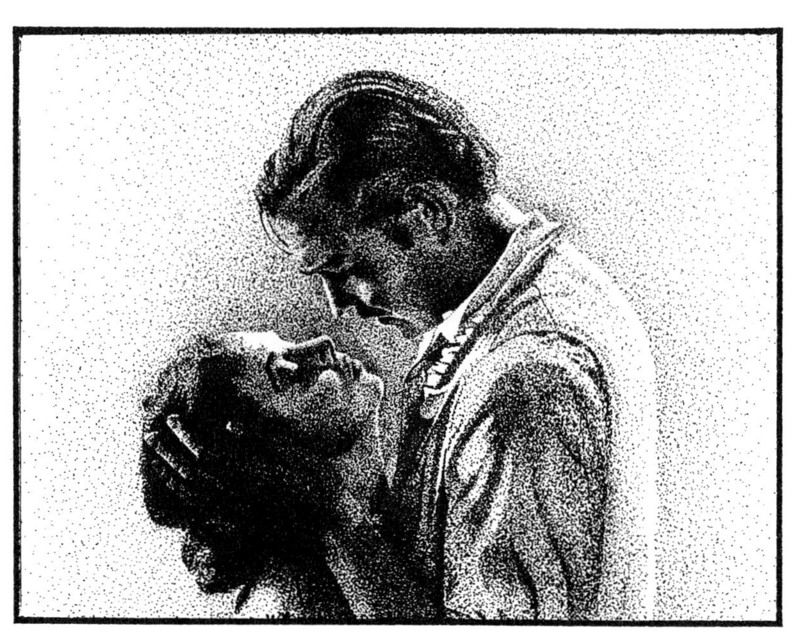

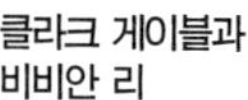
클라크 게이블과
비비안 리

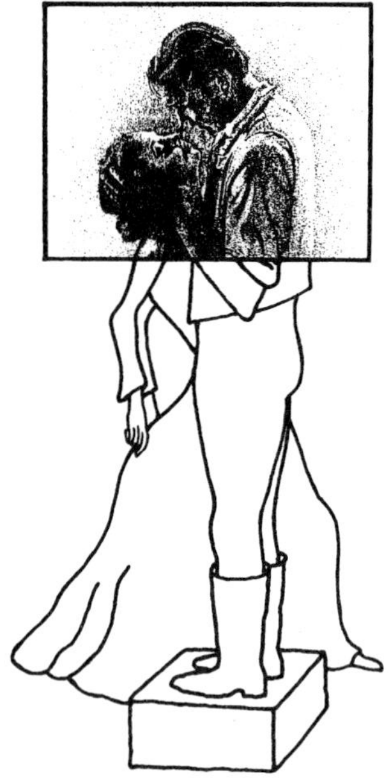

프레임

우리가 어떤 회화 작품을 볼 때, 렘브란트의 초상화라고 가정한다면, 초상화 속의 인물 바깥 왼쪽이나 오른쪽에 무엇이 있나, 혹은 무엇을 바라보고 있나를 애써 추측하지 않는다. 우리가 알아야 할 모든 것은 그 화가에 의해 액자 안에, 작품 속에 표현되어 있다고 추측해버린다.

스크린 연기에 관한 관객의 반응도 마찬가지이다.

모든 것은 스크린 위에 있다고 간주하게 되며, **스크린 상에 나타나지 않은 것은 의미가 없거나 관계가 없는 것으로 인식한다.** 말하자면 배우가 어떤 기가 막힌 행동을 했다 하더라도 관객에게 보여지지 않는다면 하지 않은 것과 마찬가지가 되는 것이다!

하나의 프레임(연속되는 영상에서 독립된 하나의 공간이며 영화의 시각적 최소 단위-옮긴이 주)은 시간과 공간을 응축시킨 것이다.

실생활에서, **그리고 무대에서** 찻잔을 들게 된다면 배꼽 가까운 높이에서 들게 된다. 이렇게 들어야 편안하고, 마시려고 입으로 가져가기도 좋고, 또 테이블 위에 내려놓기도 용이하기 때문이다.

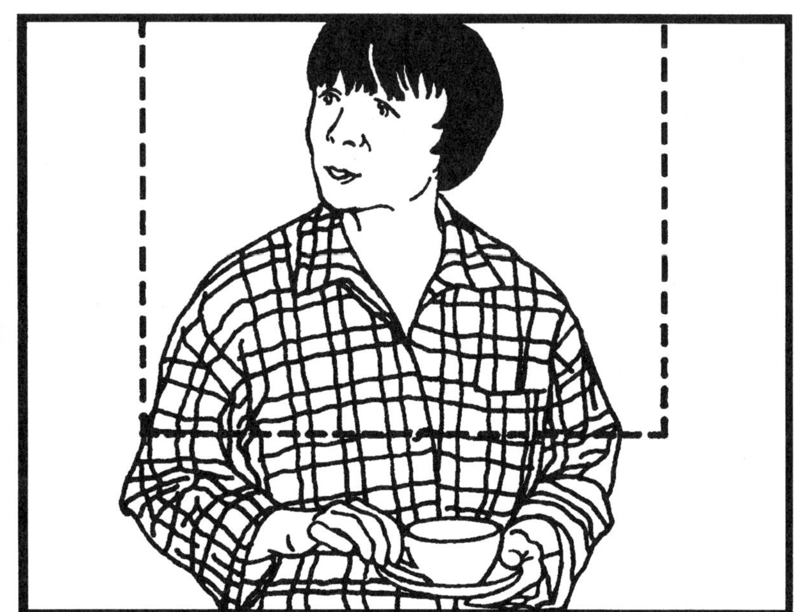

평상시에
찻잔을 들 때

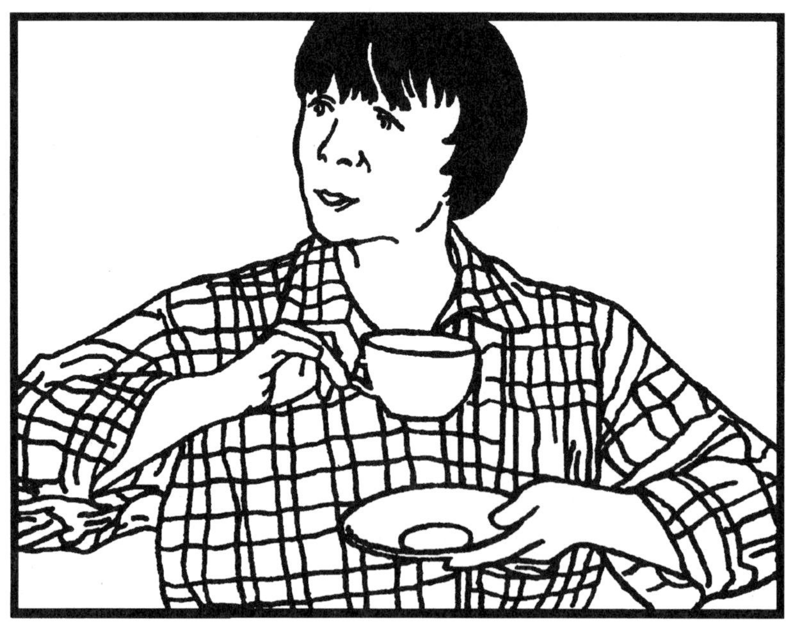

스크린에서
찻잔을 들 때

그러나 이 장면을 프레임 안으로 가져온다고 전제를 하면 배우의 얼굴은 보기 힘들 정도로 작아질 것이다. 좀더 타이트하게 들어가서 큰 얼굴을 잡아야 될 때는 컵을 들고 있는지조차도 보이지 않게 된다.

그러므로 **스크린**에서 연기하는 배우는 찻잔(커피 잔, 맥주병, 파일, 노트 등)을 얼굴 가까이 들어서 카메라가 잡았을 때 사실적으로 보이게 하고, 관객에게는 배우의 표정을 놓치지 않으면서도 무엇을 하고 있는지 알 수 있게 해야 한다.

(현실에서 찻잔을 그렇게 가까이 든다면 이상하게 보일 테지만, 스크린에서는 오히려 '자연스러워' 보인다. 혹시 이런 비슷한 예가 생각나는 장면은 없는가?)

관객은 의미 있어야 하는 모든 것은 화면 안에 있으며 화면 안에 **개입**된 그 어떤 것일지라도, 예를 들어 그저 찻잔 하나라도, 의미가 있다고 믿는다. 자신이 연설을 할 때는 늘상 무엇을 찌르는 듯한 손동작을 하던 영국의 유명한 노조 지도자 한 사람이 있었다. 많은 사람들이 우스갯거리로 그를 흉내내곤 하였지만, 그를 유심히 본다면 그가 그런 제스처를 항상 몸과 가깝게, 더 자세히 말하자면 머리 쪽에 밀착시키고 있음을 알 수 있다. 이것이 의미하는 것은 언제라도 그를 찍을 땐, 그의 상징적인 동작과 함께 얼굴도 명확하고 크게 잡을 수 있다는 것이다. 촬영 기사는 큰 팔 동작을 찍느라 샷을 크게 잡을 필요가 전혀 없어지는 것이다. 나는 이런 것이야말로 자신의 얼굴을 부각시킬 수 있는 훌륭한 스크린 연기라 생각한다. 그렇지 않은가?

연기란 또한 선택적이어야 한다. 자신의 감정대로 판단하고 생각해서 사물을 위치시키는 것으로는 충분하지가 않다. 위에서 언급했던 찻잔도 마찬가지이다. 적절한 곳에 있지 않으면 관객은 그것을 볼 수 없고, 그렇게 되면 존재하지 않는 것과 마찬가지가 되어버린다.

샷의 크기를 이해하고, 그것에 의거한 연기와 동작을 해야 하는 절대적인 이유가 바로 그것이다. 그렇다면 감독에게 "이 장면의 사이즈는 어떻게 됩니까?" 하고 물어봐야 할까?

아니다. 감독에게 그런 질문을 해서는 **안 된다.** 왜냐하면 감독은 당신이 신경 쓰는 것은 자기 자신의 클로즈업 샷일 뿐이라고 즉각적으로 판단하고, 아주 오랜 동안 전해 내려오는(그리고 현재에도 쓰이는) 한 마디의 말을 툭 뱉을 것이다. "**당신은** 연기나 잘 해요. 감독은 **나니까.** 알았어요?" 물론 어떻게 하면 좀 더 자신의 얼굴이 더 크게 나올 수 있나만 고민하고, 심지어는 자신이 직접 대놓고 "클로즈업을 30샷 늘려주세요."라며 요구하고 나서는 배우가 있는 것도 사실이다. 스타만이 이런 욕구로부터 자유로울 수 있다. 그래서 만약 배우인 당신이 샷의 크기를 묻는다면, 감독은 당신이 좀더 배우고 싶고, 최고의 테크닉을 발휘해서 최선의 결과를 만들고 싶어서 그러는 것이 아니라, 또 그 고질적인 욕심에서 벗어나지 못하는구나 하고 치부해버릴 위험이 있다. 불행한 일이긴 하지만 당신의 순수한 동기를 믿지 못하는 사람들이 너무나 많을 테니 질문을 무시당하더라도 상심할 필요는 없다.

샷의 크기에 관한 한 촬영부에게 물어보라.

스태프들의 속성에 대해서 한 가지 귀뜸을 하자면 그들은 그들 나름대로 작품이 잘 완성되기를 **바란다.** 촬영 스태프는 좋은 영상을 추구할 것이고, 녹음 스태프는 좋은 소리를 추구할 것이다. 다른 파트도 마찬가지이다.

스태프들이 보기에 **당신이** 좀더 나은 결과를 만들기 위해 노력하는 것으로 비춰지기만 하면 그들은 당신을 돕기 위해 흔쾌히, 적극적으로 나설 것이다. 그 어떤 촬영 스태프도 당신의 손가락이 프레임을 들락날락 하기를 원치 않기 때문에, 만약 **촬영 스태프**에게 사이즈가 뭐냐고 묻는다면 기꺼이 알려줄 것이며, 당신은 몰라서 손이 프레임을 드나들게 하는 일을 없앨 수 있고, 자연스럽게 손을 프레임 안에 완전히 **들여놓을 것인지** 아예 **빼버릴 것인지**를 결정할 수 있을 것이다.

여기 프레임에 관한 또 하나의 비밀이 있다. 관객들은 때때로 **자신만이** 유일하게 그 장면을 보고 있다고 생각한다는 것이다.

예를 들어 설명해보겠다. 당신이 지금 해야 할 장면은 상대역이 당신에게 돈을 빌려달라고 하는데, 당신은 돈을 꿔주기가 내키지 않는다. 그런 당신의 대답이 클로즈업으로 잡힌다고 생각을 해보자. 실제의 삶에서는 돈을 빌려주기 싫은 당신의 심중을 드러내지 않기 위하여 조금은 정중하면서도 부드러운 얼굴이 될 것이다. 이것이 현실에서 표현할 당신의 '실제' 표정이지만 당신의 진실한 감정은 아니다. 배우의 **진실한** 속내를 알고 싶은 관객들에게도 이것은 상당히 지루한 장면일 수 있다. 그러므로 당신의 단독 샷에서, 돈을 좀 빌려달라는 부탁에 대한 반응을, 정중한 표정으로 얼굴을 위장하기 전의 가장 솔직한 감정을 보여주면, 제3자는 그것을 본 것만으로도 비밀을 함께 알게된 것으로 느낀다. 관객은 그 순간에 당신이 어떻게 느끼고 있는지를 알기 때문에 현실에서 겉으로 다른 것을 표현했다고 하더라도 별로 개의치 **않게** 되고, 장면 속의 상대방은 이를 알아차리고 왜 그러냐고 물을 것이다.

프레임은 외견상 진실일 뿐이지, 절대로 진정한 진실은 아니다. 앤드루 와이스(Andrew Wyeth 1917- ? 미국의 사실주의 화가-옮긴이 주)가 말하는 '사실적' 풍경화는 멀쩡한 집의 창문을 떼어내기도 하고 나무를 옮겨심기도 한다. 왜냐하면 그의 관심은 그가 **본 것**을 있는 그대로 재현하는 것이 아니라, 사물에서 받은 **느낌**을 가지고 좀더 의미 있고 예술적으로 재창조하는 것에 있기 때문이다. 이러한 감정의 전이가 바로 예술의 정의이며, 어떤 장소를 그저 사진으로 찍어놓은 것보다는 회화를 더 좋아하는 이유이며, 막연한 타인을 바라보기보다는 배우의 연기를 보고 즐기게 되는 이유이기도 하다. 거기에는 분명한 **차이가 있다.**

간격

사람들은 그들이 처한 사회적 관습에 맞게 어느 정도의 거리를 두고 마주하게 되어 있다. 물론 문화적인 차이에 따라 다양함은 존재한다. 그러나 어느 누구도 클린트 이스트우드와 리 마빈이 서야 했던 것처럼 가깝게 서지는 않는다. 현실적으로는 그들을 갈라놓고 '적당한' 거리를 둔 후 세워놓아야 한다.

만일 우리가 말하는 '적당한' 간격을 둔 다음에 프레임을 만든다면 그들이 너무 떨어져 있는 것으로 생각될 것이며, 스크린의 상당 부분이 무용지물이 될 것이다. 그러므로 그들 사이의 거리란 사실에 근거하기보다는 자체적인 동기가 의미로서 성립되는 것이다.

클린트 이스트우드와 리 마빈이 가까이 서 있는 이 **장면**을 프레임 상에서 보면 전혀 이상할 것이 없지만, 프레임을 없애고 나면 두 남자 배우가 저렇게 가까이 섰었나 하고 깜짝 놀라게 될 것이다.

이 장의 첫 페이지에 그려져 있는 〈바람과 함께 사라지다 *Gone With the Wind*〉의 비비안 리(Vivien Leigh)와 클라크 게이블(Clark Gable)도 마찬가지의 경우이다. 나는 클라크 게이블이 박스 위에 올라섰는지, 비비안 리가 무릎을 굽히고 서 있는 것인지는 모르지만 적어도 프레임 아래에서 우리가 추측하지 못했던 어떤 행위가 없이는 그 둘이 그렇게 프레임에 잡히는 것이 불가능하다는 것을 **안다**. 그의 턱 아래에 있는 그녀의 이마는 아주 훌륭하게 그들 관계를 **그려내고** 있지만 그것이 바로 의도한 바였으며, 오랜 시간이 흐르고도 여전히 열정의 상징으로 통하고 있다. 두 배우가 실제로는 어떻게 했는지, 누가 어떻게 했는지는 전혀 그 이미지에 반영되지 않고 있다.

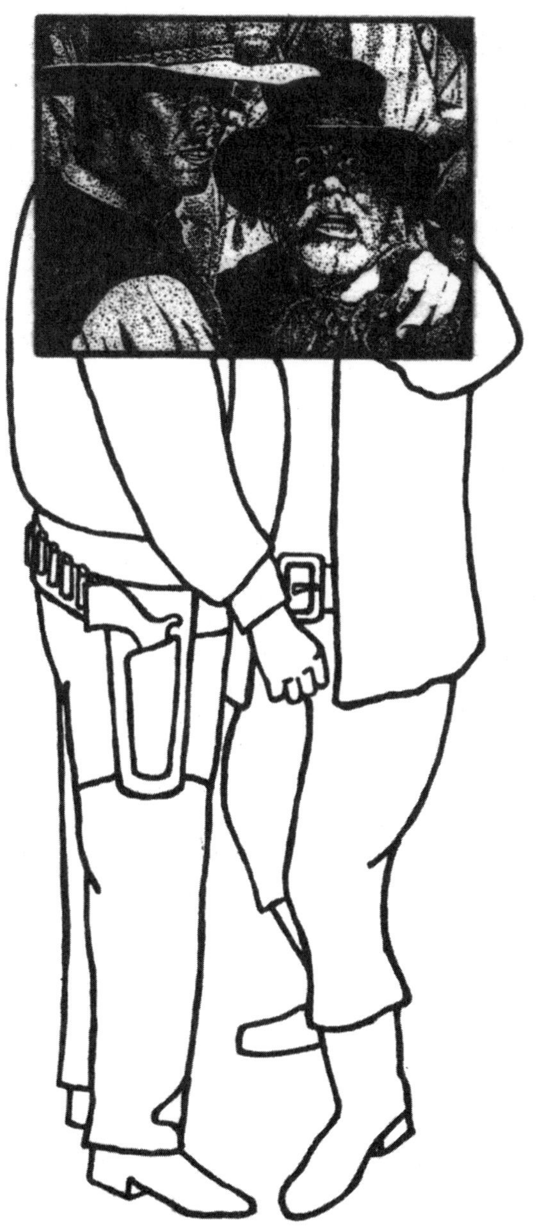

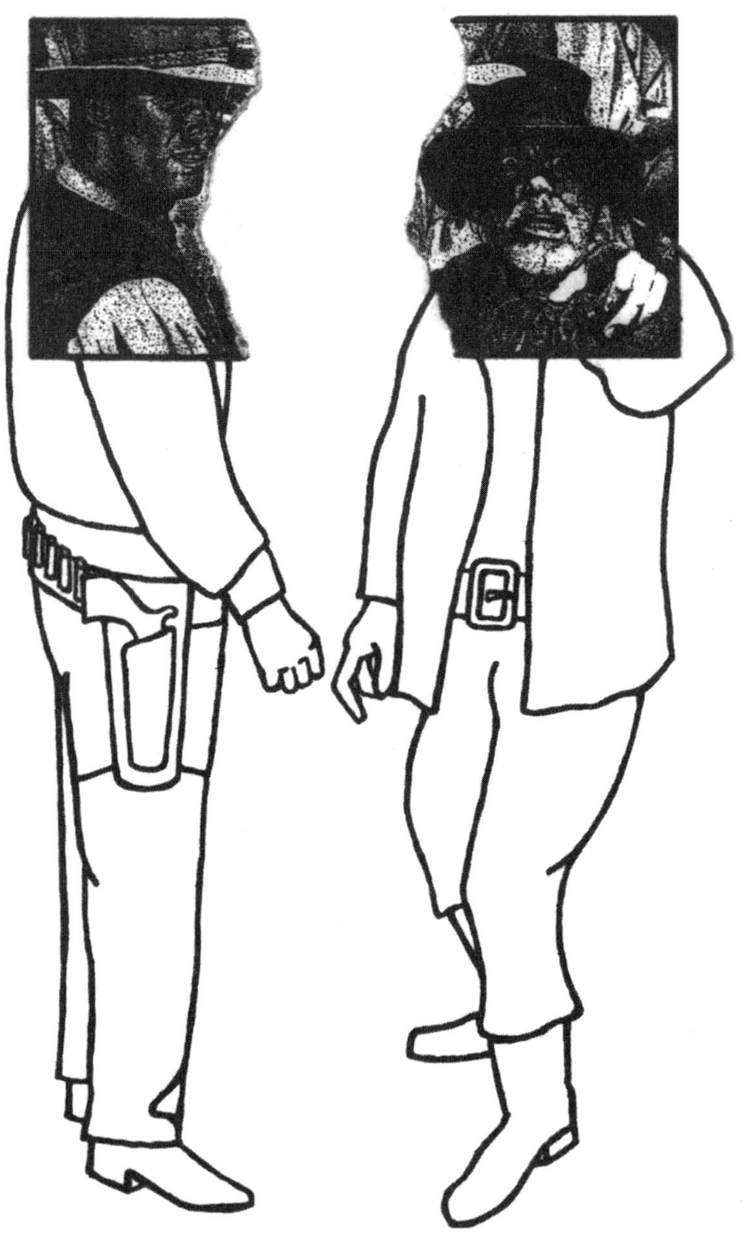

영화 배우 훈련

즉시 한번 해보기를 바란다. 누군가와 짝을 짓고(아무도 없다면 옆집 문을 두들겨 보는 용기를 발휘해보라), 클라크 게이블과 비비안 리가 했던 것과 **똑같은 포즈**를 만들어보라. 그렇게 서로 잡고 있으면 틀림없이 온 몸이 뒤틀릴 텐데, 그때 스스로에게 물어보라. "내가 지금 느낌이 어떻지?" 아마도 걷잡을 수 없는 격렬한 열정이 아니라 고통과 거북함만 느끼게 될 것이다.

이렇게 TV나 영화의 어떤 순간을 모방해보는 것은, 단순히 가상만 하는 것이 아니라 그 배우가 구체적으로 어떻게 했었는지를 **직접 경험할 수 있기 때문에** 아주 좋은 훈련 방법이다. 보통 우리가 이런 장면들을 상상할 때는 멀지 않은 곳에 있는 관객이 배우의 신체가 하는 모든 표현을 속속들이 읽어내는 것으로 상상하지만, 사실은 고가(高價)의 커다란 장비를 바로 곁에 두고, 때로 블록 같은 불편한 것 위에 앉아서 간신히 중심을 잡아가며, 상대방의 온갖 체취를 코 앞에서 맡아가며 이루어지기 마련이다. 이 황홀한 세계는 이렇게 편치 않을 수도 있다.

현실에 관한 인지

프레임의 또다른 속성은 현실에 대한 인지를 바꿔놓는다는 것이다.

어떤 사람이 낯선 사람에게 다가와 길을 물어보는 흔한 예를 한번 들어보자. 실생활에서는 혹은 무대에서는 낯선 사람이 절대 '사회적 공간' 안으로 들어오지 않을 것이기 때문에 그 둘 사이에는 신체적으로 어떤 공백이 생길 것이다. 그런데 만약 이것을 스크린의 한 장면으로 촬영하려 한다면 감독은 그 두 사람을 훨씬 가깝게 세워놓고 투 샷을 찍을지도 모르는 일이다. 이는 곧 배우는 하나의 감정(내가 **왜** 이 낯선 자와 **이토록** 가까이 서 있어야 할까?)을 **느끼면**

서 동시에 또다른 하나의 감정을 **연기**("지하철역까지 가려면 어떻게 가야 합니까?")하게 된다는 것이다.

이것이 연기는 스크린 상에 나타난 실제와는 많이 다르다는 또 하나의 증거이다. 이는 경험해보기 전에는 자신이 느끼는 감정을 **믿을 수 없을 것이다.** 다시 말해서 "이게 아닌 것 같은데." 한다고 해서 어느 누구도 당신 입장이 되어서 편을 들어줄 사람은 없다는 것이다. 왜냐하면 우리는 화면의 프레임을 보는 것이고, **화면으로 보아서** 이상하지 않고 맞는 것이라면 그게 맞는 것이기 때문이다.

화면 안에서 배우들 간의 거리감을 익혀보려면 드라마를 유심히 살펴보는 것이 좋다(나는 이때 항상 소리는 완전히 줄여버리라고 권한다. 그래야 스토리 때문에 분산되지 않고 볼 수 있다). 어떤 경우는 '저렇게 가까이 있을 수가!' 하며 놀랄 것이고, 어떤 때는 배우는 계속 같은 위치에 서 있는데도 불구하고 샷에서 샷으로 어떻게 저렇게 간격이 달라질 수가 있을까 하며 놀라게 될 것이다.

공간만 확장, 수축 되는 것이 아니다. 프레임 안에서는 시간의 개념도 변화한다.

만약 누가 와서 문 좀 열어달라고 한다면, 당연히 그런 소리를 안에서 듣고나서야 밖으로 나갈 것이다. 그러나 어떤 스크린 상황에서는—밖에서 문을 열어달라고 하는 배우를 미디엄 클로즈업으로 잡을 때—그렇게 하면 문을 열러 나올 때까지 너무 오래 걸리게 된다. 그래서 감독은 스크린으로 봐서 적당해 **보이는** 때에 문을 열게 하기 위해서 문을 열어줘야 하는 배우에게 밖에서 소리가 들리기 전에 **먼저 움직이라고** 할 수도 있다. 관객들은 일단 프레임이 형성되면 빨리 누군가가 나타나길 바라는 속성이 있기 때문이다. 그런 장면을 다시 한 번 찾아보라. 이 세트에서 저 세트로 쏜살같이 왔다갔다 하며 순식간에 등장하는 장면을 얼마든지 찾을 수 있을 것이다!

세트에서는 세심한 부분까지 많은 지시를 받게 될 것이다. 이는 단순히 영상 미학적인 면에서만이 아니라 **적합한 화면 만들기**에 관한 것이다. 당신이 화면에 나타나는 방식에 따라서 그 역의 성격이 전달되는 만큼 어떤 화면을 만드는가 는 대단히 중요하기 때문이다. 이러한 '눈속임'을 해야만 하는 목적을 이해하 는 것, 즉 어느 정도 시간이 지났을 때는 스스로 알아서 상황을 파악하고 올바 른 자세를 취할 수 있는 것은 당신으로 하여금 이 까다롭기 그지없는 작업을 함께 만들어낼 만한, 가치 있는 배우로서 인정받게 할 것이다. 그런 때가 되면 최선의 연기가 나오지 못하게 나를 옭아맨다는 피해의식에서 벗어나, 공동작 업의 주체자로서 이 모든 것들을 즐기면서 연기할 수 있을 것이다.

그룹 훈련

여러 사람들과 함께 있을 때, 주변을 둘러보고 그들의 전신에서 풍기는 느낌과 분위기를 유심히 살펴보라. 그리고는 한 사람 한 사람을 비디오 카메라로 클로 즈업으로 찍은 다음 녹화한 것을 재생시켜보면, 얼마나 많은 부분을 **잃어버리 게 되는지** 실로 아연해질 것이 다. 누군가를 클로즈업으로밖 에 볼 수 없을 때 얼마나 많은 것들이 그 화면에는 존재하지 않는지를 관찰하라. 그녀가 입 고 있는 옷에서, 다리를 꼰 모 양에서, 자세에서 얻어질 수 있는 온갖 정보는 모두 사라진 다. 바로 **이런 이유** 때문에 클 로즈업에서는 실생활이나 무대 위에서 하는 것보다 **훨씬 많은**

프레임의 역할에 대한 비밀

· 그 안에 담겨진 모든 것에 의미를 부여한다
· 거리를 변화시킨다
· 시간적 개념이 변한다
· 진실 그 자체를 보여주기보다
　진실의 한 양상을 보여준다
· 배우가 느끼는 것과 연기하는 것은 전혀
　별개의 것임을 알려준다
· 왼쪽 어깨를 앞으로 하는 것이 좋다

연기를 해야 한다고 단호하게 말하는 것이다. 왜냐하면 클로즈업 샷에서의 유일한 연기도구는 당신의 얼굴뿐이며 이 **얼굴 하나**로 보통 온몸으로 하던 표현을 해야 하기 때문이다.

자신 있는 듯 말하면서도 몸 옆에서 손을 불안하게 놀리고 있는 배우가 있는데, 클로즈업으로 잡으면 불안한 심리를 드러내는 그의 손동작은 보이지 않을 것이고, 따라서 그 표현은 살지 않을 것이다. 이럴 때 스크린을 통해서 연극 관객이 전달받는 것과 같은 정도의 효과를 관객에게 전달하려면, 오로지 얼굴 밖에는 표현하고 전달할 방법이 없기 때문에 배우는 표정 연기를 더 해야 할 필요가 있다.

어깨를 앞으로

여권 사진 같은 증명 사진을 보면 범죄형이거나 괴상하게 나오는 경우가 허다하다. 이런 사진의 공통점은 카메라를 향해 어깨를 직각으로 마주하고 있다는 데 있다. 카메라를 증명 사진을 찍는 것처럼 배치해놓고, 카메라를 정면으로 응시한 채 한쪽 어깨만 살짝 앞으로 내밀어보면 그 차이를 알 수 있다.

배우의 어깨가 우리에게 정면으로 향한 채 있다가 돌려버린다면, 우리는 어쩐지 거부당한 듯한 느낌이 들 것이다. **우리를 향하고 있어야 하지 않을까** 하는 생각 때문이다. 그러나 배우의 어깨가 정면을 보고 있지 **않다가** 관객 쪽으로 향한다면, 그것은 그 배우의 의도이기 때문에 보는 사람은 편안함을 느끼게 될 것이다. 그리고나서 배우가 시선을 돌려 외면한다고 해도 그것은 다른 무엇을 응시하기 위한 것이거나, 그렇게 보여져야 하기 때문이므로 상관없는 일이다. 이런 것을 놓치지 않는 배우는 관객의 호감을 얻는다. 또 한 가지, 어깨를 비스듬하게 하면 카메라가 배우 몸의 끝선을 담으면서도 더 가까이 들어올 수 있다. 이렇게 샷이 커질수록 배우는 표정과 감정으로 관객을 감동시키기가 수월해진다.

대개의 경우, 기울인 어깨가 정면보다 훨씬 더 좋은 화면 효과를 내기 때문에 그토록 많은 여성 스타들이 스크린에 등장하자마자 곧바로 어깨에 각을 만드는 것이다. (이것은 그들의 몸매 실루엣도 강조한다.) 또한 단순히 느낌도 더 좋다. 다음에 다시 여권 사진을 찍는다고 카메라 앞에 서게 되면 **왼쪽 어깨**를 앞으로 내밀어라. 그러면 훨씬 더 나은 사진이 될 것이다. (왜 꼭 왼쪽 어깨일까? 그것은 사진이 왼쪽에서 오른쪽으로 인화되는 것과 관련이 있는데, 그 내용은 제11장 '스크린에 맞는 배우 연출'에서 좀더 구체적으로 다룰 것이다.)

제4장

카메라
The Camera

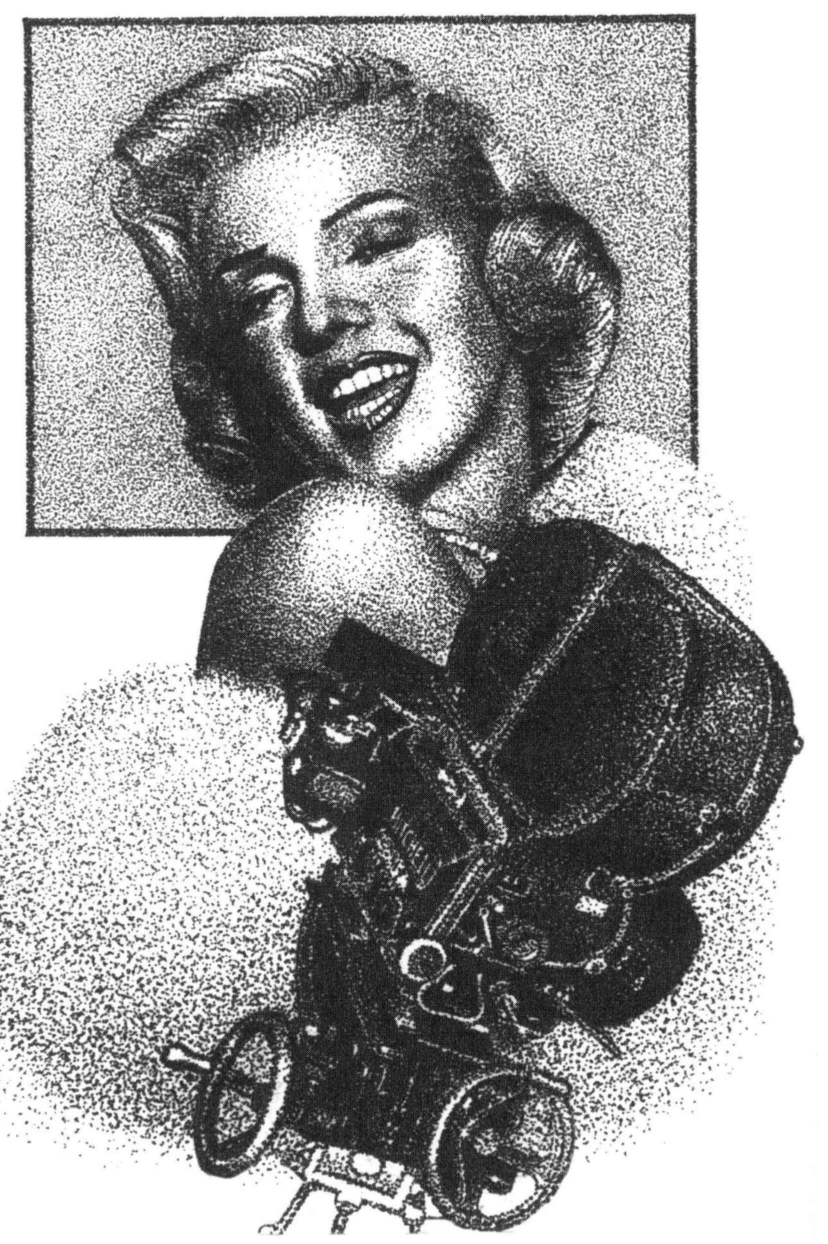

마릴린 먼로

카메라, 렌즈, 그것이 바라보는 대상

카메라는 관객의 하나이다. 이 글을 읽는 당신보다 비싼 물건일 것이며, 훨씬 더 다루기 어려울지도 모른다. 우리는 카메라를 자식같이 사랑하는 마음과 끝없는 관심을 아끼지 말아야 한다. 왜냐하면 카메라가 존재하지 않는다면 볼거리도 없어지기 때문이다.

카메라는 *팬(pan), *틸트(tilt), *줌(zoom)을 할 수 있다. 또한 *트랙에 올려놓고 *이동차(dolly)를 써서 피사체에 다가가거나 멀어질 수 있으며, *크레인(crane)을 가지고 상하로 움직일 수도 있다. 멀티 카메라를 쓰는 스튜디오에서는 거의 동시에 이 모든 것을 수행할 수 있다. 그러나 싱글 카메라를 가지고 로케이션을 가는 경우에는 한 번에 한 가지씩밖에 이런 장비들을 쓸 수 없다. 이에 해당하는 기술적인 용어들을 쉽게 요약해보겠다.

팬(pan) 아크를 써서 카메라를 회전 이동시키는 것. '왼쪽 수평 이동', '오른쪽 수평 이동'이 있다. 초창기 영화에서는 롱 샷으로 잡은 풍경을 아주 천천히 움직여주는 장면을 일컫는다. 파노라마적 전경을 만들고 싶을 때 팬을 한다.

틸트(tilt) 카메라를 상하로 움직여 주는 것으로서 원하는 각도대로 할 수 있다.

줌(zoom) 샷의 크기를 연속적으로 크게 혹은 작게 변화시키는 것을 말하며,

*시야심도(視野深度)를 연속적으로 변화시키는 특수한 줌 렌즈를 사용한다.

트랙(track) 카메라를 레일 위나 미끄러운 나무판 위에 올려놓고 움직이는 장치. 요모조모로 활용도가 많아 자주 쓰인다. 천천히 피사체에 접근하거나 물러나기도 하고, 배우의 주변을 기어가듯 낮게 돌아다닐 수도 있다.

달리(dolly) 트랙과 같은 의미로도 쓰이지만 *트랙킹을 할 때 카메라를 놓는 이동차의 의미로도 쓰인다.

크레인(crane) 카메라 전체를 위 아래로 움직이는 것. 배우가 일어서거나 앉더라도 카메라는 여전히 같은 높이의 시선을 유지할 수 있다.

왼쪽과 오른쪽(left & right) 카메라의 왼쪽, 오른쪽은 촬영 기사가 카메라를 보는 시점이다. 배우의 좌우 방향은 배우가 어느쪽을 향하느냐에 전적으로 달라지기 때문에 항상 카메라의 왼쪽, 오른쪽을 염두에 두고 써야 한다. 이것은 또 스크린의 왼쪽, 오른쪽과 같다는 이점이 있다.

그러나 위에서 언급한 항목들은 단지 기술적인 측면에서 카메라의 **기능**과 관련된 것이고, 이 장에서 다루려고 하는 문제가 아니다.

이제부터 카메라가 **연기**에 미치는 영향에 대해서 살펴보려 한다.

가상 연기 연습

카메라에 대해서는 전혀 초보자이든 친숙하든, 내가 '스크린 연기에 대한 비밀(secrets of screen acting)', 즉 지금까지 여러분이 읽어왔고 앞으로 알게 될 것들을 가르치고 난 **후에** 학생들 또는 기성 배우들과 하는 훈련 한 가지를 소개하겠다.

나는 배우에게, 녹화를 할 테니 약 30초 간 의자에 앉아서 연기를 해달라고 한다. 전에 공연했던 것이어도 좋고, 마음 속에 남아 있는 자장가나 노래도 좋고, 즉흥 연기도 좋다. 상대방이 카메라의 한 쪽에 있다 치고, 시선을 그쪽에 둔 채 연기하라고 시킨다. (이렇게 해보면 배우가 카메라 왼쪽이 어느쪽을 말하는 것인지 아는지를 알아낼 수 있다.) 그리고는 붐 대에 마이크를 달아서 배우의 음성을 잡을 준비를 하고, 미디엄 클로즈업으로 촬영할 수 있도록 카메라를 세팅한다.

그런 다음에 녹화를 시작하는데, 마치 그런 조연출을 만난 것처럼 일부러 배우들에게 사무적이고 무뚝뚝하게 지시를 내린다. 붐 마이크는 가까이 들어갔다가 멀리 빼냈다가를 반복시키고, 마치 제한된 시간 내에 촬영을 꼭 끝마쳐야 하기 때문에 배우들을 다그치는 기술 스태프처럼 한 사람이 끝나면 얼른 다음 사람이 그 자리에 앉아 촬영에 임하도록 한다.

(지금 당장 스스로 해볼 수도 있고, 본인이 그렇게 하고 있다고 상상해볼 수도 있다. 30초 동안이다!)

그리고 그 결과를 함께 본다. 맙소사! 하나같이 그동안 내가 그토록 강조했던 부분은 다 잊어버리고 그들이 지금까지 해왔던 무대 연기의 방식으로 돌아가 있는 것이다. 오로지 모두 경직되고 굳어버렸다는 것만 제외하고 말이다. 거의 대부분의 연기자들이 박제된 나비처럼 앉아 있거나 서 있었다. 행동의 변화는 거의 찾아볼 수도 없고 머리도 붙박아놓은 것처럼 꼼짝 못하는데, **재미있는 사실은** 그래도 많은 경우, 손동작만은 하고 있다는 것이다. 그렇지만 그나마도 샷 바깥으로 빠지기 일쑤이다. 배우의 제스처가 어디서 어떻게 행해져야 하는지를 상기하려면, 제3장의 '프레임'으로 돌아가보라.

녹화된 것을 보면 상당수의 연기자들이 입을 움직이고 있거나 기껏해야 눈썹을 찡그리는 정도로 얼굴의 아주 적은 부분만을 사용해서 연기하고 있음을 알게 된다. 관객과 서로 교감을 나누기 위해서 스크린의 약 10% 정도밖에는 활용하지 못한다는 애기가 된다. 결국 그들은 **막연히 생각하는** 스크린 연기를 하기 마련인데, 그 생각이란 것은 대개 나를 처음 만났을 때 스크린 연기에 대해 피력한 것들로서 무대에서보다는 과장되지 않게 표현하고, 모든 표현은 표정에 담는다 등등의 상당히 그릇되고 보기에도 지루하기 짝이 없는 것들이다.

언제든지 촬영을 할 때는, 카메라의 시선으로 봤을 때 내가 그것에 얼마만큼 알맞고 재미있게 제 기능을 수행하고 있는지 그 입장으로 생각할 줄 알아야 한다. 얼마나 많은 배우들이 위에서 해보았던 연습 때처럼 스스로 쓸데없는 제약을 만드는지 참으로 놀라울 뿐이다.

실생활에서 아주 중요한 애기를 방 안에 있는 사람에게 해야 할 때 그 애기를 문 밖에 서서 하지는 않는다. 용건을 제대로 전달할 수 있는 자세를 갖추기 위해서 방 안에 들어간다. 비슷한 맥락으로, 연극 배우는 중요한 대사를 무대의 윙 사이드에서나 소파 뒤, 다른 배우의 등 뒤에서 하지 않는다. 아니, 오히려 의미 있는 대사를 전달할 수 있는 곳은 관객의 집중을 받을 수 있는 무대 중앙밖에는 없을 것이다.

카메라도 같은 맥락으로 취급되어야 한다. 만약 당신이 배우로서 뭔가를 표현하고 싶다면 그것이 카메라에 잡히는지 여부를 유념해야만 한다.

만일 이것이 새삼스럽게 언급할 필요도 없는 당연지사인데 뭘 그렇게 강조하나라고 느낄지라도 다음 부분까지 집중하길 바란다.

두 사람이 대화하고 있는 장면을 카메라 투 샷(two shot. 두 사람을 그 샷에 함께 잡는다)으로 잡을 때, 한 사람은 다른 한 사람을 바라보며 애기를 하게 되기 때문에 그 배우의 얼굴이 잘 안 보이는 경우가 종종 있다. 물론 그런 경우

카메라를 똑같이 반대쪽으로 뒤집어서 대칭되는 샷을 찍을 수도 있지만, 그렇게 하려면 또 다른 시간과 인력이 소모되기 때문에 그 배우가 **얼굴을 카메라 쪽으로 틀어서 눈속임을 해주는 것이** 간단한 해결법이다.

눈속임

지금까지 언급했던 것처럼, 카메라 앞에서는 많은 눈속임들이 행해지고 있다. 이런 눈속임의 필요성을 잘 알고 있는 배우들은 눈속임을 해달라는 지시를 하기 전에 이미 알아서 잘 하곤 한다. 그런 배우들은 '눈속임'의 동기까지 철저하게 준비해놓고 있기 때문에 그 순간에 배우가 그의 얼굴을 카메라 쪽으로 향하게 되는 것은 인물의 **캐릭터상** 필요한 것이라고 관객은 받아들이게 되고, 그 장면의 '리얼리티'도 그대로 살릴 수 있다.

63페이지의 두 그림을 보자. 하나는 대화를 나누는 두 사람 중에 카메라에 근접한 배우가 눈속임을 제대로 하지 못한 경우이다. 그 결과 우리는 그녀의 얼굴을 제대로 볼 수 없으며, 이 배우의 얼굴을 따로 잡아주거나—시간과 인력을 그만큼 더 써야 한다—그럴 여건이 못 된다면 그녀의 얼굴이 말하고 있는 것은 다 놓치고 만다는 얘기이다. 두 번째 그림은 눈속임이 잘 된 예이다. 여기서는 두 사람이 대화를 나누고 있는 상황 연출도 되면서 카메라에 가깝게 있는 인물의 얼굴도 보이므로 동시에 둘의 얼굴을 볼 수 있고, 두 사람의 표정을 통해서 이 장면의 의도와 내용을 알 수 있다. 이런 눈속임을 할 수 있는 능력, 게다가 너무나 자연스러워서 아무도 인위적으로 만들어진 것이라고 느끼지 못할 정도의 능숙함이 곧 훌륭한 스크린 배우의 자질이라 하겠다.

카메라에 동기를 부여한다는 의미는 무대에서 배우의 동선과 동작의 측면에서 해석해보면 훨씬 이해하기가 쉬워질 것이다. 동기 부여의 본래 목적(예를 들면 문 앞에 서 있던 인물은 새로이 등장할 인물을 가리지 않기 위해서 비켜줘야 한다)은 숨겨져야 한다. 그 무대에 등장한 인물로서 무대 위에서 무엇을

'발견' 하는 것을 동기로 설정해서, 다른 인물이 등장하는 것을 방해하지 않고 그 **직전**에 방을 가로질러 그림을 보러 가는 것과 같은, 관객을 향한 자발적인 **속임수** 말이다. 즉 기술적인 필요로서의 **동기**가 역할상의 필요로서 나타나게 되는 것이다. 이러한 눈속임을 쓰게 될 때에는 자신이 하는 행동이 무엇이냐를 막론하고, 반드시 그 인물이 그 시점에 하는 자발적인 행동으로 보이게끔 **정확히** 표현해주어야 한다. 그러므로 예를 든 그림에서 배우가 자신의 얼굴을 카메라로 가져오기 위한 목적은 찻잔을 바라보는 것으로 변형되어서 나타난다. **동기가 부여된** 눈속임인 것이다.

카메라 역시 움직임에는 동기가 필요하다. 예를 들어 카메라가 어떤 한 사람을 비추고 있다가 옆의 다른 사람에게 팬을 하려 하는데, 갑자기 아무 동기도 없이 스스로 팬을 해버린다면 좀 이상하게 보일 것이다. 그러나 만일 처음 인물이 시선만 약간 준다든가 고개를 돌려준다면 카메라는 이것을 **동기로 삼아** 다음 인물로 자연스럽게 팬할 수 있을 것이다.

배우는 자주 이렇게 카메라 움직임을 위해서, 무언가 연기에 보태줄 것을 지시받는다. 몇 사람이 회의를 하는 장면이다. 그럴 때 카메라는 계속 이 사람에서 저 사람으로 반복해서 움직여줘야 하는데, 배우가 다른 화자에게 시선을 전환(eye-flash)시키는 그 사이 컷해서 편집하면 효과는 훨씬 좋을 것이다. (제14장 '편집자와 편집' 을 살펴보라.)

감독은 어떤 극적인 효과를 위해 카메라를 줌 인하여 배우의 얼굴을 클로즈업으로 잡음으로써 샷의 크기를 바꾸길 원하면서도, 그 줌이 눈에 띄게 빠른 것은 꺼려 한다. (일일 연속극 같은 경우는 크게 개의치 않을 것이다.) 이를 해결할 수 있는 방법 중에 하나가 카메라를 줌 인을 하는 것과 동시에 또다른 배우로 하여금 그 샷을 가로지르게, 즉 가정부가 마실 것이 있는 쟁반을 들고 지나가게 한다든지 하는 것이다. 그러면 배우의 동작이 카메라가 줌 인을 하는 것에 동기가 되어주고, 배우가 움직일 때 카메라도 줌을 할 수 있기 때문에 아무

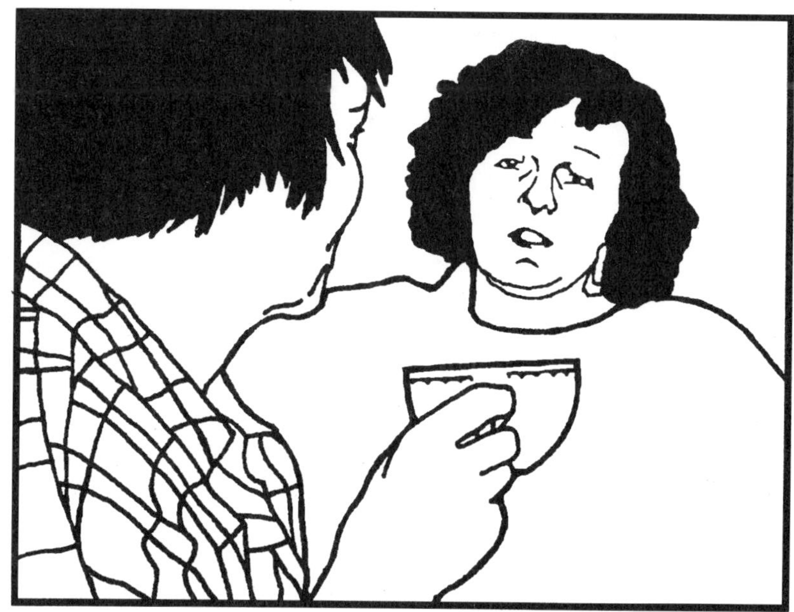

눈속임을
잘 하지 못한
투 샷

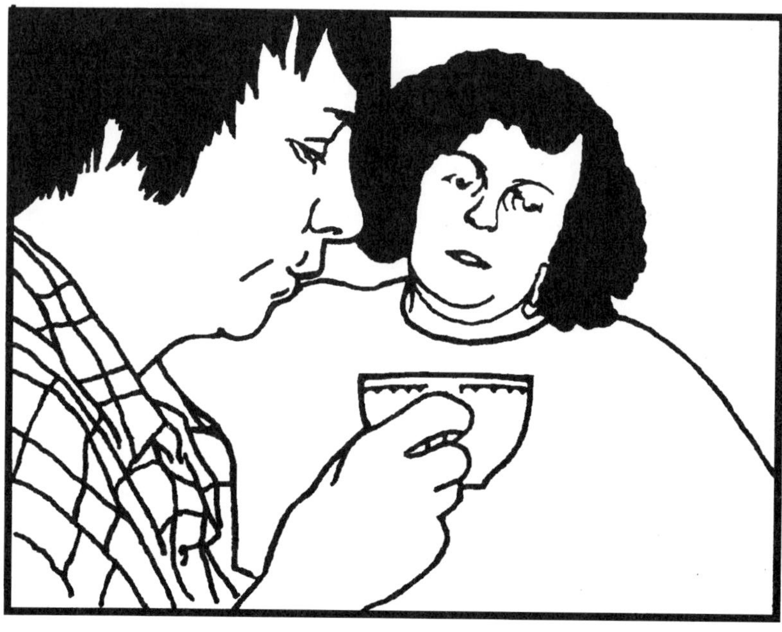

눈속임을
잘 한 투 샷

도 이런 샷의 변화를 크게 눈치채지 못할 것이다.

미러 샷

거울을 마주한 배우가 거울에 비친 자신의 모습을 바라보는 장면을 몇 번이나 보았다고 생각하는가? 굉장히 자주 보았을 것이다. 우리 같은 감독들에게 거울이란 거부할 수 없는 매력적인 장치이다. 거울을 사용하게 되면 배우를 다양한 각도와 여러가지 방법으로 잡아낼 수 있기 때문이다. 그러나 잠깐 곰곰이 생각을 해보자. 만약 카메라가 배우의 얼굴을 볼 수 있다면, 배우는 자신의 실제 얼굴을 보는 것이 아니라 **카메라를 보고 있는 것이 된다!** 그러므로 거울을 향한 모습과 동작은 진실이 **아니며** 진실일 수가 **없다.** 그동안 일부 사람들은 스크린 연기가 사실적이라고 생각했었겠지만, 스크린 연기는 리얼리즘 연기와는 또다른 것이고, 미러 샷도 지금까지 내가 누누이 강조했던 일반적인 눈속임 중의 하나이다. 이처럼 모든 미러 샷은 눈속임이라고 할 수 있다. 경우에 따라서는 거울을 옆으로 틀어서 들어야 할 때도 있고, 벽에서 떨어져 나와 있는 거울을 보아야 되는 때도 있는데(이럴 땐 거울 뒤에 성냥갑 하나만으로도 적절한 각을 만들 수 있다) 이런 때도 마찬가지로 자기를 보고 있는 것같이 연기해야 한다. 실제로는 말이 안 되는 것처럼 보일 수도 있지만 목적은 거울을 그렇게 드는 것이 인물의 성격인 것처럼 보이게 해서 자연스러운 동기를 부여해주면서 실제처럼 보이게 만드는 것이고, 카메라로 하여금 거울을 통한 나의 반사를 찍을 수 있게 해주는 것이다.

영화 〈아파트 *The Apartment*〉에서 잭 레먼(Jack Lemmon)이 연출해낸 환상적인 장면이 있다. 새로 산 중절모를 쓰고 흐뭇하게 거울을 바라보다 거울이 금간 것을 바라보는 장면이다. 그는 자신을 바라보고 있는 것이 **아니라** 사실은 카메라를 바라보고 있는 것이었지만, 새 모자를 써보며 느끼는 감정과 금이 간 거울을 발견했을 때의 감정을 직접 **보고 있는 것처럼** 연기했다. 이것이 바로 우리가 추구하는 **훌륭한** 스크린 연기이다.

만약 당신이 카메라를 가지고 있다면 카메라를 다각도로 움직여보면서 배우가 어떻게 그러한 움직임에 동기가 되어줄 수 있는지 한번 실험해보라.

쓸모있는 좋은 배우란 카메라 움직임의 동기를 이해하고, 작품이 제대로 편집될 수 있도록 카메라에게—감독에게, 편집자에게, 사실은 **자기 자신**에게—그러한 짧은 순간을 만들어줄 줄 아는 배우를 일컫는다. 이것은 결국 자신을 스크린에 조금이라도 더 오래 남아있게 하는 방법이기도 하다.

동작의 속도

어떤 한 장면을 새로이 전개하는 흔한 방법 중에 하나는, 카메라가 찻잔이나 와인 잔, 맥주 컵 등을 단독으로 먼저 잡고 있다가 배우가 대사를 하면서 차를 마시려 하는 것과 같이 카메라를 *틸트 업해서 장면을 확대하는 것이다. 그런데 카메라가 너무 빨리 틸트(혹은 팬)를 해버리면, 관객이 불안하게 받아들일 수 있으므로, 배우는 그 특정한 동작을 좀 천천히 해달라는 디렉션을 받을 것이다. 이것도 하나의 '철칙'이다. 카메라가 카메라 자체의 움직임을 들키지 않고 함께 따라올 수 있도록 **동작**의 속도를 줄여라. '텔레비전용 일어나기'라는 것도 있다. 일상생활에서는 의자에 앉았다 일어나려 하면 머리부터 숙였다 일어나는 것이 당연하지만, 연기할 때는 한 쪽 다리를 의자 밑으로 뺐다가 그 다리로 지탱하면서 미끄러지듯이 유연하게 일어나는 것이다. 이렇게 하면 당신의 얼굴을 잡고 있던 카메라가 당신이 일어날 때도 어렵지 않게 당신을 따를 수 있다.

이러한 동작 속도의 변화는 특히 카메라를 지나쳐 걸어갈 때 적용된다. 카메라가 팬을 너무 빠르게 하면 그 장면은 화면 위를 뭔가 부자연스럽게 지나쳐버릴 것이고, 관객은 극의 흐름보다 기술적인 면에 주의를 집중하게 되므로 지나치게 빠른 팬은 절대 하지 말아야 한다. 이 말은 결국 배우가 카메라에게 다가올 때까지는 정상적인 속도를 유지하면서 걷다가 카메라를 지나치는 그 순간에는 감속을 해야 한다는 것이다. 그러나 **동작의 속도를 줄이더라도 대사의 속도는 느려지지 않도록 각별히 주의해야 한다.**

말은 빠르게 동작은 느리게

당신이 맡은 배역이 무척 화가 나서 흥분되어 있는 상태라면, 이것은 쉽지 않을 것이다. 눈 앞에 있는 저 원수 같은 놈에게 욕설을 퍼부으면서 잡으러 가는데, 천천히 걸어가라면 아주 이상한 **느낌**이 들 것이다. 당연하다. 이상할 정도가 아니라 아주 황당하기까지 할 테지만, **화면으로 보면** 극히 자연스럽고 훌륭하다. 스태프들은 "카메라가 당신을 아주 좋아하는데요."라고까지 말할 것이다.

카메라가 당신을 사랑한다면 마찬가지로 당신도 카메라를 사랑할 줄 안다는 얘기이다. **카메라**를 진정으로 사랑하는 배우들은 카메라를 **관객 중의 하나**로 생각하고 모든 연기를 카메라에게 하는 배우들이며, 스크린 연기의 진정한 본질을 이해하는 배우들이다. 그러나 혼동해서는 안 된다. 당신은 촬영 감독을 만족시키기 위해 연기하는 것이 **아니며** 감독을 향해 연기하는 것도 **아니다.** 오로지 당신이 표현하는 최상의 순간을 여과하지 않고 빨아들이는, 사랑스런 저 조그만 렌즈를 향해서 연기하라. 당신의 정신과 마음을 궁극적인 관객에게 도달하게 하는 창구의 역할을 해줄 것이다. 다만 샷의 변화에 따라 가까이 혹은 멀리 있는 관객의 하나라고 생각하고, 그런 **연후에는** 자연스럽게 연기하라.

당신은 아주 특별한 관객에게 연기

카메라의 비밀

- 관객 중 하나이다
- 눈속임을 해주어야 한다
- 움직이기 위한 동기가 필요하다
- 대사는 빨리 하고 동작은 천천히 하라
- 보이지 않는 붉은 카페트가 카메라 앞에 펼쳐져 있다

하는 것이기 때문에 비록 세트 안에 있더라도 다른 동료 배우가 어떻게 연기하는지 다 볼 수는 없다. 그것은 감독도 마찬가지이다. 그런 예는 얼마든지 찾아볼 수 있다. 로렌스 올리비에는 〈왕자와 무희 *The Prince and the Showgirl*〉를 감독하면서 마릴린 먼로를 카메라 앞에서 아무 것도 할 줄 모르는 배우로 생각했다고 한다. 카메라 옆에 앉아서 그녀의 연기를 지켜보았지만 그녀가 카메라를 향해서 무엇을 하고 있는지 알 수가 없었고, 그러니 역시 3류 배우에 지나지 않는다고 생각했던 것이다. 그러나 러시(rush. 편집에 사용하기 위해 인화된 작업용 필름—옮긴이 주)를 보고 화면에 드러난 그녀의 천부적인 재능을 발견하게 된 로렌스 올리비에는, 그녀가 무대 배우라면 몸으로 표현했을 그 모든 것을 전부 끌어다 자신의 클로즈업 장면에서 표현해내는 뛰어난 여배우라는 사실을 깨닫게 되었다.(옛날 새롭게 떠오르는 여배우들의 홍보용 사진을 보면 이들이 얼마나 카메라를 사랑하고 카메라와 친했는지 알 수 있다. 많은 여배우들이 카메라맨들에게 둘러 싸여 그들에게 포즈를 취하고 있을 때에도 마릴린 먼로만은 정확히 카메라 렌즈 한가운데를 향하여 조용하고 자신감 넘치는 미소를 보내고 있었다.)

붉은 카페트 요법

카메라는 관객 중의 하나이며 매우 좁은 시계(視界)를 가지고 있기 때문에, 사물을 넓이가 아닌 깊이로 본다. 그러나 항상 문제는, 무대 경험이 있는 배우들은 다른 배우에게 그 배우의 공간을 제공하여 서로 비껴나줌으로써 그 배우를 '살아 숨쉬게' 하고, 연기를 관객이 보게 되는 너비와 폭의 개념으로 파악하게 된다는 것에 있다. 카메라는 전혀 다르다. 카메라 앞에는 거기서부터 펼쳐 나온 붉은 카페트가 있다고 상상하고, 어느 장소에 있든지 그 **붉은 카페트를 벗어나면 안 된다**. 현실에서나 무대 위에서는 사람들이 점점 모여서 많아지면 대개 옆으로 넓게 펼치게 되지만, 카메라에서는 길이가 길어진다. 다시 말해 항상 붉은 카페트 위에 있어야 한다.

실제로
대화할 때

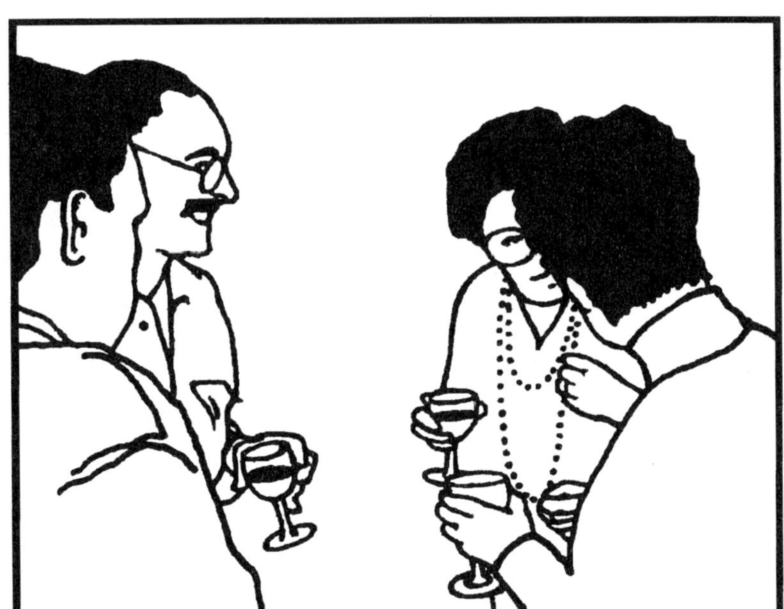

스크린에서
대화할 때

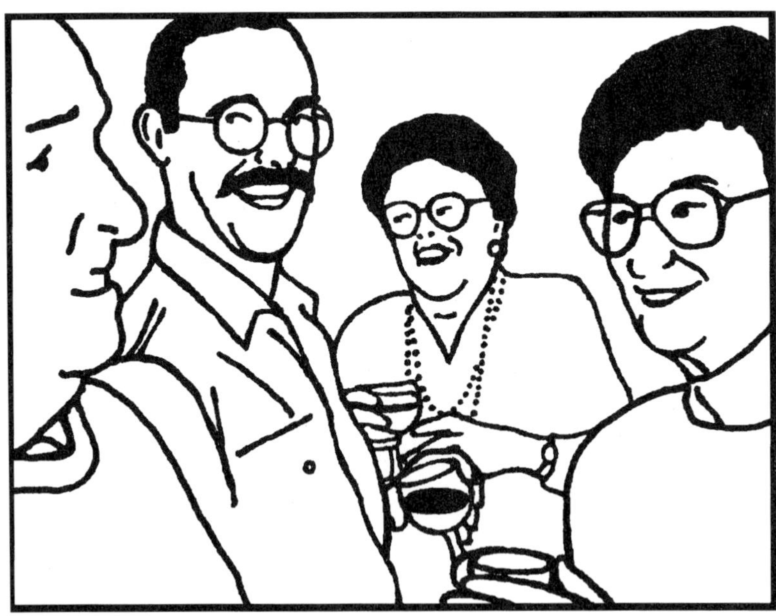

지금 한번 시험삼아 해보자. 세 사람을 옆으로 세워놓고 화면에 나란히 서 있는 사람들을 본다. 그런 다음에는 한 줄로 나란히 세워서 그 줄 앞에 카메라를 놓고 사람들을 보면 그 차이를 알게 될 것이다.

배우들의 위치 잡기에 대한 실험을 해보면 더 잘 알 수 있다. 네 사람을 같은 화면에서 적절한 구도로 잡으려면, 이처럼 긴 선 위에 하거나—모두 붉은 카페트 위에 있을 수 있게—아니면 적어도 깊이를 의식한 배치를 해야 한다. 그래야 카메라가 가까운 사람부터 멀리 있는 사람까지 다 볼 수 있게 된다.

사람들이 옆으로 펼쳐지면, 카메라는 그만큼 와이드 샷이 될 수 밖에 없고, 그렇게 되면 누가 누구인지 알아볼 수 없을 정도로 인물이 작아진다. 그러나 깊게 펼쳐지면 **모두** 다 잘 보일 수 있고 다만 한 가지 난점은 카메라에 가장 가까이 있는 배우는 대화를 나누는 장면에서도 그의 얼굴이 보일 수 있도록 눈속임을 해야 한다는 것이다.

더 깊은 얘기는 제10장 '리허설과 테크닉' 에서 다루기로 한다.

제5장

리액션과 비즈니스
Reactions and Business

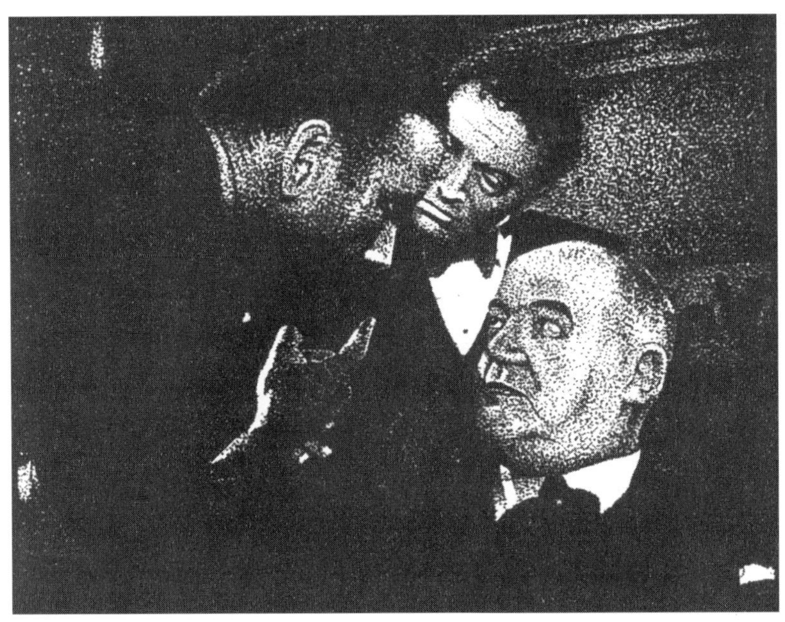

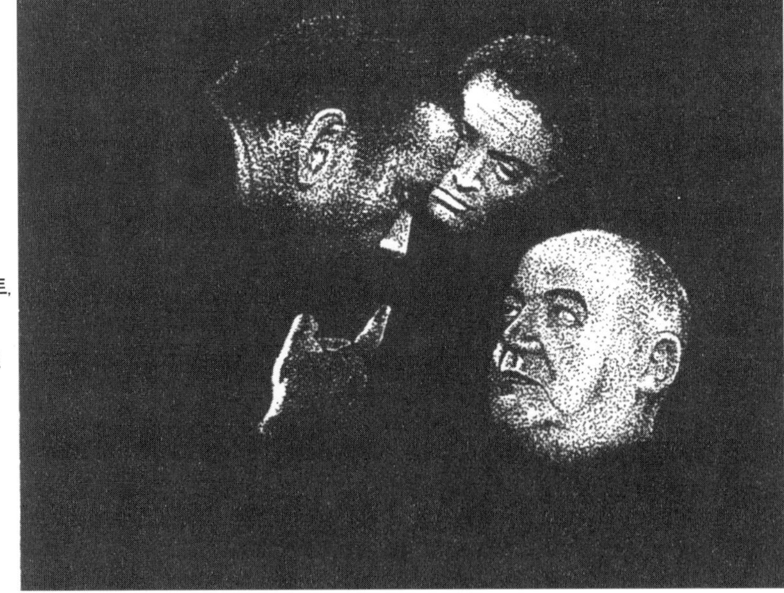

험프리 보가트,
피터 로리,
시드니
그린스트리트

리액션과 비즈니스

스크린 연기는 **액팅**(acting)에 관한 것인 만큼 **리액션**(reacting)에 관한 것도 중요하다. (나의 견해는 리액션이 더 중요할 수도 있다는 쪽이다. 그러나 혼란스럽게 만드는 데에도 한계가 있으니 너무 긴장하지는 말기를 바란다.)

현실 속에서, 사람들이 모여 얘기를 하고 있다면, 그 순간 그들의 시선은 말을 하고 있는 사람에게 향해 있을 것이다. 그리고 그 다음에 하고 싶은 말이 있는 사람은 손가락을 펴 올린다든지 몸을 앞으로 내민다든지 하는 일련의 신호를 보냄으로써 다른 사람의 주의를 환기시키고 말을 하게 된다.

연극에서 관객들은 대사를 하고 있는 배우를 보는 것에 대부분의 시간을 보낸다. 그런데 만약 어떤 배우가, 같이 공연하고 있는 배우가 대사를 하고 있는데 관객의 시선을 자기 쪽으로 돌리는 행위를 한다면 상대 배우를 '**죽인다**' 고 표현하며, 이는 서로 환영하지 않는 일이다. (한번은 연출할 때 이런 배우를 만난 적이 있다. 다른 배우들이 아주 재미있는 대사를 주고받는데, 자기는 녹색 손수건을 이마에 매고 연신 얼굴을 찡그려가며 손수건을 움직이는 것이었다. 결국 관객들은 그를 보느라 그 재미있는 대사들을 흘려버렸고 대화를 듣고 웃음을 터뜨리는 일도 일어나지 않았다. 그때부터 관객은 그 녹색 손수건을 흔들던 배우가 마음대로 **쓴** 각본대로 휘둘리게 되었는데 나는 그것을 보고 다소 의아하게 생각했었다.)

스크린에 두 배우가 등장해서 한 사람은 말을 하고 한 사람은 듣고 있다면, 관객들은 분명히 대사를 하는 배우보다 **듣고 있는 배우**에게 집중하게 될 것이라고 확신한다. 이 장의 첫 페이지에 나오는 그림을 한번 보라. 말하고 있는 배우와 듣고 있는 배우의 조합으로 엄청나게 강렬한 이미지를 만들어내고 있다는 것을 느낄 수 있을 것이다. 만약 당신이 잘만 생각해보면 결과는 상당히 논리적인 것이다. 관객은 일단 대사를 하는 배우의 목소리를 듣고 대체로 그의 얼굴에 어떤 표정이 나타나 있을지를 짐작할 수가 있다. 우리가 **모르는** 것은 듣고 있는 사람의 생각과 느낌이다. 그래서 관객은 듣고 있는 배우를 보게 되는 것이다. 게다가 듣고 있는 배우는 대개 **관객들**이 생각하고 있어야 될 것과 느껴야 할 것을 투영해준다.

실생활에서나 무대 위의 삶에서는 당연히 말하는 사람을 보게 될 것이다. 목소리로 이야기는 전달받을 수 있어도, 육체 언어에서 나오는 의미는 또다른 것이기 때문이다. 스크린에서는 인물을 타이트하게 찍는 경우가 많으므로 육체에서 나오는 언어를 **볼 수가** 없고, 그래서 우리는 가장 주된 의문점인 **듣고 있는 사람**의 생각에 집중하게 되는데 그것이 바로 **리액션**을 보는 것을 뜻한다.

연기 연습

제4장에서 다뤘던 가상 연기 연습을 기억한다면 다시 한 번 해보자. 카메라 앞에서 30초 간 연기했던 것 말이다.

여기 또 하나 항상 벌어지는 재미있는 결과를 소개하겠다.

이 훈련에 참가하는 거의 대부분의 사람은 대사를 한다. 심하면 30초 내내 재잘거리다 끝나는 경우도 있다. 끊이지 않는 말의 홍수가 카메라에 흘러 넘치게 된다. 그들은 하나같이 **연기란 곧 대사**라고 동격화시킨 사람들처럼 보였다. 제한된 30초가 주어지자 그 시간 동안 30초의 가치가 있는 말들로 꽉 채워야 연기를 했다고 생각하니 말이다.

사실 그들은 머리를 긁적거리며 "음……."이나 "아……."하면서 머뭇머뭇 몇 마디 어렵게 할 수도 있었고, 아니면 리액션을 많이 하고 말은 거의 안 했을 수도 있었다. 아니면 차라리 **수없이 많이** 보았을 영화의 장면을 떠올리며 해볼 수도 있었을 텐데 그들은 영화 속에서 본 것도, 실생활에서 겪은 것도 아닌 아무것도 표현하지 못하는 그저 긴장과 말만이 가득 찬 연기를 보여주기가 일쑤다.

당신은 어떻게 연기했는가?

황금 원칙 — 말을 하기 전에 먼저 반응하라

실생활이라면 우리의 얼굴은 방금 우리가 말한 것을 그대로 반영하려 한다. 슬픈 사건을 말하고 나면 얼굴은 금방 고뇌에 가득 차게 된다. 재미있는 얘기를 하면서, 어떤 때는 오히려 듣는 사람보다 더 웃기도 한다.

현실 속에서는 당연하고 자연스러운 일이고 무대에도 마찬가지로 적용되는 일이지만, 스크린에서는 **그렇지 않다.**

스크린에서는 배우가 말을 하고 있는 장면에서 그 말이 끝나면 바로 다른 사람의 장면으로 넘기게 된다. 보는 사람의 입장에서는 방금 그 말을 한 배우가 어떻게 느끼는지를 알고 싶은 것이 아니라, 그 말을 들은 **상대 배우가** 어떻게 느끼는지가 궁금하기 때문이다. 그런데 그 장면 안에서 상대방의 반응이 드러나지 않는다면, 감독과 편집 기사는 대개 상대방의 반응을 담기 위해서 **말을 하고 있는 배우의 대사가 끝나기 직전**에 장면을 넘겨서, **상대방이 어떤 대답을 하기 직전**의 반응을 잡으려 할 것이다. 다시 말하면 그 장면에서 해야 할 대사를 끝낸 **이후에는**, 배우가 어떤 기가 막힌 것을 표현했다 하더라도 편집실에 가서는 여지없이 잘릴 운명이라는 것이다. 대사를 마친 배우의 얼굴을 더 잡아주게 되면 극의 흐름이 늘어지기 때문에, 편집 시에는 잘라버리게 되어 있다.

연극으로 보자면 무대 위에서 해야 할 행위를 퇴장 선에 **들어선 후**, 완전히 퇴장하기 **직전에** 하는 것과 마찬가지이다. 이것은 아무런 효용이 없는 짓이다. 단지 퇴장하려는 속도만 머뭇거리게 할 뿐이지 무대에서 벗어난 이상은 아무것도 할 수가 없다. 무대에서의 황금 원칙은 퇴장로에서는 퇴장만 하라는 것이다.

그러므로 배우가 표정으로써 뭔가를 더 전달하고자 한다면, 구체적인 **대사를 하기 전**이라야 가장 효과적이다.

반응 연습

"이렇게 만나서 정말 반갑구먼. 그런데 어쩌지? 지금 어딜 좀 가봐야 하는데."라는 짧은 대사를 해야 한다고 가정해보자. 나의 **자연스런** 표정 연기는 아마도 이렇게 될 것이다.

일상적인 나의 표정

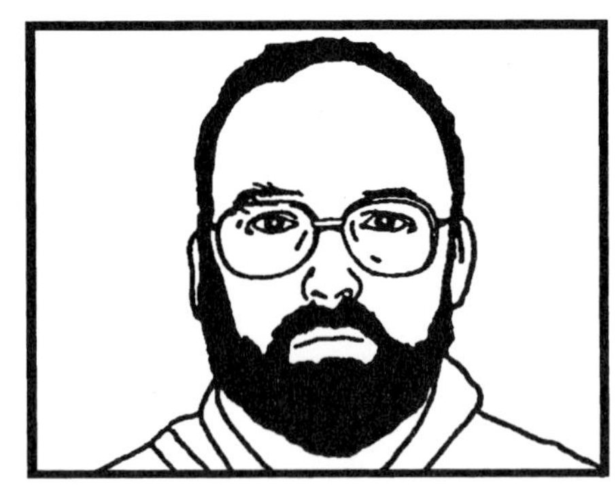

"이렇게 만나서 정말 반갑구먼."(기쁨을 표현하며 환하게 웃는다)

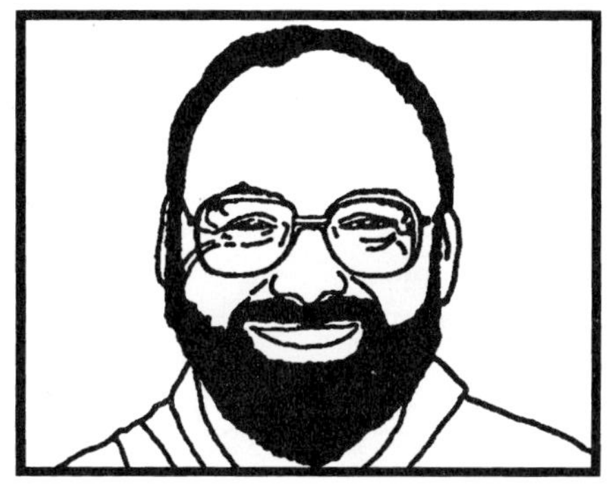

행복한 나의 표정

"그런데 어쩌지? 지금 어딜 좀 가봐야 하는데."(안타까운 마음에 입술은 아래로 처진다)

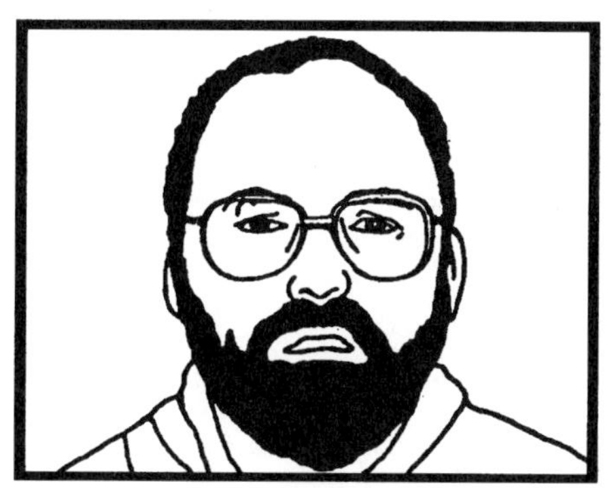

안타까운 나의 표정

이렇게 우리는, 일상적인 무표정한 얼굴에서, 대사의 첫 문장을 듣고, 그런 다음에 기쁜 얼굴을 보았고, 아쉬운 얘기를 들은 다음에, 안타까운 표정으로 마무리되는 것을 보았다.

이제 똑같은 상황을 **스크린**에서 반복해보겠다.

(얼굴에 기쁘고 반가운 웃음이 나타난다) 이때 편집자는 이 얼굴에서 장면을 잘라 편집할 수 있다. 그러므로 관객은 미리 이 사람이 어떤 기분인지 알 수 있고, 그 원인에 대한 궁금증이 생기기 때문에 그 다음 하는 말에 집중하게 된다.

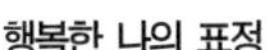
행복한 나의 표정

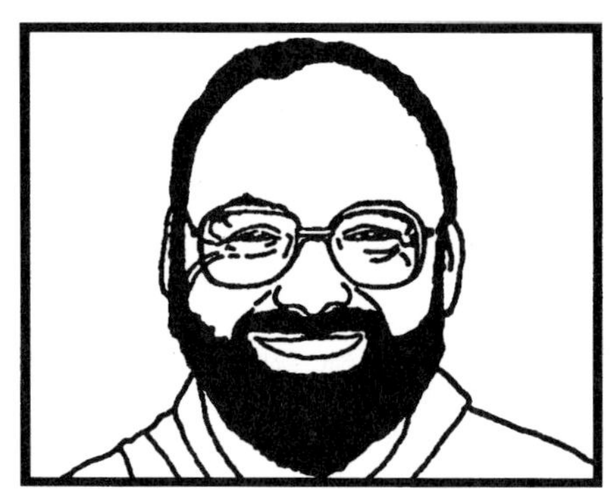

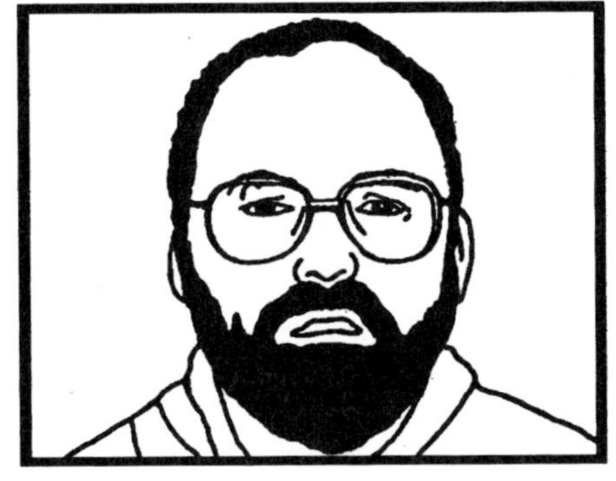
안타까운 나의 표정

"이렇게 만나서 정말 반갑구먼." (순간 안타까운 표정을 짓는다)

관객은 이게 도대체 무슨 일인가 해서 그 다음까지 계속 보게 되는 것이다.

"그런데 어쩌지? 지금 어딜……."

편집자, 감독은 이미 다음 배우에게로 컷을 넘긴다. "…… 좀 가봐야 하는데."

관객은 이때 **상대 배우**가 어떻게 느끼고 있는지를 알 수 있게 된다.

그렇게 해서 연상되는 사고의 변화 속으로 관객을 잡아둘 수 있고 배우를 계속 **바라보고 싶게** 만드는 것이다. 관객들은 배우의 기쁜 얼굴을 먼저 보고 '잠깐, 왜 기쁘지?' 하며 대사를 듣고, 배우가 안타까운 표정을 지으면 '왜 그럴까?' 하고 궁금해한다. 그 이유를 알아내려면 다음 대사를 듣지 않을 수 없게 되는 것이다. 극적으로 상당히 재미있는 과정이다.

그러나 아직, **나를 너무 믿지 말아주기**를 부탁한다. 그보다는 100년이 넘도록 배우들이 해왔던, 이제야 비로소 당신이 깨닫기 시작한 그 방법을 터득하기 위해 다른 작품들을 좀더 살펴보라. 그리고는 리액션을 관찰하라. 대사를 시작하기 전 리액션을 관찰하라. 어떻게 리액션이 대사 그 자체보다 중요하게 부각될 수 있는지를 주목하라. 스타급 배우들은 그들 대사의 상당 부분을 미련 없이 다른 배우들에게 나눠주는 것으로 알려져 있다. 그러면서 자기가 아닌 다른 배우들이 극적 구성의 얼개를 풀어나가는 것에 꽤 만족해한다. **그들이** 원하는 것은 바로 리액션이다!

감정을 반응할 것인가? 생각을 반응할 것인가? 아니면 그냥 반응할 것인가?

여기 별 것 아닌 것 같은 연습을 통한 아주 **고민스런** 결과가 있다.

침을 한 번 꿀꺽 삼키는 것 같은 단순한 리액션을 해보자.

그리고 누군가에게 내가 손가락을 까딱할 때마다 아무 생각도 하지 말고 느끼려고 하지도 말고 그냥 한 번씩 삼키라고만 한다. 주의할 점은 내가 무슨 말을 하더라도 절대로 듣지 말고 신호를 할 때마다 단순히 침만 삼키라고 해야 한다.

이것을 촬영한 다음에, 다시 화면을 보면서 침을 한 번씩 삼키기 바로 전에 무슨 말인가를 해서, 관객이 촬영한 장면을 그 대사와 함께 보도록 한다.
예를 한번 만들어보면

"약물 밀수 혐의로 체포한다."	**꿀꺽 삼킨다**
"당신은 정말 좋은 사람이에요."	**꿀꺽 삼킨다**
"복권에 당첨되셨습니다!"	**꿀꺽 삼킨다**

관객들은 아마 당신의 훌륭하고 진실되고 섬세한 연기에 크게 감동 받을 것이며, 비록 침을 삼키던 그 사람이 무엇을 느끼고 연기한 것이 아니라는 것을 **알고 있다** 하더라도 당신 역시 그렇게 느낄 것이다.

이 방법은 러시아 감독 레프 쿨레쇼프(Lev Kuleshov)가 1920년대에 창안해낸 것을 응용한 것일 뿐이다. 그는 당시 노인의 얼굴과 관(棺), 다시 노인의 얼굴과 팔짝팔짝 뛰는 아이, 또 노인의 얼굴과 스프 한 접시, 이런 식으로 *교차 편집을 시도하였다. 관객들은 노인의 얼굴에 나타난 미묘한 변화들을 극찬하였지만, 사실 그 노배우는 아무 생각도 하지 말고 카메라를 봐달라는 감독의 주문에만 따른 것이고, 편집에 쓰인 샷도 모두 같은 얼굴을 반복적으로 쓴 것이므로 결국 샷의 **상황**이 변화를 초래한 것이지, 배우 자신의 변화는 아니었다는 것이다.

우리에게 리액션이란 이전의 상황, 그리고 이후의 상황과 연관되어 있는 것이기 때문에 배우가 그 순간에 가장 진실된 감정으로 어떻게 할 것인가와 반드시 관련된 것은 아니다. 그 상황의 연결 이후와 더 관련이 있다. 사실 스크린에서 보여지는 많은 리액션은 화면 상에 드러나는 실제 그 시간에 했던 반응이 아니라, 그 후에 찍게 되는 경우가 많다. 〈로마의 휴일 *Roman Holiday*〉에서 극 중 그레고리 펙(Gregory Peck)이 오드리 헵번(Audrey Hepburn)의 마지막 모습을 찍고나자, 그녀는 기자회견장을 떠났고, 그는 자신의 감정을 감추고 있는 연기를 했다. 그런 그의 모습을 촬영한 것은 그녀가 실제로 떠나는 그 순간보다 이전이거나 이후일 것이다. 아니면 어느 날 그의 리액션을 몰아서 찍었을 수도 있다. 그렇다면 그는 자신이 얻은 새로운 사랑을 이제 영원히 잃게 된다는 숙지 하에 '연기' 한 것인가? 아니면 단순히 큐 사인에 따른 리액션을 한 것인가?

어떤 것이 맞는 것이라고 말할 수는 없다. 중요한 것은 배우가 그때 그 샷을 찍을 때 무엇을 느꼈느냐가 **아니라**, 그것이 관객에게 진실되고 감동적인 **순간**으로 받아들여지느냐가 관건이라고 할 수 있다. 같은 영화의 촬영 기간 동안 비교적 초기에 벌어졌던 예를 하나 더 들어보겠다. 밤 장면이었는데, 윌리엄 와일러(William Wyler) 감독은 오드리 헵번에게서 더 이상의 연기를 끌어내는 것은 불가능하다는 절망감이 들기 시작했다. 도망쳐 나왔던 궁으로 다시 돌아가야만 하는 차 안 장면이다. 참다못한 감독이 스태프들이 전부 있는 공개석상에서, 계속 이렇게 하면 배우를 갈아치울 수도 있다면서 고함을 쳤다. 그리고는 다시 필름을 돌렸다. 우리는 오드리 헵번이 그레고리 펙에게 작별 인사를 하려고 돌아서는 이 장면에서, 눈물로 얼룩진 그녀의 얼굴을 볼 수 있다. 과연 **그녀의 연기**는 시나리오에 나타난 그 장면을 연기한 것인가? 아니면 방금 자신에 대해 심한 언행을 한 감독에 대한 반응을 한 것인가?

영화는 이렇게 '잘못된' 동기로부터 파생되어 나온 '잘 된' 리액션들로 가득하다. 그러나 그것이 제대로 낮아떨어질 때에는 어떻게 잘못된 것이라 할 수 있겠는가? 여전히 배우 자신의 실제 감정이, 맡은 인물의 감정과 **맞아떨어져야만 한다**는 관념에 집착할 때만이 잘못된 것이다. 영화 〈카사블랑카 *Casablanca*〉에서 험프리 보가트(Humphrey Bogart)가 고개를 끄덕이자, 반 나치의 국가(國歌)를 일제히 부르기 시작했는데, 그 당시 그는 왜 그렇게 해야 하는지를 전혀 몰랐다. 감독이 그렇게 하라고 했기 때문에 그렇게 했을 뿐이다. 편집된 필름을 보고나서야 그는 감독의 의도를 이해하게 되었다. 이것을 가지고 그동안 그가 해온 뛰어난 연기에 대한 평가를 무너뜨려서야 되겠는가?

경청

스크린 연기의 많은 부분이 듣기이다. 이에 관한 깊은 얘기는 제9장 '오디션' 과 제14장 '편집자와 편집'에서 다루게 될 것이다. 여기서는 한 가지 연습만 간단하게 짚고 넘어가겠다.

내가 소위 '엘리트' 배우들—이 말의 뜻은 적어도 하고 있는 작품이 있고, 이름도 꽤 알려져 있는 배우들이라는 뜻이다—과 일을 할 때의 얘기이다. 그때 나는 적극적인 듣기에 관하여 이야기하고 있었다. 한 배우가 이 말을 듣고는 심사가 뒤틀렸는지 자기는 배우가 표정을 만들어서 듣는 체 연기하는 것을 경멸하며, 배우의 듣기는 일상에서처럼 자연스럽게 해야 한다고 주장하였다.

나는 즉시 그녀를 일으켜 세워 다른 배우가 말하는 것을 '듣게' 하고 그것을 카메라 투 샷으로 찍었다. 그것을 틀어서 보여주자, 그녀는 자신이 꽤 괜찮은 리액션을 했다고 생각하며 만족해했다. 그리곤 다시 한 번 그녀에게 같은 리액션을 해줄 것을 요청하며, 단 이번에는 다른 배우가 하는 말을 잘 들으려고 하지 말고, 다양한 표정을 짓는 것에 모든 에너지를 집중해달라고 했다. 그녀는 그렇게 했고, 나는 다시 그녀를 녹화했다. 녹화 테이프를 틀기 전에 그 배우에게 물었다. "어땠어요?" "뭐, **형편없을 거예요.**" 그러나 우리는 모두, 다른 배우들과 나는 입을 모아서 이렇게 말했다. "아주 **훌륭했어요!**" 사실이 그러했다. 그녀는 또 적잖이 흥분했다. "하지만 나는 그렇게 온갖 표정을 만드는 게 너무 불편하고 싫었어요." 그녀에게 **표정을 너무나 진실되게 잘 표현했기 때문에** 결과가 좋게 나온 것이고, 이것이야말로 진짜 기가 막힌 스크린 연기라고 지적해주자 그제서야 좀 안심을 하는 눈치였다.

혹시 그녀에게 또 하라고 하면, 또 긴장하게 될지는 모르겠다. 당신이라면 어떠할 것 같은가? 리액션은 진실하고 동기가 뚜렷한 것처럼 **보여져야** 하는 것이지, 반드시 리액션 자체가 실제로 그 감정 그대로일 필요는 없다는 것을 명심하기 바란다.

비즈니스

*비즈니스, 곧 생활이란 소도구와 관계되어 이루어지는 동작 혹은 행동을 일컫는다. 배우들은 많은 경우, 그들이 맡은 역할의 다른 일면을 전달함으로써 관객의 이해를 돕거나 또 어떤 생각을 전환하는 기점으로 이를 사용하게 된다. 표면상으로는 배우가 가장 자연스럽게 하는 행동으로 나타나지만—전화기를 집어든다거나 신문을 펼치는 행동 등—그 행동의 **방식**에 따라 관객은 인물의 심리를 포착할 수 있게 되는 것이다.

몇몇 대서양 연안의 국가에 있는 연기 학교들은 연기에 있어서 비즈니스를 보태는 것은 '진실한 것'이 아니기 때문에 그렇게 못하도록 가르치기도 한다. 엄청난 오류이다! 스크린에서 가장 불쌍해 보이는 배우는 빈손을 어쩌지 못한 채 감정을 표현하지 못해서 안달하는 배우이다. 그런 배우들을 보면 단적으로, "제발 쓸 수 있는 소품 좀 주세요!" 하면서 애원하는 손짓을 하는 것처럼 보인다. 배우가 "좋은 생각이 떠올랐어요." 하면서 손을 머리 쪽으로 올렸는데, "이런 공연을 하는 거야!" 하며 빈손만 휘젓는다면 그에 대한 갈망, 열의, 이런 것들이 그만 무기력하게 보일 수 있다.

소도구

소도구에 대해서 이야기를 해보겠다. 연필을 한번 생각해보자. 이것 자체는 조만간 바뀔 것이 없다. 연필은 변화하지 않는 사물이지만, 당신이 이것을 집어들면 당신의 의식 속으로 관객을 끌어들이는 매개체가 되어서, 당신이 하고 있는 배역이 어떻게 느끼고 있는지를 관찰할 수 있게 해준다. 만약 그것을 조심스럽게 들어올리거나 꽉 움켜쥐거나 하면 두 가지의 전혀 다른 느낌과 태도를 보여줄 수 있다. 연필을 살살 흔들거나 그걸 가지고 소파를 찌르거나 하면 두 가지를 더 보여주는 것이고, 책상 위로 던지거나 반으로 뚝 잘라버리면 또 다른 의미를 전달하게 된다. 이와 같이 연필 하나를 가지고도 관객의 이해와 생각을 돕기 위해 얼마나 다양한 행동을 할 수 있는지 실험해보는 것도 아주 효과적인 연습이다.

몇 년 전 세 친구가 룸메이트로 등장하는 작품 중의 한 장면을 연출할 때의 일이다. 나는 홀로 집에 남은 여배우에게 다른 두 친구가 외출에서 돌아왔을 때, 막 머리를 감고난 것처럼 드라이어로 젖은 머리를 말리고 있으면 좋겠다고 했다. 그랬더니 다른 두 배우들은 금새 직업적인 시샘을 느끼고는 "우리도 우리 생활을—비즈니스를—주세요!" 하고 나를 졸랐다. 그 장면을 어떻게 찍었을지 상상할 수 있겠는가?

드라이어를 든 배우: (열심히 머리를 말리면서) "이제들 오니?" (드라이어를 약하게 하고는) "데이트는 어땠어?" (다시 드라이어를 강하게 올리고) "난 뭐 별

로 나가고 싶지도 않았었거든." 이 배우는 그녀 내면의 본심을 전달하는 데 이렇게 머리 말리는 비즈니스를 쓴 것이다(서브 텍스트 the sub-text. 저변에 자리하면서 극적인 역할을 하는 개념으로 활용된 것이다-옮긴이 주).

비즈니스(비즈 biz 라고도 칭함)는 산만하게 처리되지만 않는다면, 연기의 힘을 배가(倍加)시키는 데 큰 몫을 한다. 또다른 장면을 예로 들어보겠다. 두 명의 간호사가 있고, 한 명이 다른 한 명에게 자기 남편에게 더이상 꼬리 치지 말라고 적의에 찬 말투로 경고하는 장면이다. 나라면 어떻게 찍었을까? 나는 약장 안에 카메라를 놓고, 원 신 원 컷으로 찍었을 것이다. 장면 처음부터 끝까지 약을 세고, 약장 서랍을 열고, 또 그 안에 있는 약을 세고, 약을 다시 쓸어 담는 각각의 비즈니스를 적절한 시간에 끼워 넣어서, 약간의 끊김이 있으면서도 계속 움직이게 하면서 그 와중에 대사와 감정을 주고받게 하는 것이다. 역할을 맡은 두 배우는 워낙 경험이 풍부하고 능력 있는 배우들이라서, 매순간 어떤 감정과 어떤 행동을 맞추어야 할지 자발적으로 함께 토론하면서 아주 즐겁게 촬영할 수 있었다.

간혹 나는, 스크린에서 배우는 절대 정지해 있으면 안 된다고 생각한다. 왜냐하면 스크린은 끊임없이 관객의 시선을 배우에게 끌어줘야 하기 때문이다. 그러나 오해는 없길 바란다. 내가 얘기하는 것은 큰 동작이나 이동의 차원이 아니라, 아주 작고 섬세하면서도 연속적인 행동을 지칭하는 것이다. 소위 '정지해' 있는 배우들도, 세심하게 관찰해보면 사실 완벽하게 정지되어 있는 상태가 아니라 미세한 움직임이 어딘가에 있으며, 눈을 파르르 떤다든지 턱에 은근히 힘이 들어간다든지 할 것이다. 그러므로 밋밋한 스크린 이미지를 살아 숨쉬게 하는 미세한 움직임들을 유심히 살펴보라.

누군가와 비행장에서나 혹은 기차역 같은 곳에서 작별 인사를 하게 될 때, 아무도 손을 든 채로 그냥 가만히 있지는 않는다. 손을 흔들게 된다. 떠나는 사람이 나를 볼 수 있을 때까지 계속 손을 흔든다. 마치 손을 계속 흔들어야만 나의 관심이 아직도 너에게 있고, 그래서 가지 않고 여전히 여기 있다는 것을 증명하겠다는 것처럼 말이다. 이와 유사한 개념으로, 리액션도 얼굴에서 지속적으로 변해야 한다. 턱 근육의 미세한 떨림이나 움직임 등이 그것이다. 얼굴을 변화 없이 정지된 상태로 있는 것은, 손을 들고 흔들지 않는 작별 인사와 마찬가지로 비사실적인 것이다.

미국 캘리포니아에서 텔레비전 워크샵을 막 끝내고 났을 때의 일이다. 몇몇 학생들은 여전히 이 사실에 대해서 확신이 덜 가는 눈치였다—"생각하라. 그러면 카메라가 다 알아서 보여줄 것이니라."를 여전히 철학처럼 믿고 있었다. 그러던 중 내가 카메라에 연결되어 있던 텔레비전 모니터 화면을 끈다는 것이, 그만 그 지역 방송 채널로 옮기게 되어서 마침 방송되고 있던 옛날 시리즈물 〈폴리스 우먼 *Policewoman*〉을 보게 되었다. 우리는 함께 방송을 보면서(물론 소리는 줄여놓고) 여자 주인공이 잠시도 정지하고 있는 순간이 없다는 것을 알게 되었다. 여기서는 상의의 칼라를 내리고, 저기서는 벨트를 조이는 등 항상 움직이고 있었다. 전원이 모두 웃었다. 그들은 그제서야 나의 핵심을 받아들인 것이다.

무성영화 연습

이는 자기가 맡은 배역이 단순히 '자연스럽게' 하는 리액션에만 의존하지 않고, 리액션이 관객에게 어떤 식으로 정보를 전달하는지에 대한 구체적인 증거를 체험해보고 싶은 이들을 위한 것이다.

무성영화 당시처럼 연기할 적당한 인물을 고른다. 뭔가 극적이고 멜로드라마틱한 장면을 해보도록 하자. 적군들에게 성은 포위되었고, 그녀는 성벽 위에 올라가서 그들의 요구를 듣는 성주의 아내이다. 그들은 그녀에게 소리쳐 말하길, 잠긴 성문의 열쇠를 밖으로 던져 주지 않으면 남편의 두 눈을 뽑아버리겠다고 위협을 한다. 그녀는 완강히 버티고, 잔인한 그들은 정말로 사랑하는 남편의 두 눈을 뽑아버린다.

이런 줄거리의 연기를 시키고나서 녹화를 한다.

이제는 똑같은 장면을 한 번 더 해보는데, 배우는 무조건 감독이 하라는 대로 연기를 하고, 감독은(당신이 직접 감독의 역할을 해도 좋다) 계속 그 배우를 향하여 구체적인 디렉션을 준다. "내려다 봐요.", "놀라서 두 손으로 입을 가리고.", "고개를 젓는다.", "갑자기 위를 쳐다본다.", "주먹을 움켜쥐고 두 눈을 꽉 누른다.", "아래를 봤다가 하늘을 바라본다.", "비명을 지른다.", "이제 천천히 다시 아래를 내려다봐요." 등등.

이것도 마찬가지로 녹화를 해서 두 가지의 결과를 비교해보자. 화면을 보면 '사실적'으로 연기를 한다고 했던 것보다, 감독이 일일이 '디렉션'을 주었던 것이 배우로선 **창피할 정도로** 훨씬 낫다. 그렇다고 새삼 너무 놀랄 필요는 없다. 이것이 무성영화 시대의 촬영 방법이기 때문이다.

그렇다면 **왜** 감독이 일일이 디렉션을 줄 필요가 있었을까? (영화 발명의 초창기 때는 '배우에게 연기를 시키는 것'이 감독의 주업무였다.) 이유는 간단하다. 스크린으로 소통하기에 현실에서 일어나는 사건들은 너무 느리게 벌어지고 너무 약하기 때문이다. 배우는 '진실'의 느낌을 전달하기 위해 현실에서보다 **강하고, 짧은 시간에** 표현할 필요가 있다.

최근의 광고계를 보면, 모델은 적어도 3분 30초 내에 5가지의 각기 다른 표정을 만들 수 있어야 하며

리액션의 비밀

- 말을 하기 전에 먼저 반응하라
- 상대방의 대사 중에 반응하라
- 내용이 리액션의 의미를 부여하는 것이다 — 반드시 배우일 필요가 없다
- 연기보다 반응 연기가 더 중요할 수 있다
- 소도구는 리액션을 쉽게 해주며, 관객이 이해하기 쉽게 해준다
- 리액션과 리액션 사이를 줄여라
- 거울을 보면서 리액션을 연습하라

그 정도는 웬만하면 소화해낸다. 이는 현실에서 이루어지고 있는 것은 아니지만, 현실 속의 '자연스러움'을 가속화시킨 유형이라고 하겠다. (제9장 '오디션'을 참고하라.)

인간의 반응은 보고 느끼고 표현하기까지 약 1분 30초에서 2분 정도가 소요된다. 그러나 본능적인 행동에까지 적용되는 것은 아니다. 만약 테니스를 친나고 할 때, 세계적인 선수 애거시가 상대방의 서브 볼을 받아쳐 보내는 데에는 1초의 몇 분의 1도 생각할 시간이 없다. 이런 리액션은 오로지 부단한 연습으로만으로 가능한 것이며, 연기에도 마찬가지로 적용된다. 배우에겐 약간의 시간이 소요될 수 있는 것도(배우는 생각이란 단계를 거치기 때문에) 실제 그런 상황 중에 있는 현실의 사람들에게는 훨씬 짧아지기 때문이다. 그러므로 배우가 현실 속 사람들의 행동을 재현해내기 위해서는 **생각**을 거부하고 본능적인 리액션에 충실하도록 해야 할 것이다.

왜냐하면 아주 빠른 어떤 리액션에 대해서는 훈련되어 있거나 미리 연습하여 둘 수가 없기 때문에, 그럴 때는 감독이 리액션에 관한 구체적인 지시를 빠른 템포로 연속적으로 해주는 식의(메가폰으로 말을 해주거나) 큐에 따라서 해야 한다. 느끼기에는 사실적이지 않은 것 같을 수도 있지만, 우리가 연기하고자 추구하는 그 본능적인 순간을 위해서는 이렇게 표현하는 리액션의 속도가 **사실적일 수 있다.**

제스처 연습

제스처를 적절하게 사용할 수 있는 기술과 결과를 획득하기 위해서는, 결국 그 상황 아래서 능숙하게 할 수 있어야 한다는 것인데, 그것은 끊임없는 연구와 연습으로만이 가능할 것이다. 이 분야의 연구란 자신의 실생활을 관찰해서 **자신의** 행동과 몸짓 언어를 분석하는 것이다. 더불어 지하철에서나 가게에서나 어떤 모임에서나 다른 사람들을 관찰하면서, 그들이 어떤 행동들을 하며 그것을 어떻게 나의 언어로 받아들일 수 있을지를 연구하라. 또한 영화를 보면서 다른 배우들은 어떻게 하나, 그들의 어떤 부분을 나의 것으로 훔쳐낼 수 있을지(적용한다는 의미이다)를 연구해야 한다.

내가 함께 작업했던 배우들 중에 잊혀지지 않는 배우가 한 명 있는데, 연습실에서는 안경을 쓰고 앉아 있다가도 연기를 할 때는 안경을 벗는 그런 친구였다. 그가 의자에서 일어나 안경을 벗고 윗주머니에 넣는 동작을 너무나 유연하게 하기 때문에, 사람들은 종종 그가 안경을 쓰고 있었다는 사실을 완전히 잊어버린다. 이 사소한 비즈니스는 수년 간을 거쳐 완벽하게 그의 것이 되어버렸고 그 배우에 대해 많은 것을 말해주고 있었다. 나는 지금도 그 아름다웠던 한 동작이 과연 어떤 배우의 어떤 적절한 순간에 쓰여지게 할 수 있을까를 늘 염두에 두고 있다. (그리고 생각을 통해서 그의 동작 속도와 효과를 재현할 수 있는지 많은 배우들에게 시켜보기도 했다.)

험프리 보가트의 냉소는 유명하다. 그는 그 웃음을 하도 잘 표현해내서, 그만의 연기 도구가 되어버렸다. 그렇지만 그가 자신의 의지대로 입술 어느 부분으로나 그 차가운 미소를 지을 수 있게 되기까지 얼마나 많은 시간을 연습했는지 아는가? 그는 리액션과 비즈니스를 이해하고, 그냥 잘하는 정도가 아니라 **완벽하게** 자신의 것으로 만들어버린 것이다.

제6장

사운드와 발성 볼륨
Sound and Vocal Levels

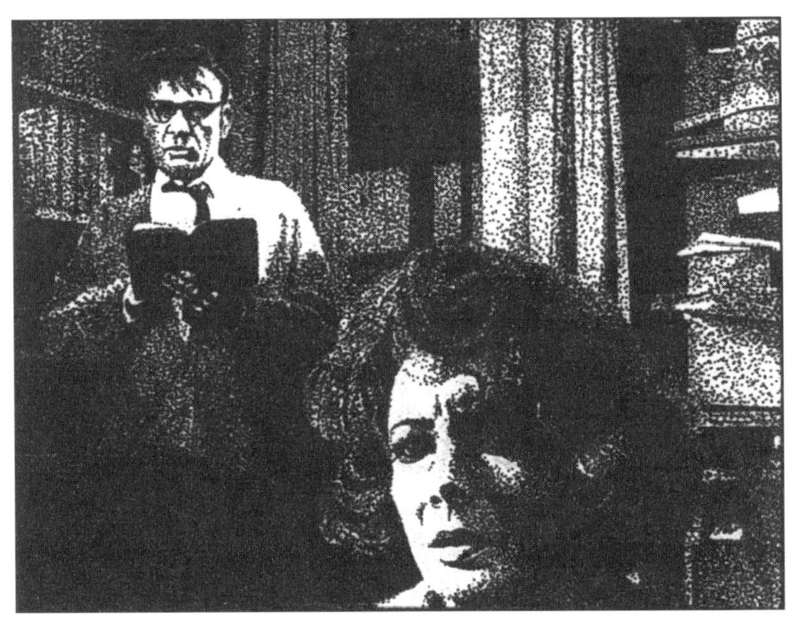

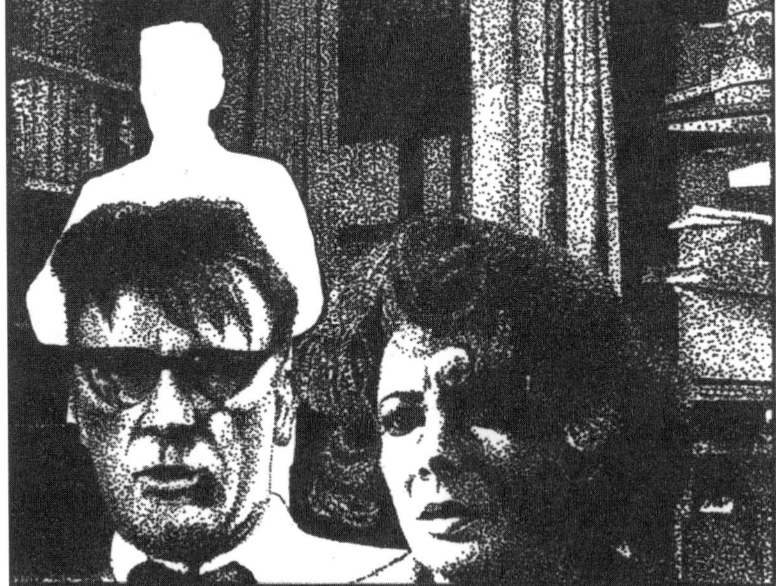

리처드 버튼과
엘리자베스
테일러

사운드와 발성 볼륨

이 장이 이 책의 가장 중요한 부분이다.

이 책이 다루고 있는 것이 스크린 연기이므로 이 책이 지향하는 공략 목표가 **소리**라기보다는 **모습**일 것이라고 생각한 독자들이 많을 것이다. 따라서 나의 이런 새삼스런 강조가 조금 이상하게 들릴런지도 모르겠다.

그러나 내가 이렇게 가장 중요한 부분이라고 말할 수 있는 것은, 나의 경험으로 비추어 볼 때 좋은 배우가 스크린과 만나서 **좋지 않아지는** 가장 큰 이유는 그들이 스크린에 맞게 목소리 조절을 하지 못해서이기 때문이다. 너무 크게 대사를 해서 좋은 연기를(혹은 가능성 있던 배우가) 망쳐버리고, 그래서 '지나치게 연극적'이라고 치부되어 버리는 경우를 부지기수로 보아왔다. 우리가 제4장에서 했던 30초 연기 연습에서도 아마 목소리 조절을 제대로 하지 못했을 것이다. 마이크의 존재를 의식하고 그것을 향해 소리를 내지 못하고, 그 곳에 있는 사람들에게 자기의 실제 목소리를 가지고 전달하기 위해서 너무 크게 말했을 것이 틀림없다. 내가 그때 왜 그렇게 마이크를 계속 움직여줬을 것이라고 생각하는가? 그 이유는 마이크가 무슨 역할을 하고 있는지, 그리고 얼마만큼 가까이에 있는지를 주지시켜 주고 싶었기 때문이다.

이쯤에서 다시 한 번 원론으로 돌아가보자.

생활 속에서 우리는 얼마나 흥분되어 있고 얼마나 열정적이냐에 따라서, **그리고** 내가 말을 하고 있는 상대가 얼마나 떨어져 있느냐에 따라서 말의 톤을 다양하게 사용하고 있다.

무대에서도 같은 방식이 적용되지만 그때는 객석 끝자리의 관객까지를 포함한 상태에서 톤이 조절되어야 한다.

스크린에서는 과연 어떨까? 지금 내가 얘기를 하고 있는 상대방이 나와 같은 공간에 있다고 하더라도, 소리를 던져야 할 **실제** 거리는 **샷의 크기**에 의해 좌우된다.

스크린을 통해서 배우의 단독 신을 볼 때 관객은 그 배우와 대화를 나누는 상대 배우가 바로 프레임 너머에 있는 것으로 간주한다. 그러므로 그 장면이 롱 샷일 경우, 그 안에 있는 배우가 얘기하는 상대는 3미터 정도 떨어져 있는 것이 된다. 미디엄 클로즈업일 때는 상대가 1미터 정도 떨어져 있는 것이고, 클로즈업일 경우에는 불과 20, 30센티미터 정도밖에는 떨어져 있지 않은 것이 된다.

여러분이 갑자기 당황하여, 지금 어떤 크기의 샷을 찍고 있는지, 그렇다면 어느 정도의 음성 톤으로 대사를 해야 하는지 고민하기 전에, 힘이 되고 도움이 되는 친구 하나를 소개해주려 한다. 물론 감독은 아니다. 그는 바로 '붐', 끝에 마이크가 달려 있는 '붐'이다.

마이크

대부분의 극영화에서 음향 기사는, 그 작품 내의 '음향 거리(sound perspective)'를 부여하기 위해 샷의 크기에 따라 마이크와 배우 간의 거리를 다양하게 조절할 것이다. 관객은 롱 샷에 잡힌 배우의 목소리는 그 거리만큼 멀리서 들려오고(약간의 울림과 메아리도 있을 것이다), 반면 클로즈업이라면 밀착되고 가까이 들려야 한다고 단순하게 생각하기 때문이다. 이러한 효과는 배우의 입에서 마이크까지의 거리를 변화시킴으로써 가능하다.

이에 가장 으뜸이 되는 원리는, 대사를 할 때 **붐 마이크가 떨어져 있는 만큼 상대방이 떨어져 있다고 생각**하고 대사를 던지면 그 샷에 맞는, 거의 정확한 톤의 소리를 낼 수 있다는 것이다.

얼마나 간단하고 쉬운가?

그러나 그것을 배우고 터득하는 것은 그렇게 간단하지만은 않다. 처음에 대사를 아주 작은 소리로 하면(타이트한 클로즈업일 때) 말의 전달 속도도 느려지고, 리액션도 감소하고, 에너지도 떨어지면서 갑자기 무척이나 권태롭고 의욕 없는 사람처럼 보일 것이다. 그렇기 때문에 소리의 실제 볼륨은 **줄일지라도** 에너지는 **비축한 채로** 연기를 해야 하는데, 이것이 그리 만만한 일이 아니라는 것이다. 상당히 부자연스러운 일임에 틀림없지만, 지금쯤은 당신도 스크린 연기가 꼭 당신을 기분 좋게만 하는 것은 아니며, **좋게 보이는 것이 최선**이라는 사실과 어느 정도 타협했으리라 생각한다.

말이 빨라질수록 소리도 커지는 것은 자연스러운 일이다. "네가 어떻게 나한테……당장 꺼져!" 목소리를 낮추고 소근소근 말하면 말하는 속도도 느려질 것이다. "저, 초면이지만, 제가 술 한 잔 사도 될까요?" 말의 속도는 변화시키지 않고 소리의 *레벨만 다양하게 구사하는 것은 상당히 부자연스러운 일이다. 그럼에도 불구하고 그것은 배우들이 해야 하는 일이다. 텔레비전을 켜고 볼륨을 올려서 배우들이 실제로 어떻게 하는지 유심히 한번 들어보라. 팔을 정력적으로 움직여가면서 큰 소리로 열렬히 떠들어대는 강연자는 화면 상에서 지나치게 연극적으로 오버하는 배우로 보일 것이다. 그런 그가 목소리를 대폭 줄이고, 그러면서도 변함 없는 에너지와 열정을 보여주면 훌륭한 텔레비전 연기자로 보이게 되는 것이다! 극 중에서 말을 빨리 하고 있는 인물을 클로즈업으로 잡아 그의 대사를 들어보면, 대사가 정확히 붐까지 전달되지 못하고 말이 새나가고 있다는 것도 알게 될 것이다. (제1장 '스크린 VS 무대', 제3장 '프레임', 그리고 제4장 '카메라' 에서 **말은 빨라도 동작은 천천히 해야 한다.**'는 것을 상기하기 바란다.)

그리고 또 하나 언급되어야 할 원칙이 있다. 마이크는 프레임의 가장자리에 위치해야 하기 때문에, 붐 오퍼레이터는 리허설 동안 샷 안으로 들어왔다가 바깥으로 빠지면서, 그 끝 선을 찾아낼 것이다. 샷 안에 마이크가 나왔다고 해서 항상 붐 오퍼레이터를 탓해서는 안 된다. 원인은 리허설 때보다 샷을 좀 넓게 잡은 촬영 기사일 수도 있고, 아니면 위치를 잘못 서서 정교하게 계산된 카메라, 배우, 마이크와의 기하학적 관계를 무너뜨린 배우일 수도 있기 때문이다.

때때로 우리는 비싼 필름으로 찍은 영화를 텔레비전으로 보다가 우연히 어떤 장면에서 마이크를 보게 되는 경우가 있다. 이때는 그 작품의 촬영진을 탓해서는 안 된다. 왜냐하면 영화의 프레임은 높이보다 너비가 넓고(텔레비전 화면에 비하면 훨씬 더 넓다), 영화를 찍을 당시의 상황에서 촬영 기사는 관객한테 보이지 않을 것이라는 판단 하에 붐을 필름 상단에 위치시키기 때문이다. 그러나 이것을 텔레비전으로 보려면 텔레비전 화면 비율에 맞게 필름 끝을 잘라내야 하는데, 이것을 방지하기 위해 필름의 높이를 상하로 확장하는 것이므로, 원래는 전혀 보이지 않을 부분을 보게 되는 것이다. 만드는 사람의 입장에서 이를 불평만 하기보다는, 방송국 측에 촬영했던 화면 비율대로 필름을 내보내달라고 강력히 요구해야 한다. (그렇게 되면 화면 상단과 하단에 검은 띠가 보이게 된다는 뜻인데, 그게 무슨 상관인가? 텔레비전 화면을 채우기 위해 함부로 재구성된 필름을 보느니 차라리 검은 띠를 보는 것이 낫지 않겠는가.)

감독과 발성 볼륨

많은 감독들이 우리가 다루고 있는 이 주제에 대해서 개념이 없는 듯하다. 그들은 배우가 특정 매체에 부합되지 않게 너무 크게 말한 것을 꼬집어내지 못하고, 연기자에게 '너무 연극적'이라고 비난하기 일쑤다. 심지어는 배우가 단지 목소리를 크게 냈을 뿐인데도 '과도한 표정 연기'를 했다고 엉뚱하게 지적한다.

어떤 영화나 텔레비전 드라마를 보다가, 배우가 상대방에게 얘기를 하는데—매우 진지하고, **조용한** 말투였다—듣고 있는 사람이 전혀 들을 수 없을 정도로 작게 얘기를 했는데도, 아무도 그것을 눈치채지 못하는 것 같았다! 왜냐하면 이것도 스크린 연기에서 이루어지는 가장 진실되지 못한 것 중에 하나임에도 불구하고 자연스럽게 **보이기** 때문이다. 그러나 나는 아직까지 그 어떤 배우도 배우의 기술적 능력으로서는 너무도 중요한 이 점에 대해 서술하거나 언급하는 것을 본 적이 없다. 그렇게 **연기하면서도** 아무도 그 사실에 대해서는 말하지 않는다.

이에 대한 좋은 예로서, 영화 〈블루 벨벳 *Blue Velvet*〉에서 카일 맥라한(Kyle MacLachlan)이 로라 던(Laura Dern)과 저녁식사를 하면서 그녀에게 얘기를 하는 장면이나, 〈애정의 조건 *Terms of Endearment*〉에서 잭 니콜슨(Jack Nicholson)이 테이블을 사이에 두고 셜리 맥클레인(Shirley MacLaine)에게 말하는 장면을 추천하고 싶다. 두 장면 다 현실에서라면 듣고 있는 사람은 절대로 말하고 있는 사람의 얘기를 **들을 수 없었겠지만**, 스크린의 현실에서는 너무나 그럴 듯하게 **효과적이다.**

스파르타쿠스 역을 맡았던 커크 더글러스(Kirk Douglas)는 그의 엄청난 추종자들 앞에서 연설을 하고 있다. 관객은 첫 번째 롱 샷에서 배경으로 그를 에워

싸고 있는 인산인해의 군중들을 본다. 그런 다음에 클로즈업으로 바뀌고나자 그의 목소리는 맨 앞줄에 있는 병사들도 못 들을 정도로 너무나 낮고 작아졌지만, **아무도 눈치채지 못했을 것이다.** 이것은 스크린에서 샷의 크기에 따라 음성 레벨을 조절하는 아주 고전적인 예이다.

실전응용

사실 음성 레벨을 결정하는 '스타일'은 작품에 따라, 그리고 매체에 따라 다르다. 그러므로 항상 유념해야 될 원칙은 **절대 주인공보다 크게 말하지는 말**라는 것이다! 상황에 맞는 소리의 기준치를 찾아서 연기하도록 하라. 대개 시트콤일 경우에는 갈등이 있는 가족드라마보다 훨씬 현실에 가까운 톤으로 대사를 하게 되지만, 방청객을 앉혀놓고 녹화할 때에 주의해야 할 것은 그들에게 전달하는 방식이다. 방청객들은 스튜디오에서 관람할 때, 그들 앞에서 녹화되는 것일지라도 주변에 놓여 있는 성능 좋은 스피커를 통해서 듣게 된다. 그러므로 이때에도 **역시** 마이크의 위치를 염두에 두어야 한다.

묘한 일임에 틀림없지만, 샷이 타이트해질수록 음성 레벨은 더욱 더 사적이며 밀착되어야 한다. 그리고 클로즈업 샷에서는 신체의 많은 부분이 소실되기 때문에 관객과의 통화 매체는 얼굴이 전부이다. 즉 어떤 장면에서는 **훨씬 더 많은** 표정 연기를 해야 하면서도(유일하게 보여질 수 있는 연기 도구이므로) 목소리는 더욱 절제해야 할 필요가 있다는 것이다(샷이 극도로 타이트하므로).

이 장의 도입부에 있는 그림에서처럼 엘리자베스 테일러(Elizabeth Taylor)는 리처드 버튼(Richard Burton)이 자신의 어깨에 바짝 붙어 앉아 있는 것 **같이** 대사를 해야 했고, 실제로 그녀는 그렇게 했다.

한 배우가 상대 배우의 머리를 향해 총을 쏘는 순간 상대 배우가 땅바닥에 쓰러지는, 아주 드라마틱한 장면을 찍을 때였다. 나는 땅에 쓰러져 있는 배우를 클로즈업으로 잡으면서 동시에 총을 쐈던 배우를 그의 *오버 숄더 롱 샷으로 걸리게 했다. 그 둘에게는 몇 마디의 서로 주고받는 대사가 있었는데, 롱 샷으로 잡힌 배우는 바닥에 엎드려 있는 배우의 말이 전혀 들리지 않았기 때문에 (클로즈업으로 잡힌 배우는 그 샷에 맞는 레벨로만 전달하므로) 내가 그에게 큐를 주어야만 했다. 뒤에 서 있는 배우가 바닥에 있는 배우의 얘기를 듣고 있는 것처럼 연기하고 있으면, 나는 말을 해야될 때마다 팔을 흔들어서 신호를 해주었다. 그래도 어찌 됐든 그들은 연기를 하고 있었던 것이다. 촬영하는 일은 역시 재미있는 일이다.

처음엔 조용하게 시작을 했다가, 끝에 가서는 격분하게 되는 모노로그를 만들어서 연습삼아 한번 찍어보자. 카메라맨에게 처음엔 롱 샷으로 잡다가 점점 줌 인해서 마지막 샷(홍분된 상태)을 클로즈업이 되게 해달라고 부탁한다. 붐 마이크가 있다면 2미터 정도 떨어진 상태에서 시작해서, 말을 하는 동안 나의 30센티미터 이내로 근접해 들어온다는 얘기가 된다. 몇 번 거듭 시도를 해보면 말은 더 부드럽게 하면서도 감정은 감정대로 쌓아 올릴 수 있는 기교를 터득하기 시작할 것이다. 그러나 **역시** 느낌은 좀 이상할 것이다. 그렇지 않은가?

내 제자 중의 한 사람이 신이 나서 전화를 했다. 졸업하고 나서 6개월밖에 안 됐는데 독일의 클로드 샤브롤 필름(Claude Chabrol film)이 기획하고 있는 작품에서 역할을 맡게 되어 감사의 전화를 한 것이었다. (이런 전화를 받으면 나도 기분이 좋다.) 그런데 며칠 안 돼서 그 제자는 절망적인 목소리로 내게 다시 전화를 했다. "녹음 기사가요, 제가 너무 작게 말한대요. 그런데 제 생각에는 그렇게 해야 샷에 맞거든요. 어떻게 하죠, 선생님?" 나의 위험스럽기 짝이 없는 대답은 이랬다. "클로드 샤브롤 감독은 뭐라고 해요?" 때때로 자신이 좀 편하려고, 배우에게 소리를 키워달라고 주문하는 그런 기술 스태프를 만날 때도 있다. 그러나 배우가 **반드시 그 요구에 부응할 필요는 없다.** 이것은 그들이 원하는 소리를 잡아내지 못할지도 모른다는 불안 때문에 요구하는 것일 가능성이 많기 때문이다. 그러니 당신이 배우로서 스태프들과 협조하에 일한다고 하더라도, 감독이 별 불만이 없는 한 녹음 기사의 지적에 상냥한 태도로 인정을 하고…… 말하자면, 그냥 당신이 했던 그대로 하라는 것이 나의 견해이다. 만약 정말 심각할 정도로 소리가 작다면 기술적으로 뭔가 해볼 수 있지만, 너무 크면 당신은 설득력도 없고 거칠기만 한 배우로 인정받게 될 것이다. (음향, 녹음 스태프들에게 악의가 있는 것은 아닙니다!)

부디 내 말을 무조건 신뢰하지 말고 텔레비전을 보라. 좋아하는 배우가 나오는 영화를 보라. 장담하지만 그들이 얼마나 낮은 레벨의 소리를 내는지 당신은 깜짝 놀랄 것이다.

한번은 뉴욕에서 일일 연속극 〈나의 모든 아이들 *All My Children*〉을 연출하고 있는 감독에게 이런 얘기를 했더니, 강력하게 반기를 들면서 "배우들은 서로가 서로에게 가장 자연스럽게 연기하는 것."이라고 말했다. 나는 그날 녹화 현장에 남아서 구경을 하게 되었다. (여기 배우들은 일주일에 닷새 방송되는 한 시간 짜리 드라마의 일주일 분을 찍어야 한다.) 그 친구는 부조실에 올라가서 장면의 클라이맥스가 될 때마다 카메라가 배우를 점점 더 클로즈업으로 잡게 했고, 물론 배우도 자신의 대사를 **더 작고** 밀도 있게 전달했다. 녹화가 끝난 후 우리는 서로 각자의 주장이 옳다면서 언쟁을 벌였다. 그녀는 **여전히** 배우의 목소리 레벨이 바뀌지 않았다고 믿고 있었는데, 그것은 그녀가 부조실에서 화면상에 나타나는 대로만 보아서 배우들이 실제로 어떻게 **표현하고 있는지는** 알 수가 없었기 때문이다. 나는 그것이 본능적이든 경험적이든, 배우들은 나름대로 그들의 연기를, 특히 목소리 연기를 샷의 크기에 따라 다양하게 구사해왔다고 **확신한다.**

추가로 한 가지만 더 짚고 넘어가고자 한다. 조금 전에 언급했던 일일 연속극 같은 경우 샷에 크기에 따라 붐을 이동하는 것은 그리 좋은 방법이 아니다. 이런 류의 드라마는 대개 속도전이기 때문에 대부분의 붐 오퍼레이터들은 길이가 긴 콘덴서 마이크(condenser microphone. 전류의 용량 변화로 인해 음향의 증

폭이 가능한 마이크-옮긴이 주)를 붐에 달아 천장에 매달아놓고 녹음을 한다. 그래야 "마이크 나왔어요, 한번 더 갑니다."라는 고역스러운 순간으로부터 피해갈 수 있기 때문이다. 그래서 마이크는 클로즈업일 때나 롱 샷일 때나 항상 같은 거리에 있게 된다.

*라디오 마이크는 어떤 목소리에도 문제를 야기시키지 않는다. "나와 마이크가 얼마나 떨어져 있는가?" 자문해보고, 답이 "15센티미터 가량 된다."이면 **그 거리**가 나와 대화를 나누는 사람의 거리라고 생각하고 말을 하면 된다.

밀도 있고 낮게 말하는 연습

여기 모두가 꼭 해보고 넘어가야 할 훈련 방법 하나가 있다. 함께 할 짝을 찾아 1미터 정도 떨어져 마주앉은 다음, 일상적인 대화들을 나눠본다.

이제는 서로 얼굴을 15센티미터 정도로 가까이 붙인 다음 방금 전에 했던 것과 똑같은 대화를 하되, 그렇게 가까이 있을 때 얘기할 크기 정도의 소리만 낸다. **이번에는** 다시 1미터 간격을 두고 앉아서 **15센티미터 떨어진 위치에서 말했던 만큼의 소리**로 다시 그 대화를 나눠본다. 이제야 당신은 클로즈업에 맞게 말한 것이다.

나는 배우를 연습시킬 때나 배우가 너무 큰 소리로 대사를 할 때, 이것을 응용한 방법을 자주 쓴다. 일단은 배우들이 하는 대로 가만히 놔둔다. 그러다 불쑥 내 얼굴을 15센티미터 정도로 들이대고 배우를 바라본다. 그러면 배우들은 즉각적으로 볼륨을 낮추게 되어 있다. (나는 왜 배우들이 가그린 같은 것을 쓰는지 **이때** 알았다!)

보너스로 한 가지 더 얘기하고 넘어가겠다. 목소리 레벨이 낮을 때에는 언제나 보통 속도로 얘기하게 된다. 배우로서는 목소리로 보여줄 수 있는 것이 그만큼 적어지고, 얼굴에서 더 많은 표현이 이루어지기 때문이다. 그런데 목소리 레벨이 빠르고 낮으면 눈에 광채가 흘러 불꽃이 튀고, 표정은 더 다양하면서도 살아 있고, 그러면서 그 인물의 성격과 태도까지도 얼굴에서 **넘쳐 나오게 된다.**

영화의 대사

영화와 텔레비전의 차이 중에 또 하나 중요한 것이 있다. 그것은 음성 레벨에 관한 것이다.

영화 배우는 같은 장면을 여러 번 찍게 되지만, 그것은 반드시 반복 촬영을 하게 되어서라기보다(다시 찍어야 하는 경우) 영화는 같은 장면도 다양한 *앵글과 **다양한 크기의 샷으로** 이루어지기 때문이다.

다음은 두 명의 배우가 있는 장면을 찍을 때 전형적으로 사용되는 방법들을 나열한 것이다.

- 두 인물을 동시에 잡는 와이드 투 샷
- 주 인물의 오버 숄더 투 샷, 넓게
- 주 인물의 오버 숄더 투 샷, 타이트하게
- 주 인물의 미디엄 클로즈업
- 주 인물의 클로즈업
- 상대의 오버 숄더 투 샷, 넓게
- 상대의 오버 숄더 투 샷, 타이트하게
- 상대의 미디엄 클로즈업
- 상대의 클로즈업

이렇게 한 장면이 적어도 9가지 다른 방식으로, 또한 그 날의 상황에 따라 반복되는 횟수도 다르게 찍힌다. 감독과 편집자는 그중 **배우의 연기와 음성 레벨이**

가장 잘 맞아떨어지는 인상적인 장면을 고르게 될 것이다. 다시 말하자면 영화 배우는 본능적으로 맞다고 느끼는 것을 연기할 수도 있고, 자신의 이성으로 판단해서 옳다고 느끼는 것을 연기할 수도 있지만 **샷의 크기**는 이미 감독에 의해 정해진 것이므로 감독과 편집자는 배우가 한 대사가 컸는지 작았는지 그 상태에 따라 어떤 것을 취할 것인지를 결정하게 된다.

어떤 배우는(말론 브란도Marlon Brando가 그중 하나다) 미디엄 샷을 선호하는 반면 어떤 배우는(톰 벨Tom Bell의 경우) 클로즈업에서 훨씬 진가를 발휘한다. 그들이 영화를 하는 한, 이러한 선택의 여지는 항상 있어서 배우는 '자연스럽게 연기' 하려 할 것이며, 감독은 그들의 연기가 가장 돋보일 수 있는 샷을 고르게 될 것이다. 〈람보 2 *Rambo First Blood Part II*〉의 클라이맥스에서 실베스터 스탤론이 하는 대사가 있다. "제가 원하는 건 저들이 원하는 겁니다. 모든 이들과 같아요. 모두들 가지고 있는 걸 여기서 버렸어요……." 그는 전혀 고함치지 않았고, 그 말을 듣고 있는 사람과는 꽤 떨어져 있었는데도, 그가 말을 하는 동안 상관의 얼굴은 긴장으로 일그러져갔다.

자, 이것도 한번 해보자. 영화 배우들이 스크린에서 하는 것을 흉내내기는 정말 어려운 일이다. 겉으로는 온갖 '얼굴 표정' 을 다 동원하면서, "여기서 버렸어요……."를 속삭이듯 말하는 것은 참으로 **바보 같다**는 느낌이 들것이다. 그러나 상당히 **효과적**이었다. 지금까지 배우는 스크린에서 어떻게 해야 한다고 알고 있던 것들을 뒤집어보려고 노력하지 않는 이상, 막연히 맞다고 '느끼는' 그릇된 사고에서 영영 헤어나지 못할 것이다.

사운드의 비밀

· 오직 마이크를 향하여 소리를 전달하라
· 샷의 크기에 따라 발성 볼륨을 조절하라
· 절대 주인공보다 크게 말하지 말라
· 작은 소리로 대사를 할 때, 속도가 느려지거나
　에너지가 떨어지지 않도록 하라
· 특별한 지시가 없는 한 대사는 오버랩시키지 말라

한편 불운한 텔레비전 연기자들은 자신이 그렇게 원하든 원치 않든 대개 어떤 특정한 순간에 하나의 샷밖에 찍을 수가 없고, 더구나 반드시 그 샷이 제 역할을 다 해주어야 한다. 그러므로 나는 사실상 **텔레비전** 연기자가 영화 배우보다 더 정확하게 목소리를 조절할 줄 알아야 한다고 생각한다.

오버랩

장면을 반복해서 다시 찍어야 하는 가장 빈번한 이유 중에 하나가 바로 "사운드 NG입니다!"이다. 그리고 그 주요 원인은 *오버랩이다.

만일 내가 두 사람이 대화하는 장면을 찍는다면, 그 둘 중의 하나를 타이트하게 잡는 샷을 찍을 수가 있고, 그럴 때 붐은 그의 머리 위쪽으로 들어와서 양질의 소리를 잡아줄 것이다. 이 배우가 말을 하면 가깝고 '밀도 있는' 소리를 듣게 될 것이고, 다른 배우가 말을 하면 멀리서 나는 잡음 섞인 소리로 들릴 것이다. 그러나 이것은 별로 문제될 것이 없다. 나는 다른 배우의 **타이트 샷과 그의 소리**를 잡기 위해서 바로 카메라를 그쪽으로 옮길 테니 말이다. 그리고 첫 번째 배우의 샷을 택하든 두 번째 배우의 샷을 택하든 **이렇게** 각기 배우의 목소리를 녹음한 것을 쓸 것이다. 문제가 생기는 것은 한 배우의 대사가 다른 배우의 것과 오버랩될 때인데, 멀리서 나는 잡음 섞인 소리와 양질의 소리가 겹쳐지면 도저히 쓸 수가 없어지기 때문이다. 만약 반드시 오버랩을 해야 한다든지 아주 빠른 큐에 따라 대사를 해야하는 경우일지라도, 배우는 반드시 상대방의 대사 끝과 자신의 말 사이에 약간의 쉼표를 찍어주어야 한다. **편집 과정**에서 나는 그 둘을 잘 믹싱(mix. 대사, 음향, 음악 등의 음대를 단일한 합성 음대로 결합시키는 과정. 여기서는 대사 음대를 잘라서 연결시킨 것 — 옮긴이 주)해서 실제로 오버랩이 된 것처럼 **보이게** 할 것이다.

다시 말하자면, 상대로 인해 나의 대사가 방해받을 때까지 말을 하지 말고(이럴 땐 영락없이 "사운드 NG, 다시 가겠습니다."라는 소리를 듣게 될 것이다), 다음 대사가 충돌해 들어올 수 있도록 아주 짧은 포즈 후에 단어 하나 정도는 공기 중에 떠돌게 남겨두라. 아직까지는 어떤 말보다도 더 이상하게 느껴지겠 지만 최종 편집된 상태에서는 그 효과를 알게 될 것이다.

물론 지금 찍으려는 샷이 다음 샷에서 다른 샷으로 전환될 것인지(이때는 오버 랩을 할 수가 없다), 아니면 연결되는 샷인지(오버랩을 할 수 있고, 그러므로 더 '자연스러운' 느낌을 낼 수가 있다)를 아는 것은 배우에게 절대적으로 필요 한 일이다. 이에 대한 것은 *조감독에게 묻는 것이 전적으로 프로 배우의 몫이 라 하겠다. "이 장면이 단독 연결 장면인가요? 아니면 교차 편집되나요?" 나는 언제나 나와 일하는 배우들에게 **오버랩을 해도 되는** 장면이면 그렇다고 얘기를 해준다. 왜냐하면 경험이 많은 배우들은 그렇게 해도 된다고 일부러 말해주지 않는 한, 어떠한 경우에도 남의 대사를 잘라먹고 들어오는 일은 절대 하지 않 도록 훈련되어 있기 때문이다.

와일드 트랙

*와일드 트랙(wild tracks)이란 발자국 소리, 신문 넘기는 소리 같은 것의 다른 명칭이기도 하다. 이런 소리들은 종종 주된 연기를 촬영하고 난 다음에 녹음한 다. 이것은 스크린에 적합한, **낮은** 레벨의 목소리에만 쓰일 수 있다.

배우의 대사가 부드럽고, 밀도 있고, 또 **나지막하면** 그때 같이 녹음된 다른 소 리는 너무 큰 것처럼 들릴 수 있다. 녹음부에서 악몽처럼 여기는 장면은 배우 가 콘플레이크를 먹는 장면, 아니면 신문을 각 페이지마다 열심히 보는 장면 같은 것이다. 배우들은 종종 그들 목소리의 좋은 사운드를 얻기 위해 어떤 행 동을 마임(**설거지를 하는 체 하는** 등)으로 해야 할 때도 있다. 그리고 음향 효과 는 그 장면의 마지막에 **와일드 트랙**으로 녹음해두었다가, *더빙 과정에서 첨가 하는 것이다. 다시 한 번 〈블루 벨벳〉의 저녁식사 장면을 보면, 주변에서 들려오는 포크와 나이프 부딪치는 소리, 말소리, 다른 사람들이 식사하는 소리 같은 것들이 얼마나 작고 부드럽게 들려오는지 또다시 어리둥절할 것이다. 이 모두가 부자연스럽기 짝이 없지만, 두 연인의 친밀감을 드러내는 장면의 배경으로는 알맞는 설정이었다.

루핑

특히 영화에서, 그리고 간혹 텔레비전용 영화에서 거치게 되는 더빙 과정이며, 경우에 따라서는 배우의 대사를 다시 녹음하기도 한다. 이것이 *루핑이라는 것이며, 경험 있는 배우들은 자신의 연기를 향상시킬 수 있는 마지막 기회라고 주장하기도 한다. 이때 배우는 편집된 화면을 보면서 그에 맞게 대사를 조정할 수 있는 기회를 제공받는다. 다시 말하면, 텔레비전 연기자처럼 그 장면에서 어떻게 했든 녹화했던 당시의 것을 그대로 쓰는 것이 아니라, 운 좋게 마지막 순간까지도 목소리 레벨을 고칠 수 있는 특권을 영화 배우들은 가지고 있다는 것이다.

여기에서의 문제점은 마이크가 가지고 있는 소리의 밀착도가 스크린에 나타난 얼굴과 맞지 않을 수도 있다는 것이다. 배우들은 내게, 배우가 그렇게 크게 말했다면 그냥 볼륨을 줄이면 되지 않느냐고 묻곤 한다. 글쎄, 그럴 수도 있을 것이다. 그러나 볼륨이 잘못되면 피해를 보게 되는 것은 **연기** 그 자체이다. 멀리 있는 사람에게 말을 던질 때 배우의 얼굴은 약간 사나운 듯하면서 굳어지게 되어 있다. 그런데 아주 작은 볼륨으로 대사를 하면, 배우의 얼굴은 훨씬 생생하게 살아나며, 시선도 좀더 활발해지면서 그 인물을 살아나게 한다. 마치 이제는 배우가 목소리로 전달할 수 없어서 표정으로 호소하려는 것처럼 말이다. 그리고 녹음된 사운드의 볼륨을 낮추는 것은 배우의 얼굴을 딱딱하고 경직된 채로 남겨 놓지만, 배우가 스스로의 볼륨을 줄이는 것은 진실하고, 섬세하며 친근한 세계로의 길을 열어주는 것과 같다.

제7장

타입 캐스팅
Typecasting

각 타입에 어떤 배우가
적합한지 연결시켜보자.

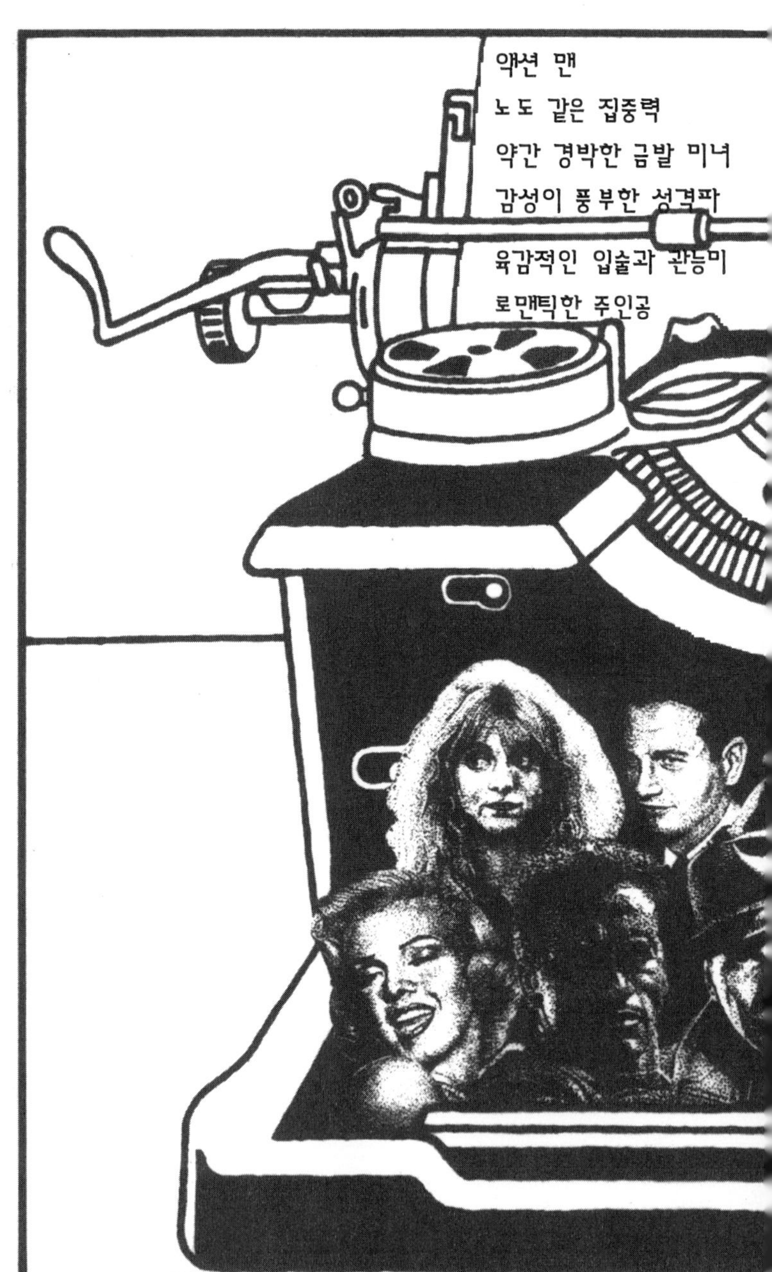

린하고 지적인 자유주의자

룩하고 냉정한 인물

논의 영웅

지고 당찬 여자

도 앵글 색슨족의 전형적인 백인

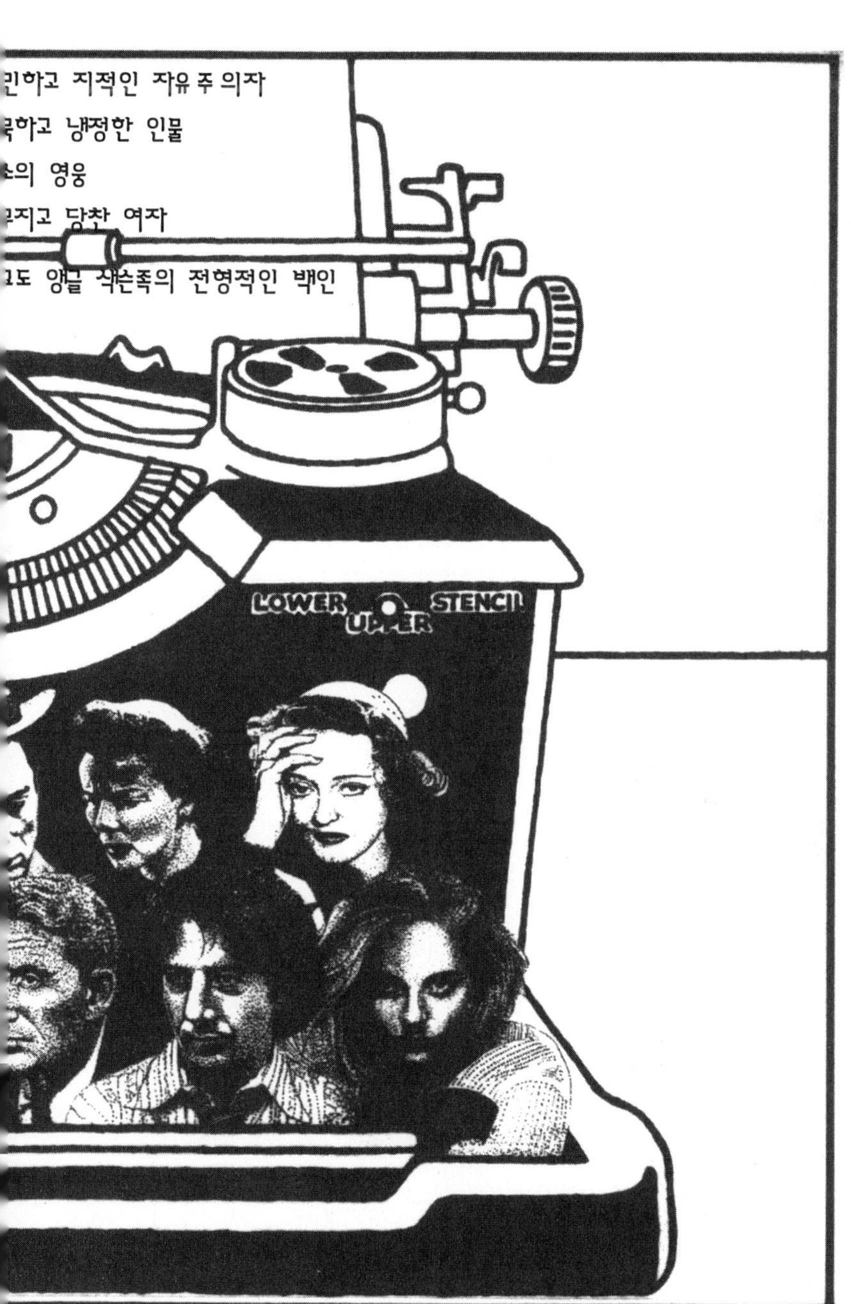

어떤 인물이 어떤 타입으로 알려져 있는지 제대로 맞췄습니까?

뒷줄: **골디 혼**(Goldie Hawn, 약간 경박한 금발 미녀), **폴 뉴먼**(Paul Newman, 로맨틱한 주인공), **버스터 키튼**(Buster Keaton, 과묵하고 냉정한 인물), **캐서린 헵번**(Katharine Hepburn, 청교도 앵글 색슨족의 전형적인 백인), **베티 데이비스**(Bette Davis, 야무지고 당찬 여자)

앞줄: **마릴린 먼로**(Marilyn Monroe, 육감적인 입술과 관능의 미), **아놀드 슈워제네거**(Arnold Schwarzenegger, 액션 맨), **험프리 보가트**(Humphrey Bogart, 냉소의 영웅), **스펜서 트레이시**(Spencer Tracy, 노도 같은 집중력), **더스틴 호프먼**(Dustin Hoffman, 감성이 풍부한 성격파), **조디 포스터**(Jodie Foster, 예민하고 지적인 자유주의자)

타입 캐스팅

내가 이 분야에 발을 내딛게 된 것은 영국의 한 레퍼토리 극단의 연출을 맡으면서부터이다. 이 극단은 일주일에 평균 세 작품 정도를 번갈아가며 올렸으므로 배우에게 뛰어난 변신이 요구되었다. 따라서 나는 이번 장에서 다루는 쟁점에 대해서는 전적으로 동감하지 않는다.

그러나 여기에서 다루지 않으면 안 되는 이유는, 현실에서는 타입 캐스팅이 적용되고 있기 때문이다!

지금 바로 영화 한편을 보러 나간다고 한번 생각해보자. 극장표를 사고 포스터를 보면서, 보려고 하는 영화에 출연하는 스타의 이름은 이미 **다** 알고 있을 것이다.

보기도 **전에** 그 영화의 성격을 미리 가늠할 수 있는 영화가 몇 편 정도 될까?

거의 대부분 맞출 수 있다? 아니면 **전부** 다 맞출 수 있다?

굳이 이 영화가 현대물인지 고전물인지, 미스터리인지 코미디인지, 파리를 배경으로 한 것인지 외계를 배경으로 한 것인지, 일류 시나리오 작가의 작품인지 삼류 작가의 것인지 알려주지 않아도, 배우의 이름만 보고도 이것이 어떤 류의 작품이라는 것을 **알 수 있다.**

이것을 바로 타입 캐스팅이라고 한다.

가상으로 영화 한 장면을 만들어보자. 벨이 울리고 우리의 주인공이 현관문을 열면, 피자 배달원이 문 앞에서 "피자 시키셨어요?"라는 대사를 한다고 치자. 그리고 그 역할을 **당신이** 맡았다고 가정해보자. 그 한 마디 대사가 도대체 영화에 어떤 영향을 끼칠 수 있을까?

틀림없이 당신은 무엇을 어떻게 연기하고 어떤 생각과 감정과 기억을 머리 속에 가지고 있느냐에 따라 달라질 것이라고 대답할 것이다. 그러나 아닐 수도 있다.

아주 단호하면서도 리얼하게 거울을 한번 보라. 거울에 비친 자신의 얼굴에서 어떤 메시지를 받는가?

그것이 바로 관객들이 당신에게서 받게 될 메시지이며, 부모로부터 물려받은 유전자 조합의 영향이 더 큰 부분으로서 그 어떤 예술적이고 창조적인 작업을 거쳐 역할을 만들어냈는가보다 우위에 서게 되는 부분이다.

어떤 이들은 얼굴 자체에서 풍기는 분위기가 슬프고(선천적으로 입술 끝이 아래로 내려간 사람), 어떤 사람은 항상 미소 띤 얼굴이며(선천적으로 입술 양끝이 치켜 올라간 사람), 어떤 이는 관능적이고(입이 크고 도톰하게 올라온 입술), 또 어떤 이는 진지한 얼굴(얇은 입술)로 저절로 느껴진다.

당신은 과연 어떤 **타입**이라고 생각하는가?

이제는 같은 과정을 친구나 아는 사람에게 적용시켜보자. **그들의** 인상에서 어떤 메시지를 받는가?

이제, 타입 캐스팅이란 어떻게 하는 것인지 이해했을 것이다. 방금 전에 만들어 보았던 장면에서는, 피자 배달원 역할이 문 앞에 서서 대사를 하는 것 말고는 아무 것도 없다. 연극이라면 중요한 인물에 대해서는 대개 등장이나 퇴장 전후에 간략한 묘사가 있으며, 인물 각자에게 성격과 분위기를 구축하기 위한 어떤 순간이나 다른 장치들이 마련되어 있다. 그런데 영화는 어떨까? "피자 시키셨어요?" 여기에는 도대체 무엇을 구축하고 말고 할 **시간**이 없다. 그래서 감독, 혹은 제작자나 캐스팅 디렉터는 만약 '성실한 학생' 타입이 필요하다면, 그렇게 **보이는** 배우(실제로는 그가 낙제를 면하지 못했을 인물일지라도)를 캐스팅하는 것이다. 만약 얼간이 같은 타입을 원하면 바보같이 우스꽝스럽게 보이는 인물(사실상 그의 생활상의 면모는 그렇지 않더라도)을 캐스팅할 것이며, 약간 사이코 같은 사람이 필요하면 그렇게 **생긴** 사람(실은 동물에게 발길질 한 번 안 해본 사람인데도)을 고르면 된다.

타입 캐스팅의 예

영화 〈나바론 요새 *The Guns of Navarone*〉에서 그레고리 펙과 그의 동료들은 결국 독일인에게 잡혀서, 고문관에게 모진 문초를 당하는 장면이 있다. 그때 문이 열리고 다른 장교 한 사람이 들어선다. 감독은 그 인물을 클로즈업으로 잡았는데, 광대뼈가 있고 백발에 가까운 금발에 '전형적인' 게르만 민족의 후예였다. 대사나 장면 설명, 다른 어떤 묘사도 필요가 없었다. 그의 얼굴만 보아도 이미 나치임을 알 수 있기 때문이다. 이럴 때 우리는 그의 **클로즈업 자체가 연기였다**고 볼 수 있다.

그 배우는, 외모 자체가 모든 걸 말해주기 때문에 내면 설정이나 동기 같은 것이 전혀 필요 없다. 감독은 인물 선택과 샷의 성질을 이해한 것이다. 다시 말해서 그가 등장하자마자 잡은 클로즈업은 배우의 연기를 만들어준 것이 된다.

안톤 디프링(Anton Diffring)이라는 오스트리아의 유명한 배우는 1930년대에 조국이 나치 체제에 넘어가버리자 영국으로 망명을 했다. 그리고 영국에 있으면서 한동안 영화 쪽에서 일을 했는데, 모두 나치와 관련 있는 것들이었다. 이유는 바로 그의 **생김새** 때문이었다.

스크린의 세계에서는, 가장 부족하고 귀중한 것이 시간이다. 작품을 만들어가는 과정에서의 시간뿐만 아니라 드라마를 얘기해나가는 시간도 그만큼 중요하다. 그렇기 때문에 인물에 관한 전반적인 정보를 빠르게 전달하는 방법이 필요하며, 가장 빠르고 좋은 방법이 바로 타입 캐스팅이다.

한번은 BBC에서 연극 작품을 하는데 의사 배역 하나를 캐스팅하느라 애를 먹었던 적이 있다. 그때 나는 두 주인공의 출연료 문제도 협상이 끝나지 않은 데다가 의사 부분에 대해서는 얼만큼의 예산이 배정될지 모르는 상태였는데, 에이전트에서는 매일 그 배역에 대한 안을 보내며 배우를 추천했다. 결정을 내려야 할 때가 되었고, 나는 삼백 명이 넘는 배우의 리스트(그중에는 연기를 하겠다며 전업한 실제 의사도 여섯 명이나 있었다)를 넘겨 받았다. 전부 퇴짜를 놓고 혼자 생각하길 '내게도 나름대로 풍부한 아이디어가 있고, 또 친한 배우도 많지 않은가?' 하며 내가 가지고 있는 자료를 찾아보니, 그 역할을 제대로 할 수 있을 것이라 생각되는 배우만도 마흔 세 명이나 되는 것이었다. 별로 크지 않은 배역을 오디션하기에는 여전히 너무 많았다. 결국 나는 대신 여배우를 택했다. "아니, 왜 하필 여잡니까?" 하고 프로듀서가 물었다. "아니, 왜 안 됩니까?" 이것이 나의 대답이었다.

또 한번은 노인 병동을 배경으로 한 드라마를 찍기 위해 나이 든 배우 두 사람이 필요했는데, 쉰 명 가까운 배우를 오디션하라고 하길래 나는 안 하겠다고 했다. 스물 다섯 중에 한 사람을 위해 그 노인분들을 전부 런던으로 오게 하고 싶지가 않았기 때문이었다. 결국 여섯으로 줄였는데, 아주 곤란한 일이 벌어지고 말았다. 나와 오디션을 한 여섯 중 **모두가**, 두 역할 중 **어떤 역할**을 맡겨도 될 것 같았기 때문이다. 그들은 전부 훌륭한 배우들이었고, 그들 중 몇몇은 예전에 런던의 웨스트 엔드(West End)에 있는 극장에서 본 적도 있었다. 그때 내가 누구를 캐스팅했겠는가? 당신이라면 누구를, 왜 캐스팅하겠는가? 제일 잘하는 배우를 뽑을 수도 없었다. 그들은 **모두** 훌륭했기 때문이다. 결국 나는 작고 뚱뚱한 배우 한 사람과, 키 크고 마른 배우 한 사람으로 결정했다. "아뿔사! 이거 내가 타입 캐스팅해버렸구나!"

엘리자베스 여왕을 알현(謁見)하기 위한 대사들의 회동을 찍은 사진이 한 장 있다. 한 연예신문사가 캐스팅 디렉터 몇 사람과 접촉해서, 〈앰배서더 *The Ambassador*〉란 영화의 오디션을 받을 만한 배우들을 좀 보내달라고 요청했다. 그들은 배우들을 사진으로 찍어서 진짜 대사들의 사진 옆에 나란히 붙여서 인쇄를 해서 보냈다. 그 배우들 중에는 염소 같이 턱수염을 기른 키 작은 사람, 배가 볼록 튀어나오고 알 하나 짜리 안경을 쓴 사람, 견장을 두른 사람도 있었는데 이 모두가 아주 전형적인 타입의 '대사'들이었다. **그러나 런던의 어떤 대사도 그 배우들 같은 사람은 단 한 명도 없었다.** 그 배우들은 '대사'의 특징을 나타내려고 했던 것뿐, 그들의 인생을 모방하려고 한 것은 아니었기 때문이다.

스티브 맥퀸(Steve McQueen)은 그의 시한부 삶을 마감하기 전에 그때까지 그가 해왔던 것과는 전혀 다른 역할을 해보고 싶었기 때문에, 입센(Ibsen)의 〈민중의 적 *An Enemy of the People*〉에서 주인공 의사 역할(영웅적인 인물이라고는 볼 수 없다)을 맡아 자기 돈을 쏟아 부어서 만들었다. 그는 이 영화를 위해서 체중도 늘리고 수염도 길렀다. 그의 연기를 어떻게 보았는가?

그런 영화는 본 적도, **들은 적도** 없다? 당연한 일이다. 그 작품은 스티브 맥퀸의 다음 작품을 만드는 영화사가 그 필름을 사들여서 창고에 처박았기 때문이다. 이유는 그의 연기가 형편없다든가 하는 것 때문이 아니라, **그들이** 자기네 영화를 위해 대가(代價)를 지불한, 웃으면 주름 많이 잡히는 눈, 그 탄탄한 미소의 스티브 맥퀸으로만 기억해주어야 했기 때문이다. 이를 일컬어 소위 '투자한 가치를 보호한다'고 한다. 영화 산업은 바로 그런 것이다. 로버트 레드포드(Robert Redford)는 TV의 심층 인터뷰에서, 왜 〈위대한 개츠비 *The Great Gatsby*〉에서 했던 역할과 유사한 연기만 보여주는 것이냐는 질문을 받은 적이 있었다. 당시 그의 대답은 그의 솔직함으로 인해 상당히 신선했던 것으로 기억된다. "나는 좀더 다르게 할 수도 있었다. 그러나 그러한 레드포드를 연기해달라고 이렇게 몇 천만 불씩 받는 것인데 그것을 무시할 수는 없었다."

우리는 모두 다양한 역할을 제대로 소화해낼 수 있는 배우—메릴 스트립(Meryl Streep), 로버트 드 니로, 알렉 기네스(Alec Guinness) 등—를 존경하고 또 그렇게 되기를 갈망하지만, 대개 줄리아 로버츠(Julia Roberts)나 브루스 윌리스(Bruce Willis)처럼 같은 류의 역할만 하는 배우로— **이 정도도 굉장한 행운이지만** — 붙박히게 되고 만다. 이것은 빤한 경제 논리이다. 영화란 고가(高價)의 상품이고, 따라서 돈을 대는 사람의 입장에선 작품을 선정하는 데 있어서 무모한 모험은 절대 하려고 하지 않는다. 그래서 그들은 대중이 선호한다고 이미 알려진 작품을 선택한다. 이렇게 가장 큰 결정권을 행사하고 있는 사람들은 예술에는 연연하지 않고 그저 떠들썩하게 돈을 끌어 모아야 하는 사람들이다.

만약 그 스타가 다른 역할을 소화해낼 수 있는 능력이 안 된다면 어떻게 할까? 그 역할이 영화 티켓을 몇 천만 장씩 팔게 했던 인물의 이미지에 맞추어서 고른 것(혹은 다시 쓰여진 것)이라고 아무도 눈치채지 못할 것이다. 만약 그 스타가 아주 다른 역할을 **할 수 있는** 배우라면 어떻게 될까? 과연 다르게 할까? 관객들은 평상시에 그들이 보아왔던 바로 그 연기를 기대하고 있기 때문에 다른 스타일의 연기를 잘 받아들이지 못한다. 그보다는 차라리 감독이나 작가, 의상 디자이너, 분장사가 교묘하게 변화를 만들어서, 전에 이미 수십 억을 벌어들였던 인물을 재창조하는 편이 훨씬 나은 방법이다.

대형 스타들은 세계적으로 유명세를 떨치고 있다. 아놀드 슈워제네거는 다른 언어를 쓰는 각국의 관객들을 엄청나게 끌어모은다. 이런 부분을 한번 생각해보자. 할리우드 영화인데 일본말이나 독일말, 혹은 이태리어 같은 외국어로 더빙한 것을 한 번이라도 본 적이 있는가? 분명히 얼굴은 친숙한데 그들의 입을 통해서는 전혀 알아들을 수도 없고 입도 맞지 않는 이상한 소음만 들리는 것이다. 그러나 그 배우는 **여전히** 잘 나가는 스타이며, **여전히** 유명하며, **여전히** 엄청난 관객을 끌어들인다. 이것은 바로 스타의 매력이란 외모에 의해 좌우되는 것(외모를 어떻게 하느냐)이지, 목소리 때문이 아니라는 것을 증명하고 있다.

얼마 전에 이태리를 갔다가 텔레비전에서 〈12인의 성난 사람들 *Twelve Angry Men*〉을 보게 되었다. 배우들은 너무나 잘 아는 얼굴이었지만, 헨리 폰다(Henry Fonda), 리 제이 콥(Lee J. Cobb), E. G. 마샬(E. G. Marshall) 같은 배우들의 독특한 음색의 목소리 없이 영화를 보자니, 다른 영화인 것처럼 느껴졌다. 그때 가장 흥미로웠던 것은 영화의 마지막 장면이었는데, 목소리를 연기해준 전문 성우들의 참여를 알리기 위해서 자막이 따로 올라가는 것이었다. 영화 속의 미국 배우는 시각적인 연기, 시각적인 것으로도 화면에 존재하는 것으로 인식되는 것이다. 이것이 타입 캐스팅이다!

이제 이번 장의 처음으로 돌아가서 곰곰이 한번 되짚어보자. 이 배우들 중에 몇 명이 연기 변신으로 캐스팅되었으며, 또 몇 명이 이미 알려진 연기로 캐스팅되었는가? 물론 이들은 대단한 배우들이고 그들의 연기 또한 오래오래 기억될 만한 것들이지만, 자기 타입 안에서 이루어낸 연기였지, 그것을 뛰어넘는 것은 아니었다.

경험이 부족한 배우들을 위하여

이 책을 읽고 있는 이들은 스크린 연기의 기술적인 측면에는 경험이 별로 많지 않거나, 아니면 전혀 경험이 없는 다양한 부류의 배우들일 것이라고 추측해본다. 만약 내가(아니면 다른 누구라도) 당신을 캐스팅할 작정이라면, 이미 당신의 경험 부족을 **알고 있을 것이다.** 그럼에도 불구하고 당신을 캐스팅했다면, 당신의 기술적인 미숙함을 알고 있으므로, 그로 인해 좋지 않은 반응을 보일 수도 있고, 그로 인해 당신의 **연기가** 손해를 볼 수도 있다. 그러나 문제될 건 없다. 당신이 그 역할에 적당한 인물로 **보이는** 한 아무도 당신의 **외양을** 가져갈 수 없는 것처럼, 다른 어떤 부분들과는 상관없이, 당신의 연기에서 최소한 **당신의 그 모습은** 존재할 것이기 때문이다. 그러므로 스크린에 처음 얼굴을 내밀게 될 때에는—미래에는 다른 성격의 인물을 하게 되더라도—타입 캐스팅될 것이 거의 확실하다고 해도 과언이 아니다. 이번 장은 이제 막 스크린 연기에 뛰어들려는 배우들에게 그만큼 중요한 것이다.

일일 연속극이나 시리즈물일 경우에는 어떤 특정 배우 한 사람에게 여럿의 작가와 연출이 개입될 것이다. 이럴 때 유일한 불변 요소는 배우이며, 그 배우의 모습과 거기에서 나오는 분위기는 얼마간 유지될 것이다.

인터뷰 연습

여기, 가장 잔인한 듯 하면서도 가장 친절한 연습 한 가지가 있다.

당신이 영화에서 단역을 하나 따내기 위해서 전혀 모르는 사람과 인터뷰를 했다고 상상해보자. 그 사람이 나라고 하자.

인터뷰는 단 30초만에 끝나버렸고, 당신이 그 방을 나오는데, 다음 배우가 들어서는 것과 동시에 내가 파일을 펴고 뭔가 단숨에 적는 것을 봤다고 가정을 해보자.

당신은 내가 당신에 관한 짧은 노트를 거기에 기록했다는 것을 안다.

내가 무엇을 썼을 것 같은가?

본인 스스로 한번 써보라.

뭐라고 기록했는가? 당신을 전혀 모르는 사람이 당신의 **얼굴**을 보면 어떻게 생각하겠는가? 당신의 친구들은 당신을 처음 보았을 때, 어떤 인상을 받았다고 말하는가? 아직 당신에 대해서 알지 못하고, 친구로서 좋아하기 이전에 말이다.

거울 앞에 앉아서 스스로 정밀 검사를 해보라. 눈, 코, 입, 귀의 크기가 어느 정도인지 보라. 안색, 흉터, 이마의 머리선을 보라. 비만인가 아니면 뼈가 드러나 보이는가, '특징적인' 주름이 있는 얼굴인가 아니면 아기처럼 보드라운 얼굴인가 살펴보라.

그리고는 자문해보라, 관객은 당신을 보고 어떻게 생각할 것인가? 당신의 그 얼굴을 보고 어떤 종류의 인물이라고 생각할 것이며, 어떤 메시지를 받을 것인가?

당신이 고작해야 한 가지 타입의 연기밖에 할 수 없는 불행한 운명을 타고났다(사실은 놀라울 정도로 많은 숫자의 배우들이 한 가지 유형의 역할에 안주해버림에도 불구하고)고 말하는 것이 **아니다**. 내가 이런 말을 하는 것은, 신인일수록 다양한 변신 능력보다는 타고난 외모로 인해 일을 얻게 될 가능성이 **압도적으로** 많기 때문이다. 대부분의 유명한 배우들이 자기에게 주어진 역할에 다양성을 부여하는 것에 곤란을 겪고 있다. 그래서 한층 더 대사에 집착을 해보지만, 이 또한 너무나 어려운 일이다.

내가 할 수 있는 충고는 당신의 그 외모를 십분 활용하든지, 그렇지 않으면 버리라는 것이다. 당신의 그 코, 빰, 귀를 이용하라. 그게 안되면 고쳐라. 당신이 가지고 있는 요소 요소가 카메라가 느끼는 당신에 대한 생각에 영향을 미치지 않을 것이라고 착각하지 말라. 당신의 코, 뺨, 가슴 등에는 자신이 있더라도, 필요하다면 성형수술로써 항상 미소 띤 입술로 **만들 수도 있다.**

그러므로 먼저 당신만의 타입을 장점으로 인지도를 얻어라. **그런 다음에** 경험을 쌓게 되면 다른 역할들도 당신을 향해 문이 열릴 것이다. 설혹 당신이 성량이 풍부하고 다양한 감성을 구사해낼 수 있는 천의 목소리를 타고났다 하더라도, 물론 가치 있고 본인에겐 복이지만, 안타깝게도 타이밍에 의해 모든 것이 좌우되는 스크린 연기의 세계에 입문하려는 배우들에게는 현실적으로 그다지 절실하게 요구되는 것은 아니다.

결론적으로 말하면, 위대한 배우의 계보(系譜)란 항상 위대한 다양성에서 오는 것은 아니라는 것이다.

셰익스피어(Shakespeare) 시대의 배우, 리처드 버비지(Richard Burbage)는 궁중 제사에서 하는 희극의 작은 역할 같은 것은 절대 하지 않았다. 윌 켐프 (Will Kemp)에겐 평생 단 한 번도 〈리처드 3세 *Richard III*〉의 주인공을 해볼 기회가 주어지지 않았다. 사실 엘리자베스 시대의 연극 중에 버비지가 배우를 오디션하는 장면이 있는데, 작가는 버비지에게 배우들의 얼굴, 신체 조건, 음색으로 비추어볼 때 장차 저들이 어떤 타입의 역할을 맡는 것이 좋을지 심사하게 했다. 1600년대에 발상된 이러한 아이디어가 우리에게도 꽤 친숙하지 않은가?

1970년대로 한번 가보자. 통속적인 금발 미녀가 주인공으로 나오는 〈로완과 마틴의 폭소장 *Rowan and Martin's Laugh In*〉은 그 당시 상당히 인기가 있었다. 사람들은 거기에 연기라고 부를 만한 것은 하나도 없다는 것을 알고 있었다. 그녀는 단지 우리가 봤던 웃기고 못 말리는 여자일 뿐이었다. 영화에서 그녀의 대를 이은 골디 혼은 현재 자신이 무엇을 하고 있는지 **항상** 알고 있었다는 것을 증명해준다. 자신의 코믹한 금발의 이미지를 가지고 그 타입의 역할을 열심히 해냈던 것이다. 그후 그녀에게는 자신이 원하는 더 좋은 역할이 주어졌고, 당연히 더 많은 선택권과 타협의 권리를 가질 수 있게 되었다.

험프리 보가트의 대표적인 영화들은 순전히 그의 노력의 결과로 얻어진 것이다. 왜일까? 나의 판단으로, 그는 연극 배우로서의 경험으로(영화에 캐스팅되려면 어떤 조건이 필요하다는 것을 완벽하게 이해하고 있으면서도) 〈말타의 매 *The Maltese Falcon*〉의 연기는 〈깊은 잠 *The Big Sleep*〉의 그것과는 확연히 달라야 한다는 것과, 다시 〈카사블랑카〉의 그것과도 아주 미묘한 차이를 보여줘야 한다는 확신을 가지고 있었다. 즉 그는 **자신의 타입 안에서** 다양성과 변신의 가능성을 찾아냈으며, 이 때문에 오늘날까지도 볼 만한 배우로 여겨지게 된 것이다. 그는 한 번도 연기를 똑같이 한 적은 없지만, 사실은 전부 그의 타입 캐스트 범주 안에서의 변화였다.

희곡의 아버지 유진 오닐(Eugene O'Neill)도 〈몬테 크리스토 백작 *The Count of Monte Cristo*〉에서 백작 역할을 맡아 40년 동안 전미 순회 공연을 했던 사람이다. 그러니 오늘날의 배우들은 예전의 선배들처럼 다양한 역할을 할 기회가 주어지지 않는다고 비관하지 말 일이다. 과거에도 오늘날에 쓰이고 있는 캐스팅 방법을 적용했다고 여겨진다. 단지 1920년대부터 1960년대까지 레퍼토리 극장이 유행하던 아주 짧은 기간 동안에는(연극 역사의 전체를 비교해볼 때) 배우가 극장에서 거의 매주 다른 역할을 해야 했으며, 이때는 당연히 다양한 역할 변신 능력이 절대적으로 필요하였다. 이 시기 서구에서는 연기를 가르치는 선생들이라면 누구나 생생한 기억력에 치중한 교육을 시켰고, 배우들은 다양한 레퍼토리에서 파생되는 다양한 역할에 임하면서 그러한 연기 방식이 "진실한 것"이라고 느끼게 되어, 더욱 그 방식의 연기 훈련에 박차를 가하게 되었던 것이다.

존 웨인(John Wayne)은 텔레비전 인터뷰에서 이렇게 말했다. "자연스러운 **연**

기를 해야 합니다. 그러나 그렇게 하다보면, 극의 흐름이 멈추기 때문에 배우 자신은 **자연스러울 수가 없지요**. 극의 흐름에 따라서 역할의 성격이 표출될 수 있도록 항상 유념해야 합니다."

희망적인 예를 하나 들어보겠다. 영국 출신 배우 로버트 린제이(Robert Lindsay)는 단 6회 분량의 TV시리즈물에서 무능력한 노동자 계급 청년 역할로서 첫 데뷔를 하였다. 그 역할을 성공적으로 해낸 덕분에 연이어 같은 이미지의 인물이지만, 2년 동안 방영됐던 시리즈의 주인공을 맡게 되었다. 그 뒤로도 지속적으로 그러한 역할의 제안이 끊이지 않았지만, 그 이후 그는 텔레비전과의 인연을 끊고 한 레퍼토리 시어터에서 〈리어왕 *King Lear*〉의 '에드가' 배역을 맡는다. 말하자면 그는 성공적으로 이뤄낸 텔레비전 연기의 경력을 가지고, 무대의 인지도와 신용을 획득한 것이다. 그는 여기서 만족하지 않고, 그의 연기적 역량의 다양성을 입증이라도 하려는 듯(사실 그동안도 죽 그래왔지만) 뉴욕에서 공연된 뮤지컬 〈나와 내 여자친구 *Me and My Girl*〉로 토니상(Tony Award)을 수상한다. 배우에게 있어서 미덕이란? 우선 당신을 알려라. 누구나 당신을 쓰고 싶게 만들어라. **그런 다음에** 배우로서 경력의 행로를 결정하라.

영화의 타입 캐스팅 vs 텔레비전의 타입 캐스팅

이 분야에서 지난 10년 정도 동안 일어난 변화의 원인을 분석해보는 것은 흥미로운 일이다. 과거에 영화를 누리던 할리우드의 스타들은 엄청난 다작을 하였다. 그러나 험프리 보가트 같은 배우는 1년에 평균 세 편 정도의 영화에 출연하였으며, 그것은 다른 측면으로 말하면, 관객의 하나인 카메라와 연간 도합 5시간의 스크린 작업을 내놓는다는 얘기가 된다.

오늘날 텔레비전 시트콤이나 일일 연속극에 출연하는 지명도 있는 배우들은, 예전과는 비교할 수 없을 정도로 훨씬 많은 시간의 스크린 연기를 하고 있다. 이것은 어떻게 보면, 험프리 보가트가 여전히 하나의 맥락에서 다양함을 선사

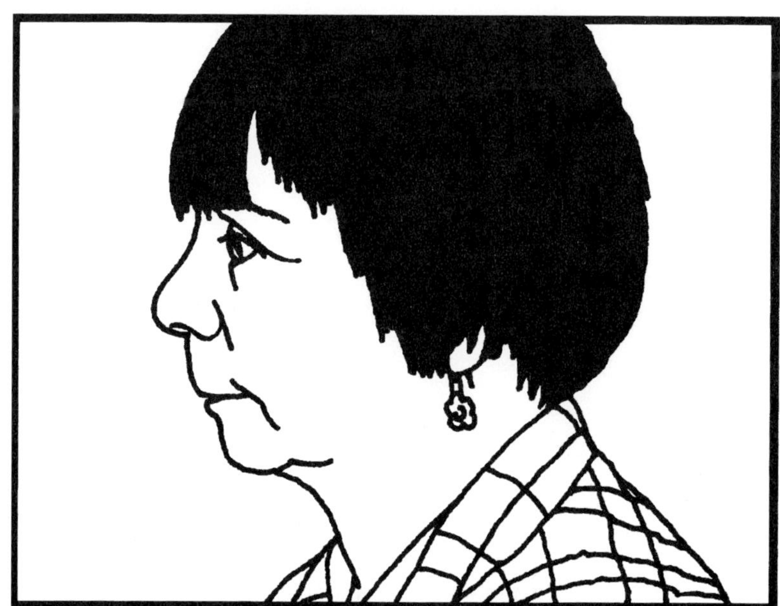

프로필

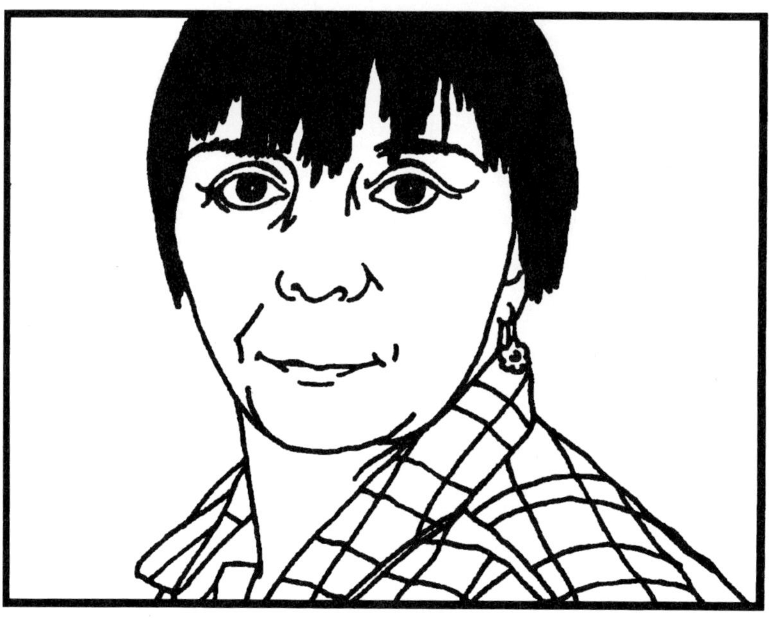

정면

해주고 있는 반면, 시트콤의 주인공 로잔느는 그녀 자신이 이미 하나의 주제이기 때문에 시청자들이 좋아하고 즐길 수 있는 연기 이외에 더이상의 기대치는 요구되지 않는다는 애기일 수 있다.

프로필

또 하나의 연기 연습을 소개하겠다. 비디오 카메라를 가지고 혼자 할 수도 있고, 친구와도 할 수 있는 그리 어렵지 않은 연습이다.

카메라(또는 친구)와 직각으로 거리를 두고 서서 프로필을 잡아보자. 시작! 많은 배우들이, **관객들은** 배우의 정면 얼굴만이 아니라 측면 얼굴도 본다는 것을 잊어버리고, 프로필을 드러내는 것을 어색해하고 자꾸만 얼굴을 카메라의 정면으로만 향하려는 습성이 있다. 단순히 **배우 자신이** 항상 거울을 통해서 보는 자기의 전면 전신상에 익숙하다고 해서, 관객 역시 당신의 두 턱, 독특하게 생긴 코(?)등의 치부를 모를 것이라고 생각하면 안 된다.

큐 사인이 떨어지면 아무 생각도 하지 말고 무심히 프로필에서 정면으로 카메라를 응시하고, 어떤 메시지가 전달되는가 살펴보자. 비록 아무 생각 없는 동작이라 할지라도 거기에는 분명히 어떤 함축적인 의미가 **내포되어 있을 것이다.** 만약 다소 심각한 얼굴을 녹화했다면, 녹화한 것을 재생해볼 때 약간의 대사를 붙임으로써 좀더 재미있는 결과를 만들 수 있을 것이다. 예를 들어, "경관님, 이 여자 소매치기범입니다.", "이 남자는 무임승차로 단속되었는데요.", "마약 밀수로 체포되었습니다." 그렇게 하다보면 어떤 사람은 정말 범죄자처럼 보이고, 어떤 사람은 결백한 것으로 믿어진다는 것을 알게 될 것이다. 각자의 얼굴에는 분명히 어떤 이야기가 있다. 배우로서 나의 얼굴은 과연 무엇을 말하고 있는지 분명히 파악하고 있어야 한다. (당신은 유죄처럼 보이는가? 무죄처럼 보이는가?)

각기 다른 얼굴에서 각기 다른 메시지가 나오는 이유를 이해하는 것은 어렵지 않다. 누군가 다른 사람에 비해 큰 코를 가지고 있다면, 측면으로 보아 치솟아 있는 코가 마치 공기를 잘라낼 듯이 보이면, 매우 강인한 이미지를 전달하게 되지만, 얼굴을 카메라 가까이 돌리면 조금은 더 부드러운 이미지로 만들 수 있다. 또 턱이 짧아서 약한 듯한 인상을 풍기는 인물의 큰 눈을 잘 활용하면 전혀 **다른** 효과를 만들어낼 수도 있다.

이제 이런 요인은 비싼 대가를 지불하고 성형수술을 하거나 자기 얼굴의 정면, 측면, **그리고** 그 둘 사이의 변화는 무엇인지 **관찰**하고 숙지하는 것밖에는 별 도리가 없다는 것을 알게 되었을 것이다. 많은 배우들이 프로필에서 시작하여 카메라를 향해 천천히 정면으로 돌아설 때 가장 인상적인 순간을 만들어내는데, 그 이유는 차차 알게 될 것이다.

연습삼아 이렇게 한번 해보자. 카메라를 정면으로 마주한 다음, 눈을 부릅뜨기도 하고 눈동자를 이리저리 굴려본다. 전체가 다 이렇게 한번 해보고, 결과를 보면서 그 효과를 살펴보자. 눈이 큰 사람은 각별히 주의를 해야 하는데, 너무 자주 눈을 굴리면 불성실해 보일 수 있기 때문이다. 그러나 눈이 조금 작다 싶은 사람은 마음대로 할 수 있으며(그렇게 하는 것이 좋다), 눈빛이 좀더 생기 있고 끌리게 보이게 할 수 있다. 같은 방법으로, 입술을 핥아보기도 하고, 코를 벌름거리기도 하고, 눈을 깜박거려도 보면서 가능한 얼굴 동작을 여러 가지로 변형시켜보자.

이 단순한 진리는 얼굴에 관한 한 절대의 원칙이란 없다는 것을 가르쳐준다. 왜냐하면 어떤 얼굴을 타고났느냐에 따라 **달라지기** 때문이다. 그러므로 자기의 얼굴에 대해서 연구하고 익숙해져라. 그리하여 **당신이** 가지고 있는 독특한 에너지를 십분 활용하라.

사진

사진을 보내는 것은 당신의 **연기**를 생김새로 평가해도 좋다고 허락하는 것과 마찬가지이다. 자칫 자신에게 변신의 능력이 있다는 것을 증명함으로써 타입 캐스팅되지 않으려는 욕구에서 비롯되어, 의도적으로 '대조적인' 사진을 보내는 배우들도 있다. 그러나 나의 판단으로는 그런 대조적인 분위기의 사진이 유용하게 쓰이는 경우는 극히 드물다. 같은 사람이 단지 행복해 보이거나 심각하게 보인다는 것이 다를 뿐이지 큰 차이가 없어 보이기 때문이다.

사실 엄밀히 말하면 배우는 누구나 다 자신의 연기에 다양성을 **추구한다**. 그리고 배우로서 가장 존경하는 배우가 누구냐고 질문하면 항상 그런 변신의 능력을 부여받은 배우(사실 그런 배우는 한 세대에 기껏해야 한 두 명이 나올 뿐이다)를 언급하곤 한다. 그러나 안타깝게도 거의 대부분의 배우들은 한 가지 유형으로서만 연기한다는 것이다.

이것이 연기에 대하여 가지고 있는 **나의** 입장이자 견해라고 말하고 있는 것은 **결코** 아니다. 내가 이렇게 얘기하는 것은 전문가들의 느낌이 그러하다는 것이다. 모든 영상물에는 점점 엄청나게 많은 제작비가 소요되고, 그래서 더욱이 다른 여타의 위험 요소들, 즉 이 배우라면 전혀 다른 역할도 소화해낼 수 있으리라는 위험 부담 같은 것은 배제하고자 한다. 그러나 생긴 모습이 그 인물에 맞으면(여기에도 상당한 논란의 여지는 있지만), 연기는 그저 그렇다 하더라도 혹은 처음 스크린에 서는 배우라서 상당 부분이 역부족이라고 하더라도, 적어도 그 **외형 조건** 하나만은 건질 수 있다는 얘기가 된다. 작품은 편집 과정에서 얼마든지 그 배우를 컷해버리거나 그 배우의 오버 숄더 샷으로 다른 배우를 잡는다든지 해서 구제할 수 있다. 〈나바론 요새〉에서와 같이, 극적 구성에 있어서 짧은 경륜을 가지고 있는 배우가 가장 크게 기여할 수 있었던 부분은 외모가 배역에 적합했다는 것이다.

캐스팅에 관계해서 사진을 보낼 때 이 두 가지는 꼭 갖춰야 한다.

1. 만약 내가 당신 같은 배우를 찾고 있다면(실제 당신의 모습만이 아니라, 우리가 알고 있고 좋아할 만한 모습으로 보여져야 한다), 약 5초 정도만 살피고도 당신의 그런 부분을 찾아낼 수 있어야 한다. 5초가 평균이다. 뉴욕의 어떤 캐스팅 담당들은 수북한 사진더미들을 포커 카드 섞듯 빠르게 넘겨가며 보는데, 그런 경우라면 당신의 이미지는 단 1초의 4분의 1만에 스쳐지나가게 되는 것이다.

2. 만약 내가 사진을 보고 OK를 해서 오디션에 불렀다면, 내가 원하는 사람은 사진 속의 ㄱ 인물이다. 왜 굳이 주름살, 두 턱, 이런 것들이 사진에 나오지 않게 하는가? 결국 만나게 되면 다 보게 될 텐데 말이다. 내가 특별히 키 큰 사람을 요구했는데, 왜 사진을 찍을 때 의도적으로 로우 앵글로 잡아서 실제보다 훨씬 키가 크게 보이게 한 다음 나를 혼란스럽게 하는가? 나는 보내준 사진의 바로 그 이미지대로 키 크고 체격 좋은 나이트 클럽의 흑인 기도를 찾았던 것인데, 실제 키가 170센티미터밖에 안 되는 배우가 나타나면 불쾌하기 짝이 없어진다.

많은 경우 배우는 자신의 장점을 충분히 살릴 수 있는 사진을 갖추는 데 상당히 난감해한다.

여기 몇 가지 유념해야 할 사항들을 적어보았다.

1. 사진 작가는 나를 위해 일하고 있다는 사실을 절대로 잊지 말아라. 촬영하는 동안 그의 기발한 아이디어와 스타일에 내가 희생될 정도로 그에게 너무 주도권을 행사하게 해서는 안 된다.

2. 서글픈 일이지만 대부분의 인물사진 작가들은 실패를 거듭했거나 성공을 열망하는 배우들의 사진 작업을 해주면서 돈을 챙기는 것이 사실이다. 설명하자면, 그들이 훌륭하지 않다는 얘기가 아니라, 계속 일이 없던 배우나 이제 막 연수를 마쳤거나 학교를 졸업한 학생들이 가장 먼저 하는 일이 자신의 인물사진을 구비하는 것이고, 배우들도 주가를 좀 상승시켜야겠다는 판단이 들면 가장 먼저 하는 일이 이런 사진 작업이기 때문이다. 또한 새로운 고객을 확보하게 된 에이전트도 새로운 사진을 원하는 고객의 요구에 따라 새로운 사진을 찍는다. 이러한 것들이 의미하는 것은, 사진 작가들은 배우들을 만족시키는 것에 능숙한 사람들이고, 당신은 일이 필요한 사람이기 때문에 기꺼이 그만큼의 돈을 내고 사진을 찍게 된다는 것이다.

3. 대개의 사진 작가들은 당신의 외모에서 가장 마음에 안 들어하는 부분은 감춰줄 것이다. 그러나 그 부분은 당신의 개성을 가장 잘 **드러내주는** 부분일 수도 있고, 그 부분이 있어야 비로소 완벽한 '당신 자신'일 수도 있다. 한번은 여드름이 난 청소년 배우를 찾았는데, 사진 상으로는 모든 것이 감춰지고 숨겨져 있기 때문에 사진을 보면서 임의로 추측해볼 수밖에 다른 도리가 없었다. 모든 것을 있는 그대로 상반신 사진에 내보이고 싶어하는 사람은 아무도 없기 때문이다. 또 한번은 죽어가는 남자가 필요해서 핏기 없는 창백한 얼굴을 찾기 위해 사진 상에 보여지는 온갖 미화들을 제거하느라 고생을 했었다. 그 배우가 인터뷰를 하러 왔을 때 직접 보니, 얼굴 아래쪽에 흉터까지 있는 인물이었다. 완벽한 적역이었다! 사진으로 볼 때는 그림자로 가려져서 보이지 않았지만, 나로서는 처음부터 그 상처를 봤다면 그 배우를 **더욱더** 캐스팅하고 싶었을 것이다. 이러한 결점들이란 스스로 뛰어넘어야 할 실로 가치없는 장벽이다. '프로페셔널' 미인들은 이미 저 높은 곳에 자리를 차지하고 있고, 성형수술을 거쳐 **생산되는 중이니** 제발 그러한 **미의 기준**을 좇아 경쟁하지 말라. 어떤 결점이 있더라도 자신을 있는 그대로 드러내라. (혹시 그 결점이 우리가 **찾는 것일지도** 모른다.)

4. 사진 작가들은 나름대로 각자의 스타일을 가지고 있으며, 그들에게 당신의 이미지에 맞는 샘플을 요구할 수 있는 것도 전적으로 당신의 권리이다. 당신의 경험을 본보기로 삼아 당신에게 가장 이상적인 사진이 무엇인가를 파악하고, 필요하다면 그것을 고집하라. 보기에 잘 나온 것 같은 그 많은 사진들은 집에 있는 어머니의 피아노 위에 올려놓고, 오신 손님들에게 칭찬이나 듣는 데에 안성마춤이다. 그분들이 과연 나에게 **일**을 가져다줄까? 사진 촬영을 마치기 전에 최소한 6컷 정도는 당신이 원하고, 해보고 싶은 것을 하라. 그때 당신이 생각하기에 일을 맡게 할 수 있을 만한 **당신만의** 강점을 표현해보라.

5. 혹은 몇 년 전에 찍은 스냅 사진인데 당신이 무척 마음에 들거나, 당신 주변에 많은 사람들이 잘 나왔다고 하는 사진이 있을 것이다. 그런 사진이 있다면 그것을 사진 작가에게 가지고 가서 이렇게 말하라. "이런 느낌의 프로페셔널한 사진을 찍어주셨으면 좋겠어요." 이것이 그에게 당신이 원하는 것을 전달하는 가장 빠르고 효과적인 방법일 것이다. 내가 개인적으로 사진 작가들에게 어떤 적대감 같은 것이 있어서가 아니다. 그들은 자신이 무엇을 원하는지도 모르는 다양한 종류의 배우들을 상당히 많이 접해왔기 때문에,

타입 캐스팅의 비밀

· 대부분의 역할에는 그 역할을 할 수 있다고 작품으로 검증된 배우가 캐스팅된다
· 얼굴에는 이미 새겨져 있는 연기가 있다
· 타입의 이미지와 실제의 자신이 반드시 연관되어 있는 것은 아니다
· 배우들의 투자 가치를 보호하기 위해서, 제작 관련자는 그들의 타입이 고수되기를 바란다
· 다양한 변신이 가능한 배우는 한 세대에 한 명 정도 탄생할 수 있다
· 배우의 역할이 타입 캐스팅으로 제한된 것은 오래된 하나의 전통 같은 것이다
· 당신의 타입에 맞는 고정 배역을 맡아라 **그 후에** 영역을 확장하라
· 누군가 당신의 사진 자료를 보고 당신을 부른다면, 그들이 원하는 것은 사진 속의 그 사람이다
· 누군가 당신을 찾는다면, 분명히 사진에서 당신을 발견했을 것이다

그들이 의견을 제시하는 것은 많은 배우들에게 실질적인 도움을 줄 수 있고, 나아가 발전적인 방향으로의 결과를 얻어내기도 한다.

6. 눈동자의 한 가운데 비치는 조명으로 인한 하얀 점은 사진을 훨씬 보기 좋게 만든다. 가능하다면, 그리고 본인도 그것을 원한다면 그렇게 해달라고 주문하라.

7. 의상은 당신으로부터 나올 수 있는 연기의 상당 부분을 대변하는 것이다. 가슴을 살짝 드러내는 옷은 타고난 신체적 조건을 '과시' 하는 것이며, 화려한 귀금속으로 치장한 모습은 그런 환경에 맞는 역할을 할 수 있다는 것을 '보여주며', 찢어진 티셔츠 속에 보이는 불거진 근육은 길거리 주먹패 역할도 충분히 할 수 있음을 '알게' 해준다. 그 외에도 여러 가지가 있다.

사진 연습

사진에 관한 이런 여러 가지 생각들을 경험해볼 수 있는 적합한 연습이다. 배우의 사진을 한 장 골라서 이젤 위에 놓는다. 비디오 카메라를 그 앞에 놓고, 그 사진을 잡아서, 모니터에 사진의 이미지가 나타나게 한다. 그리고 그 순간 배우에게 '사진에 나온 그대로' 연기해달라고 한다. 함께 참여한 사람들 모두가 그 배우에게 연기를 지시해보자. 그 어떤 주문도 가능하다. 예를 들어 "목소리를 크게" 아니면 "작게" 하라고 할 수도 있고, "좀더 지적인 분위기로" 아니면 "약간 무식한 사람처럼"이라고 할 수도 있으며 "어리게" 아니면 "나이 들어 보이게" 등등 할 수 있는 모든 방법을 동원해보라. 사진이 스크린의 프레임 상에 나타나게 되면, 사진을 보고 무엇을 어떻게 표현하게 해야 할지 놀라울 정도로 명쾌하게 드러난다. 오랜 시도 끝에 드디어 사진과 실제 배우의 연기가 일치하게 되는 것을 볼 것이다. 그렇게 하고나서야 비로소, 그 배우에게 그런 표현에 대해서 개인적으로 느낌이 어땠는가를 물어보자. 별로 좋지 않았다면 (대개의 경우 별로 자연스럽지 않았다고 대답할 테지만) 그 사진은 그에게 적합하지 않은 것이라고 간주해도 좋다.

배우의 포트폴리오에 있는 다른 사진을 가지고, 사진이 '말하는' 자신과 스스로 가장 자연스럽게 '자신'이라고 느끼는 표현의 순간이 일치되는 사진을 찾을 때까지, 이러한 전 과정을 되풀이해본다. 이 방법을 통해서 배우는, 목적에 맞게 쓸 수 있는 '적합한' 사진을 쉽게 찾아낼 수 있을 것이고, 운이 좋으면 또 다른 상황에 맞는 대안도 더불어 찾아낼 수 있을 것이다.

타입 캐스팅에 대한 결론을 내리겠다. 우리는 미술관에 가서 가끔, "**저거** 렘브란트야.", "**저건** 마그리트 작품이고." 하는 식으로, 멀리서 그 작품을 보고도 그것이 누구의 작품인지 알아볼 수 있다는 것에 대해 어리석을 정도로 자부심을 느낀다. 위대한 예술가의 예술적 산물을 쉽게 알아볼 수 있다는 것은 전혀 문제가 되지 않는다. 사실 우리가 위대한 예술가에게 기대하는 것은 다양성이 아니라 식별 가능한 **그만의 독특한 스타일**이며 그것이 위대한 작품으로 남기를 바라는 것이다.

무대와 스크린 예술가에게도 같은 방식이 적용된다고 믿는다.

제8장

연기
Acting

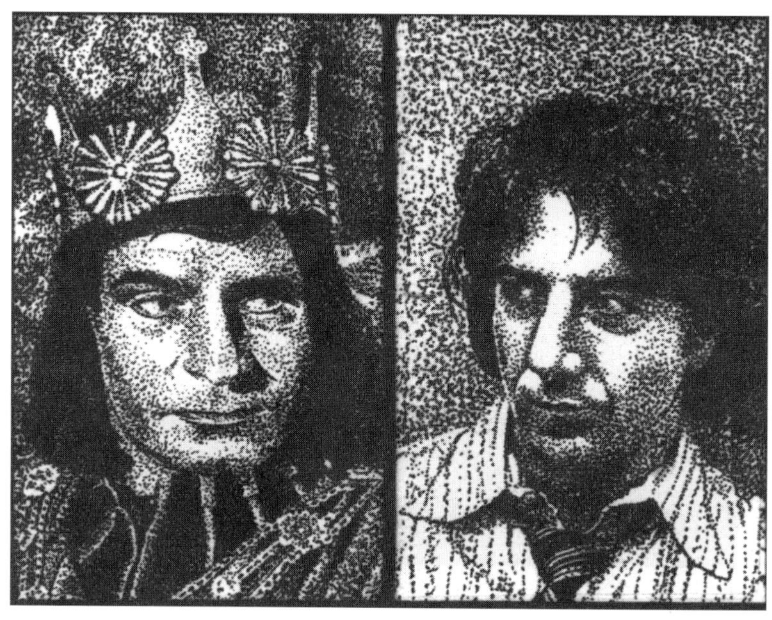

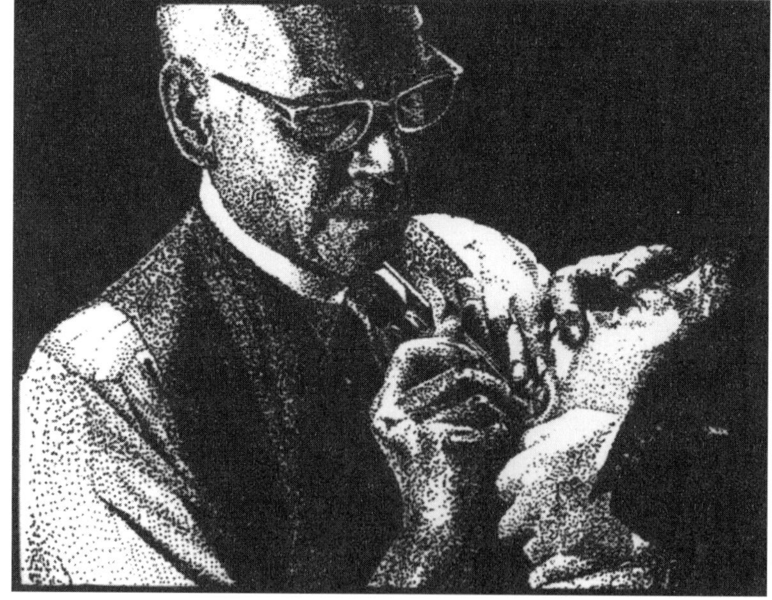

로렌스
올리비에와
더스틴
호프먼

연기

지금까지 연기의 기술적인 부분에 관한 것만 언급을 하고, 근본적이고도 실질적인 '연기'에 대해서는 다루지 않았기 때문에, 아마도 여러분은 슬슬 걱정이되기 시작할 것이다.

이 책의 제목이 '스크린 연기의 비밀'임에도 불구하고 지금까지 연기에 대한언급을 회피했던 이유는, 전적으로 나의 의도가 그러했기 때문이지 우연한 것은 아니다. 그러나 우선 연기의 본론으로 들어가기에 앞서, 좋은 연기란 과연어떤 것인가 먼저 생각해봐야겠다.

영국에서 연기 공부를 하는 학생이었을 때에는 내 자신이 연기를 했고, 미국의메소드 연기 학교에서도 훈련을 받았다. 그 후로 영국과 미국, 캐나다, 덴마크, 이스라엘, 아일랜드, 남아프리카 공화국, 대한민국 등에서 다수의 연극 연출과 텔레비전 연출의 경험을 쌓았으며, 1975년 이래로는 미국 동부와 서유럽에서 배우들을 훈련하고 가르쳐왔다. 이러한 경험을 토대로 나는 다양한 연기방법, 다양한 연기 스타일에 대한 지식과 그에 상응하는 접근 방법을 체득하게되었다.

그 결과, 좋은 배우가 그에 합당한 양질의 연기를 보여주기 위해서는 '어떻게해야 하는가'를 정의하는 것 자체가 거의 불가능한 일이라는 것을 깨닫게 되었다. 나는 완벽한 감성과 그에 대한 믿음을 가지고 있으며, 대단히 훌륭한 연기를 해내는 배우들을 알고 있다. 마찬가지로 완벽한 감성과 믿음을 가지고 있지만, 형편없는 연기를 하는 배우들도 알고 있다. 자신이 무엇을 하고 있는지도 모르고 무턱대고 연기를 하는데도 불구하고, 연기의 진실성만을 가지고 비평가와 관객을 열광시키는 배우들도 보았으며, 반대로 진실과 믿음이 결핍된 것이 그대로 적나라하게 드러나는 경우도 보았다.

여기서 내가 찾아낸 유일한 근거는 무엇이라도 좋으니 **자기 방식대로 하라**는 것이다. 꽤 오래 전에 영국을 대표하는 위대한 세 배우와 작업할 수 있는 영예로운 기회를 가졌던 적이 있었다. 바로 로렌스 올리비에 경, 존 길거드 경(Sir John Gielgud), 랄프 리처드슨 경(Sir Ralph Richardson)이었다. 그들은 **모두** 대단히 훌륭한 연기를 보여주었고, 그들 나름대로의 자기 방식에 따른 연기를 했다. 그들 간에 존재하는 유일한 연결고리란 하나같이 모두 위대한 배우였다는 점이었다. 같은 맥락으로, 나는 말론 브란도를 그가 보여주었던 초창기의 연기들로 평가하건대, 그 또한 위대한 배우라고 생각한다. 그가 어떤 특정한 방법으로 훈련받았기 때문이 아니라 단지 **훌륭한 배우였기** 때문이다.

근래의 말론 브란도는 대사를 연구하고 분석하지 않는다. 그의 비서가 마이크로 대사를 읽어주면, 안 보이게 착용한 이어폰을 통해 듣고 대사를 한다. 이러한 방법은 각각의 대사에 대해 굳이 연구 분석하느라 시간 낭비할 필요 없이, 즉각적이고 꾸밈없는 반응을 전달할 수 있도록 해준다. 결론은 이것이다. 자기 방식대로 하라.

이 장 맨 앞 페이지에서 로렌스 올리비에는 더스틴 호프먼(Dustin Hoffman)과 〈마라톤 맨 *Marathon Man*〉을 찍을 때, 더스틴 호프먼의 즉흥적인 연기 때문에 간혹 곤란할 때가 있었다고 한다. 그 당시의 에피소드이다. 하루는 더스틴 호프먼이 기력이 빠져서 비틀거리며 분장실에 들어왔다. 역할에 충실하기 위해서 몇 날 며칠을 뛰었기 때문이었다. (다음 찍을 촬영 분량에서 실제로 그의 모습이 그러해야 했다.) 로렌스 올리비에는 피곤에 지쳐 눈까지 새빨갛게 충혈된 상대역에게 짐짓 다정스럽게 이렇게 충고했다. "**연기**로써 하면 좀 쉽지 않겠나?" 더스틴 호프먼은 그의 방식대로 하고, 로렌스 올리비에 역시 그의 방식대로 하는 것이다. **당신도 마찬가지**이다. 당신의 방식대로 하라.

연기자들 중에(감독이나 배우를 가르치는 선생들도 마찬가지이다) 배우는 절대적으로 매순간 자신이 맡은 배역이 **느껴야 할 감정을 느끼고**, 그 감정을 재창조해야 한다는 생각에 집착하고 있는 경우가 더러 있다. 그러나 나로서는 **자기 방식에 따른 연기**가 이 **절대적이라는 개념**과 모순되게 결합되는 것을 비일비재하게 보아왔기 때문에, **절대적**이란 것을 상당히 경계하는 편이다. 이러한 개념을 제대로 연구하기 위해서, 연기의 역사를 간략하게나마 훑어보기로 하자.

연극의 역사

배우들이 공연에 대한 대가(代價)로 최소한의 푼돈 정도는 벌어들이기 시작했던 시대, 야외극 수레(pageant wagons)에서 중세의 종교 기적극(mystery plays)을 공연하던 당시의 관객들은 광장에 모여들어 공연을 경청할 뿐만 아니라, 공연의 주체가 되어 배우에게 소리를 치기도 했다. 이런 공연에 '사실적'이란 것은 거의 존재할 수가 없었으리라는 것쯤은 쉽게 짐작할 수 있을 것이다. 공연은 야외의 자연 채광 아래서 이루어졌으며 인생 그 자체를 모방하려 하기보다는 삶의 이미지와 메타포를 보여주려 하였다.

엘리자베스 시대에 들어서면서 상설 전용 극장이 생기고 연극은 좀더 안정적인 형태로 자리를 잡아가게 된다. 셰익스피어는 〈햄릿 Hamlet〉에서 연극에 대해서 말하기를 "자연에 거울을 비추는 일"이라고 하였다. 또한 존 웹스터(John Webster)가 그의 저서 『훌륭한 배우 An Excellent Actor』(1615)에서 "배우가 맡은 '역할'을 보면서 우리 앞에서 벌어지고 있는 것을 진실로 간주하게 되기 때문이다."라고 쓴 것처럼, 최고의 배우들은 숭배되었으나 연극은 여전히 연극의 구성 요소로서의 관객 앞에서 그들을 향한 연기 방식으로 행해졌다. 관객은 항상 공연을 하고 있는 배우들과 같은 밝기의 빛 아래에서 관극(觀劇)을 하였으며, 배우이든 관객이든 같은 공간에 있으므로 배우의 연기를 바라보는 것은 관객 중의 다른 누구를 보는 것과 전혀 다르지 않았다. 따라서 배우들은 인물 간의 관계를 형성하며 대사를 하기보다는 관객을 향한 대사를 했을 것이다. 이를 증명할 수 있는 것은 바로 이렇게 공연되고 있는 것이 실제 삶의 일부라고 관객들을 믿게 할 수 있는 여지가 전혀 없었기 때문이다. 연극은 단지 연출된 삶의 대변인 것이지, 삶의 복사품은 아닌 것이다.

극장이 점점 발달하면서 극장이라는 공간에 인위적인 조명이 도입되었고 배우의 연기가 관객들보다 약간 높은 곳에서 이루어짐에도 불구하고, 이때까지도 객석에 촛불을 밝혀놓는 것이 상례였기 때문에, 무대와 객석 간에 완벽한 분리는 이루어지지 않았다. 이런 무대 조건에서 여전히 **배우는 관객을 볼 수가 있었다.** 이는 관객과 배우 간의 상호 관계와 영향력에 있어서 당시 상당히 중요한 요소였다.

산업 혁명과 함께 연극의 내용이 멜로드라마틱한 요소를 띠게 되면서 극장도 그에 맞게 큰 규모로 건축되었다. 이러한 극장들은, 자신 혹은 자신의 부모 세대가 겪어온 삶을 반영하는 일상적인 드라마를 원하는 다수의 관객을 수용할 수 있었다. (극 중 악한이 공장의 감독이 주로 입고 있는 것과 똑같은 검은 프록 코트와 검은 실크 모자를 쓰고, 그와 반대로 주인공들은 아주 평범한 농민복을 입고 등장하는 것은 결코 우연이 아니다.) 조명도 초기에는 촛불을 사용했지만, 나중에는 가스등을 쓰게 되었다. 그러나 배우들은 대사를 관객에게 전달하기 위해서 여전히 무대 '앞으로 나와서' 연기를 해야만 했다. 배우들은 극 중 인물로서 느끼고 **경험하기보다**, 관객에게 작품을 전달하는 그 자체를 가장 큰 미덕으로 삼았다.

나도 그 당시에 사용한 조명 방식과 비슷한 종류의 조명을 써본 적이 있는데,

역시 무대의 풋라이트(footights)로 이용되는 촛불을 통해서도, 가스등이 발하는 불꽃을 통해서도 배우는 관객의 존재를 볼 수 있다.

이 지점에서 들려주고 싶은 여담 한 가지: 당시 극장에서 일어나는 대형 화재의 원인은, 관객에게 더 가까이 다가가 자신을 노출시키고자 하는 욕심 많은 배우의 의상이 풋라이트에 닿으면서 순식간에 불길에 휩싸이게 되는 것이 대부분이었으므로, 안전 차원에서 촛불을 반드시 물통에 띄우도록 법으로까지 지정했다고 한다. 그러한 연유로, 영국에서는 '플로트(floats 뜨다)' 와 '트로프 (the trough 물통)' 라는 단어가 풋라이트의 의미로 쓰이고 있다.

20세기에 들어설 즈음 비로소 전기를 이용한 조명이 등장했다. 이 광원의 밝기는 실로 엄청난 것이어서, 배우가 이 빛의 '벽' 을 뚫고 관객을 응시한다는 것은 불가능한 일이 되어버렸다. 전기 조명이 극장에 보급되자 정확히 때를 맞추어 그것에 부응하듯 소위 말하는 '자연주의적', 그리고 '리얼리즘적' 인 연극이 발생하기 시작한 것은 우연의 일치가 아니다. 이제 관객들은 무대에서 인생의 단편들을 찾아볼 수 있게 되었고, 배우들은 관객이 어둠 속에서 빛이 주어진 사각의 공간에 있는 자신을 바라보면서 '제4의 벽(Fourth wall)' 을 믿기 시작한다.

배우는 빛으로 둘러싸이고 관객은 어둠 속에 남겨지자, 관객과 배우가 '같은 공간' 에 존재한다는 지각은 실종되고, 서로가 서로를 향한 관찰자적인 입장이 되었다. 따라서 관객들로 하여금 '진실하다는 것' 을 믿게 하기 위해서, 배우들은 상대방과 시선을 맞추기 시작했다.

(제11장에서 시선을 맞추면서 생기는 좋지 않은 결과를 지양하는 연출에 관해서 더 심도 있게 다루게 될 것이다.)

대중이 향유할 수 있는 새로운 매체, 무성영화(the silent movie)가 생겨나자,

이에 따른 다른 방식의 연기가 요구되었다. 즉 카메라의 존재(그리고 그 뒤의 관객의 존재)를 인정하는 연기가 필요했던 것이다. 버스터 키튼(Buster Keaton), 찰리 채플린(Charlie Chaplin)과 같은 세기의 명 코미디언들이 바로 카메라를 향해 연기했던 실례다. 그런데 영화에 사운드가 추가되면서는, 무성 영화 시대에 추구했던 예술성과 대부분의 연기술은 자취를 감추고, '리얼리티'라는 개념이 마치 모든 연기의 가장 큰 기본인 것처럼 사실적인 연기를 표출하게 된다. 이처럼 '실제 삶에서처럼 진실하게' 연기한다는 것은, 고작해야 전기 조명이 소개된 1908년 즈음부터 무성영화가 전성기를 구가했던 1920년대까지 현저하게 두드러진 연기 방법이었다.

메소드 연기

먼저 스타니슬라브스키에 대해 간단히 요약해보고자 한다. (숨을 한번 깊게 들이쉬고, 나의 말에 귀기울이길 바란다.)

스타니슬라브스키가 몸담고 있던 극장은 외향적인 연기를 바탕으로 하면서, 관객을 '향한' 연기와 멜로드라마틱한 표현 기법을 사용하던 곳이었다. 여기에 한 저명하고 존경받던 연출자가 자신이 정립한 방법론을 추가해서 발전시킨 이론이 우리에게 '메소드 연기'라고 알려져 있는 연기론이다. '메소드 연기'는 이른바 기존의 연기 기술 체계와 **융화되어** 결과적으로 모스크바 예술극장에 전설에 가까운 성공을 가져다주었다.

같은 방법론을 적용시키더라도, 기존과 같은 표현 양식이 바탕이 되어 있지 **않을 때** 메소드 연기는 자칫 잘못 해석되어지는 경우도 있었다. (이는 왜 이 연기술이 동시대에 쓰인 연극에는 효과를 발휘하면서도, 그 어떤 시대에 쓰여졌든 고전극에는 부적절한지 그 이유를 설명해준다.)

아마도 우리는, 스타니슬라브스키의 원론적인 연기법이 동전의 한 면에 있다면 오늘날의 메소드 연기자들을 그 동전의 다른 면이라 간주하고 그들을 가르칠 것을 적극 권장하고 발전시켜야 할 것처럼 보일지도 모른다. 마치 스타니슬라브스키가 그 당시의 상황에서 방법적인 것들을 보완 발전시켰듯이, 우리도 그와 상응하는—배우들에게 외적 표현으로 전달하는 것과 모든 것은 관객과 공유하도록 되어 있다는 것, 누구를 위해 연극을 하는 것인지를 언제나 인지하는 선에서 연기하게 하는—보완적인 연기법을 현재에도 발전시켜야 한다고 여기는 것 말이다. (개인적으로는 이러한 연기 방법을 '대중오락학과' 혹은 '감정없이 연기하는 법'이라 정의하고 싶다!)

이런 유형의 연기를 텔레비전에서 발견할 수 있는 가장 적합한 예가 바로 머펫(Muppets. 미국 아동 텔레비전에서 방송하는 교육용 인형극―옮긴이 주)인데, 거기에서는 관객의 존재를 믿는 정도가 아니라 어디에 있는지 정확히 파악하고, 아무런 거리낌 없이 오로지 그들만을 향해 연기한다. 만일 당신이 왕정복고 시대의 코미디를 연기하려 한다면, 커밋과 그의 친구들(머펫 쇼에 나오는 청개구리 인형과 그 외의 동물들을 의미한다―옮긴이 주)을 흉내내는 것이 가장 좋다!

모던한 소극장과 작은 홀을 토대로, 현대적인 조명으로 인해 풋라이트가 소멸된 오늘날의 연극은(관객과 직접적인 교감이 가능하고, 배우가 관객을 볼 수 있기 때문에), 실험적인 연극의 성장과 이른바 '자연주의적' 연극의 감소를 가져왔다. 배우들은 극 중의 상대방이 정확히 무대 어디에 앉아 있는지를 아는 상태에서 연기할 것이며, 그 연기에는 조명이 비춰질 것이다. 이때 능력 있는 배우들은 **자기 나름대로의 방식**으로 연기를 하게 된다.

자기 방식의 연기는 반드시 **관객**의 선호와 기대를 충족시켜줄 수 있어야 하며, 이는 관객이 공연을 보는 시대에 따라, 그리고 그 시대에 전달하는 수단이 무엇이냐에 따라 가변적일 수 있기 때문에 이 모든 요소들을 함께 수용하여야만 한다. '제4의 벽'이 관용적인 시대에 쓰인 작품에는 당연히 제4의 벽을 기저로 하는 연기가 가장 유효한 연기 방식일 것이나, 그 시대가 아닌 때에 쓰여진 연극(여기에는 대다수의 영화 시나리오도 포함된다)에는 다른 방법을 모색해야 하는 것이 당연하다.

그러나 가르치고 있는 것이 전부 메소드 연기에서 출발한 것이라면?

미국에는 상당히 낳은 훌륭한 연기 지도자와 연기론이 존재하고 다수의 걸출한 배우들이 역할을 맡을 수 있는 다량의 작품들이 생산되고 있는 반면, 영국은 그 두 가지 측면에서 다 미국에 훨씬 못 미치고 있다. 그런데도 지난 수세기를 반추해볼 때, 영국에서 배출된 배우들이 오스카와 토니상을 휩쓰는 것을 보면서 나는 이 불균형이 어디에서 비롯된 것일까 하는 의구심을 가지게 되었다.

물론 나는 영국의 문화 환경이 연기를 하기에 호조건을 제공하기 때문에 배우의 기질이 우월하다거나, 영국의 극장이 여타 다른 사회보다도 훈련된 배우들을 보유하고 있다고 생각하지는 **않는다**. 분명 뭔가 다른 근본 원인이 있을 것이다.

본인이 개인적으로 정립한 이론상으로 그 원인은 이러하다.

영국에서는 극히 예외적인 경우를 제외하고, 연기는 대학의 어떤 학과로서 채택되는 것이 아니라, 전문적인 연기 학교에서, 앞으로 전문적으로 연기할 배우들을 양성한다.

이와는 다르게 미국에는 소위 '연기 101'이라 칭하는 과목이 있다. 연기란 학과목 중의 하나이며, 프로가 되려고 하는 경우에서부터 단순히 흥미가 있어서 그 과목을 선택한 경우까지 다양한 부류의 학생들을 상대로 가르친다. 수업은 실로 다양한 경험과 재능에 대한 실험을 제공해주어야 하며, 재능과 열정을 겸비한 우수한 학생들뿐만 아니라 둘 중에 한 가지만을 가지고 있거나 전혀 아무런 자질을 발견할 수 없는 학생들과도 함께 성공적으로 이끌어 나가야만 하는 난점이 있다.

'불어 101'을 들어서는 프랑스 시골의 길거리에서 물건을 흥정하기에 미흡하기 짝이 없지만, 불어를 필수 과목으로 선택해서 학점을 받으려는 다양한 계층의 학생들을 가르치기에는 좋은 것처럼, '연기 101'는 전문적인 연기 세계와의 개연성을 배제하고 '연기를 가르치기'에는 적합한 것이라 할 수 있다.

나는 분명히 이를 비판하고 있는 것이 아니라, 사실 감탄과 격려를 보내고 있는 것이다. 대학에서 연기를 가르치는 교수들은 간혹 자질보다는 의욕만 넘치는 학생들을 가르치는 방법을 고안해야 했다. 그들은 연습 과정이나 훈련과는 별도로 학생들을 평가할 수 있는 과정을 만들어야 했으며, 그 과정에서 텍스트를 읽고 그것을 연구하는 것은 필수적인 일이었다. 텍스트가 필요해진 이상, 누군가는 그것을 써야 했고, 그에 따라 이론의 정립, 그리고 각기 다른 연기 학파가 생겨나게 되었다.

스크린 연기에 관한 책들을 살펴보면, 저자들은 마치 대부분 할리우드 배우들이 '메소드 연기'를 바탕으로 연기한다는 것을 증명하려는 것 같다. 그래서인지 〈레인 맨 *Rain Man*〉의 더스틴 호프먼이 그의 눈에서 얼마나 완벽하게 지적인 요소를 제거해버렸는지에 대해 찬사를 보내는 글들을 많이 본다. 더스틴 호프먼이 가지고 있는 배우로서의 역량을 부정하는 것은 아니다. 그러나 모든 영예를 배우에게 돌리는 것은 감독의 존재, 그리고 배우의 눈에서 지적인 흔적을 전혀 **찾아볼 수 없는** 장면만을 골라 편집한 편집자의 존재, 양쪽을 다 부정하는 것이 된다. 만약 인물의 캐릭터에 조금이라도 부적절한 기미가 보이는 부분이 발견되면 과감히 편집실에서 버려졌을 텐데 말이다.

한번 더 반기를 들어보자. 마릴린 먼로는 영화 〈버스 정류장 *Bus Stop*〉에서 자신이 맡은 배역을 창조하기 위해 메소드 훈련 방법을 썼다고 할지 모르지만, 버스 장면 중 한 신에서 감독이 버스 위에 올라타고 앉아 대사 한 마디 한 마디를 읽어주어야 했던 것은 누구나 간과하기 마련이다. 이는 흠잡을 데 없는 연기를 굳이 깎아내리려는 것이 아니라, 그 배역은 그녀가 주장하고 있는 방법으로 창조된 인물이 **아니라는** 얘기를 하고 있는 것이다. 이는 이미 내가 언급했던 **자기 방식대로의 연기**가 오늘날에도 셰익스피어 시대만큼이나 중요한 연기 방법이라는 것을 증명해주고 있다.

무대 경험이 전혀 없고, 부끄러움을 많이 타는 학생에게 무대에서 연기할 수 있도록 자신감을 심어주려면 어떻게 해야 하는가? 연기에 대한 의욕은 강하지만 타고난 재능은 별로 없는 학생을 탄탄한 실력을 쌓게 해서 믿을 만한 연기자로 키우려면 어떻게 해야 하는가? 메소드 연기를 기본으로 출발하여 변형된 다양한 형태의 연기 방법들은 이런 요구에 대하여 가장 성공적인 해결책이며, 이 접근 방법이야말로 연기 입문 수업인 '연기101' 시간에서 필요로 하는 것들을 가장 적절하게 대답해준다. 그러나 위대한 프로 배우로서의 성취를 위해서는 반드시 이것이 지름길이라고 볼 수 없다.

메소드에 관한 결론은—릴리안(Lillian)과 헬렌 로스(Helen Ross)가 『배우 *The Player*』에서 인용했던 것처럼—스타니슬라브스키 자신에게 남겨두어야 할 것 같다. 1930년대에 스타니슬라브스키는 자신의 저서 『배우수업 *An Actor Prepares*』에 관해 블라디미르 소코로프(Vladimir Sokoloff)에게 말하기를, "소코로프, 자네가 막스 라인하르트(Max Reinhardt)와 미국에 가서 혹시라도 젊은 배우들에게 연기에 대해 조언을 할 기회가 생긴다면, 나의 이론은 전부 잊어버리게. 이 책을 적용하지 말게. 아니, 아예 무시하는 것이 좋아. 미국에서는 모든 것이 여기와는 달라. 교육, 심리, 건강, 지능, 심지어 먹는 것도 다르지. 이 책은 러시아 배우들에게 필요했던 것이지. 미국이라면 상황이 달라. 그들에겐 필요없는 이론일 뿐이야. 그들이 우리 이론을 받아들이려 한다면, '내가 이것을 느끼는가 아니면 못 느끼는가?' 라는 불필요한 자기 관찰을 하게 될 것이네. 그들에게 단지 이렇게만 말하게. '미국이라는 땅에서 배우는 자유롭다.' 라고 말일세."

좋은 연기, 좋은 스크린 연기

나의 가장 절친한 친구는 나와 보스턴에서 함께 수업을 받은 적도 있는 뛰어난 배우였다. 그가 영국으로 돌아와, 연극 배우로서 승승가도를 달리던 중에 로저 무어(Roger Moore)가 나오는 텔레비전 시리즈에서 작은 역할을 맡게 되었다. 나는 내 친구라면 역시 훌륭한 배우가 될 줄 **짐작했었고**, 당시 로저 무어의 연기 는 그다지 뛰어나지 않다고 생각했기 때문에—숀 코너리(Sean Connery) 다음 으로 제임스 본드(James Bond) 역을 맡은 그 로저 무어 말이다—내 친구가 그를 압도해버릴 것에 은근히 기대를 하고 있었다.

나는 그 결과를 관심있게 보았고, 바로 그때 이 책을 꼭 쓰지 않으면 안 되겠다 는 절대절명의 결심을 하게 되었다고 해도 과언이 아니다. 로저 무어가 내 친 구보다 훨씬 더 뛰어났던 것이다. 나는 **극도의 혼란**에 빠졌다. 분명 내 친구가 로저 무어보다 더 나은 배우였건만, 스크린에서 로저 무어는 비교할 수 없을 만큼 훨씬 더 나은 연기를 보여주었다. 나로서는 뭔가 원인을 밝혀내지 않으면 안 되었다.

로저 무어는 스크린의 가장 화려한 스타는 아닐지라도(아마 그도 그 사실을 인 정할 것이다) 스크린 연기에 있어서는 **노련한** 기술자였고, 그의 외모와 더불어 그의 기술적인 능력으로 인해 관객들의 뇌리에 남아 있는 것이었다. 만일 내가 감정보다 테크닉에 지나치게 치중하고 있다고 느낀다면, 그 이유는 스크린 연 기의 속성이 그러하기 때문이다. 감정의 재창조에 관해 기술하고 있는 책들은 많지만, 내가 제시하고 있는 이런 문제들을 다루고 있는 책들은 그리 많지 않 을 것이다.

스크린 연기에는 배우가 완벽하게 그 역할에 몰입해서 연기를 해야 하는 절대 적으로 필수적인 순간이 있다. 눈에서 진짜 눈물이 왈칵 쏟아져 나오거나, 코가 빨개진다거나, 격한 감정이 얼굴에 나타나면서 혈관에 피가 몰리는 것 같은 순간들 말이다. 이런 순간들은 꾸며낼 수 없는 것들이기 때문에 반드시 '진짜'여야 한다. 그러나 이것도 어디까지나 촬영하는 시퀀스 속의 짧은 신, 그 프레임 안에서 이루어져야만 한다는 것이 스크린 연기에서의 요구 사항이다.

일상의 재현인데도 불구하고 그것에 훨씬 못 미치게 연기하고 있는 경우들도 있다. 그 예로 나의 친구들, 로드와 린 부부에 얽힌 에피소드를 하나 얘기해보겠다. 로드는 천성적으로 장난이 아주 심한 친구여서 가지각색의 방법으로 린을 놀리기가 일쑤였다. 때는 바야흐로 그가 런던에서 뉴욕으로 3년 간 이주해야 하기 때문에 대서양을 건너야 하는 시기였다. 그들은 둘 다 자전거를 아주 좋아해서, 공항까지 자전거를 타고 가서 거기서 비행기를 타고 뉴욕에 가는 것으로 여행 일정을 짜놓았다.

그러던 중 로드는 배를 한 척 가지고 있는 친구를 우연히 파티 석상에서 만나고는, **그때** 계획을 변경해서 사우스햄튼까지는 자전거로 가고, 그 곳에서 친구의 보트를 타고 브라이튼까지 가서, 거기에서 기차를 타고 최종적으로 공항까지 가기로 결정했다. 그렇게 되면 그들은 뉴욕까지 가는 여정에 자전거, 배, 철도, 항공을 다 경유하게 되는 것이다. 린은 그리 탐탁치는 않았지만 그 계획에 동의를 했다. 사우스햄튼에 도착한 그들은 친구를 만났고, 친구는 자기의 배 가까이 우연히 정박해 있는 호화 여객선 '퀸 엘리자베스 2호'를 가리키며 그 앞에서 사진을 한 장 찍고 떠나는 것이 어떻겠냐고 제안을 했다. 그래서 그들은 그 앞에서 사진을 찍었는데, 그리고나서야 로드는 린의 손에 '퀸 엘리자베스 2호' 티켓 두 장을 쥐어주었다. 린은 자신의 앞에 있는 '퀸 엘리자베스 2호'가 그들 부부를 뉴욕까지 데리고 갈 바로 그 배라는 사실을 전혀 모른 채 그 배에까지 온 것이다.

재미있는 에피소드이다. 그런데 난데없이 내가 왜 이런 얘기를 꺼냈을까? 그들을 '퀸 엘리자베스 2호' 앞에서 사진을 찍게 했던 친구는 그후에 벌어진 상황도 사진으로 찍었는데, 이것은 로드가 린에게 승선권을 주고 난 이후에 그들이 겪은 너무도 완벽한 리액션 장면이었다. 이후로 나는 **배우들을** 짝 지워 똑같은 상황을 설명해주고, 티켓 두 장을 선사하고나서의 장면을 무수히 재현해보았지만, 그 누구도 내 친구들이 사진에서 보여주었던 극적이고 확실한 반응을 연기하지는 못했다.

내가 이 얘기를 하는 이유는, 로드와 린의 일상에서 그것은 절정과 환희의 순간이었지만, 배우들은 아무래도 그 상황을 '객관화' 시켜서 받아들이고, 본능적인 느낌으로 막연히 연기하게 된다는 것을 얘기하고 싶어서이다. 드라마의 특성상 대부분의 상황이나 순간들은 극적이다. 그럼에도 불구하고 대다수의 배우들이 **그런 상황이라면 어떻게 반응할 것인가를 추측해보는 방식**으로 연기에 접근하기 때문에, 결과는 늘 불투명하고 미흡하면서도 지루해지는 것이다. 이러한 점을 극복하기 위해서는, 일상 속에서 사람들이 극한 문제, 극한 순간에 처하게 되었을 때 하는 행동들(일일 연속극에 출연하는 연기자들은 매회 그것을 연기한다)을 배우가 모방하는 방법이 있다고 하겠다. 리액션을 절제해서 '자연스럽게' 한다는 것은 나와 함께 로드나 린의 역할을 경험해본 모든 배우들이 입증했듯이 '자연스럽지 않을 수' 있다.

그리고 한 가지 간과해서는 안 될 것은, 배우가 빼어난 **연기를 해서** 감동을 받았다고 생각되는 순간에도 사실은 극적인 효과를 배가시키는 음악이 감정의 고조를 위해 존재하고 있다는 사실이다. 음악이 깔리지 않은 상태에서 연기한 어떤 특정 장면을 보면, 영화음악 작곡가들의 공헌이 얼마나 지대한 것인지 깨닫게 될 것이다.

한번은 뉴욕에 사는 나의 절친한 친구, 발 에이버리(Val Avery)가 저녁 초대를 해서, 그가 막 그날 저녁 메뉴인 양고기를 그릴에 얹고 있는 찰나였다. (그 친구는 훌륭한 요리사였고, 나는 얼마나 그 음식들을 고대하고 있었던지!) 저녁 6시 50분에 전화벨이 울렸고, 발은 그날 밤 9시 45분 로스앤젤레스행 비행기를 탔으며, 다음 날 아침 7시에 현장에 나타나 첫 장면을 촬영했다. 자, 한번 생각해보자. 그가 그 배역에 대해 준비할 수 있는 시간이 얼마나 주어졌으며, 또 얼마만큼……. 이런 얘기들을 계속할 필요가 있을까? 그는 능력있는 배우이기 때문에 역할을 맡게 된 것이며, **이 일화는** 그의 재능만큼이나 그의 기술도 인정받고 있다는 것을 의미한다. 배우에게 있어서 순발력이란, 전체 예산의 여유가 점점 줄어들고 그만큼 배우들의 리허설 시간이 줄어드는 이런 시점에서 더욱더 필수적이며 보편적인 조건이 되고 있다.

다양성

연기에 있어서는 명약처럼 남용되는 단어가 이 다양성, 혹은 변신이 아닌가 싶다. 배우가 되고자 하는 가장 근본적인 이유가 다양한 인물을 살아내고 싶은 욕구 때문이라고 표현하는 사람들도 많이 보아왔다. 그러나 반면 나의 입장은 한 가지만 하라는 쪽인 것처럼 보였을지도 모르겠다.

꼭 그렇지만은 않다. 나 또한 연기자의 다양성에 대해서 적극 동감한다.

대본을 수령하기 전, 2주 동안
가능한 훈련을 다 해본 다음,　　　　　　　　　**연기하라.**

리허설 첫 날에 동작선과 디테일들을
만들어본 다음,　　　　　　　　　　　　　　**연기하라.**

특이한 안무와 독특한 행동을
스스로 해결한 다음,　　　　　　　　　　　　**연기하라.**

몇 주에 걸쳐서 자료 조사, 독서,
영화 관람, 강의를 들은 다음,　　　　　　　**연기하라.**

자신에게 가장 무서웠던 경험, 그리고
아버지의 죽음 같은 것들을 얘기해본 다음,　　　　　**연기하라.**

안녕하세요, 처음 뵙습니다. 이게 대사입니다.
다른 것은 신경 쓰지 말고, 촬영은 내일입니다.
이 상황에서,　　　　　**연기하라.**

시나리오에서 바뀐 부분입니다. 당신의 캐릭터를
바꿔야 하겠지만, 10분 내로 촬영 들어갑니다.
이 상황에서,　　　　　**연기하라.**

좋은 배우의 다양성이란 어떤 악조건 속의 리허설 상황에서라도 연기할 수 있는 경우를 일컫는 것이다.

연기의 과정

연기의 진행 과정을 이렇게 요약해보면 어떨까?

관객은 무엇을 알고 싶어하며, 무엇을 느끼고 싶어하는가?

그렇다면 어떻게 전달할 것인가?

이제, 관객이 믿을 수 있도록 만들어보자.

나의 유명한 재채기 연습을 통해서 이 과정을 설명해보고자 한다.

갑자기 나는 큰 재채기를 한다. 손수건으로 코를 푼다. (코 푼 손수건을 다시 집어넣기 전에 얼른 손수건을 슬쩍 본다.) 관객들은 민망해한다.

물론 이 모든 과정은 거짓이다. 나는 관객에게 꽉 막힌 코를 풀고 있다는 것을 전달하고자 했지만, 조금 야만적인 얘기일런지는 몰라도, 내 코 안에는 진짜 점액의 물질이 없었기 때문에 진짜 같을 수가 없었던 것이다. 이런 효과를 내서 정말로 그렇게 믿게 하려면, 입술과 혀를 사용해서 코를 푸는 것 같은 **소리**를 만들어내면 된다. 다시, 재채기를 하는 상황을 이와 같이 연출하고 나서 손수건을 흘낏 보면, 관객들은 이것을 사실로 받아들이게 된다. 그러나 실제로는 코를 푼 것이 아니라 입술로 '부르르르' 하는 소리를 낸 것일 뿐이다.

목표는 무엇인가?

이 목표를 어떻게 달성할 것인가?

이제, 관객이 그것을 믿을 수 있도록 만든다.

"자연스러운 연기를 해야 합니다. 그러나 그렇게 하면 극의 템포를 멈추게 하기 때문에 배우 자신은 **자연스러울 수가 없지요.** 그 흐름을 따라서 역할의 성격이 표출될 수 있도록 항상 유념해야 합니다." — 존 웨인의 텔레비전 인터뷰 중에서

"대사는 가능한 한 빨리 하고, 동작은 가능한 한 천천히 하라."

<table>
<tr><td>

연기의 과정

· 관객은 무엇을 알고 싶어하며, 무엇을 느끼고 싶어하는가?
· 어떻게 전달할 것인가?
· **이제**, 관객이 믿을 수 있도록 만들어보자

</td><td>

"대사를 하기 직전까지 리액션을 아껴두는 것이 좋다. 감독은 바로 당신의 리액션 장면에서 편집할 것이다." — 피터 바크워스(Peter Barkworth)의 저서 『연기에 관하여 *About Acting*』에서 감독 가이 해밀턴(Guy

</td></tr>
</table>

Hamilton)의 말

감독과 일할 때

(이 책을 읽고 있는 독자가 감독이라면, 감독이란 단어를 프로듀서로 바꾸면 된다.)

연극 연출보다는 영화 감독이 시간과 훨씬 더 치열한 전쟁을 한다. 그들에게 시간이란 영원한 적이며, 따라서 작품 전체에 대한 의식이 없을 것 같은 배우들과 긴 논쟁에 휘말리는 것을 전혀 달가워하지 않는다. 감독보다 우세한 위치에 있지 않은 이상, 그들과 정면 충돌하는 일은 가급적 삼가는 것이 좋다. 감독은 배우들과의 관계에서 지기를 싫어하며, 종종 그 배우를 교체해버리는 것으로 문제를 해결할 수도 있기 때문이다.

오히려 감독에게 조언을 구하라. 감독들은 대개 도움을 청하는 배우들에게는 쉽게 **넘어가게 되어 있다.** 왜냐하면 배우에게 어떤 대안을 제시한다는 것은 문제를 해결할 수 있는 실마리를 제공해주는 것이 되고, 그러면 감독의 입장에서는 존경과 감사를 얻을 수 있기 때문이다. 서로 충돌하게 되면 결국 감독이 할 수 있는 최대의 타협은 물러나 앉아버리는 것이지만 그래도 여전히 불쾌한 감정은 남아 있을 수 있다. 그러나 도움이 필요하

> ### 최종적인 연기의 비밀
>
> - 자기 방식을 도입하라
> - 연기의 역사는 항상 관객과 함께였다
> - 메소드 연기는 특정 목적을 위한 특정한 연기 스타일 중의 하나이다
> - 실제의 삶은 우리가 상상하는 것보다 훨씬 흥미롭고, 풍부하다
> - 훌륭한 배우의 다양성이란 다양한 접근 방법에서 비롯된다
> - 항상 진실되어야 한다. 그 진실은 배우와 관객 간이지, 배우와 배우 간에게는 아닐 수도 있다

다고 한다면? 감독은 이렇게 대응할 것이다. "그래요? 자, 내가 무얼 어떻게 도 와주면 될까요?"

만약 감독이 당신에게 여러 가지 요구 사항을 들고 나온다면, **받아 적어라.** 이 방법은 여러 가지로 유용하다. 우선 감독에게 즉각적으로 반대 의견을 내놓아 벌어질 수 있는 언쟁의 소지를 예방할 수 있고, 처음에 그것을 접했을 때의 홍 분을 가라앉히고 다시 차근차근 읽어볼 수 있는 여유를 가져다주며(거기에는 분명히 타당한 부분들도 있을 것이므로), 무엇보다 가장 중요한 것은 감독의 지적 사항들을 적는다는 행위만으로도 감독과의 관계를 시인하고 인정하는 것 이 된다는 점이다. 때로는 당신이 그러한 사항들을 전부 적어놓는다는 것에 만 족한 나머지, 배우가 자신의 요구대로 실행에 옮기지 않아도 감독은 알아채지 못할 수도 있다. (한번은 무지하게 까다로운 프로듀서와 함께 일을 한 적이 있 었는데 어느날 나에게 이렇게 퍼부었다. "내가 지시한 사항들을 전부 실천하 지 않으셨더군." 나는 깜짝 놀라면서 노트를 살펴보고는 나의 실책에 대해서 깊게 사과했다. "맞습니다!" 나는 이렇게 말하고는 그 모든 것들을 다시 적어 내려가기 시작했다. 나는 나의 생각이 옳았다고 판단했기 때문에 그 뒤로도 그 의 말을 따르지 않았지만, 다시 나에게 호통을 치지는 않았다. 그러나 이것은 매우 위험할 수도 있는 충고이므로 주의해서 써야 한다!)

그러나 감독이 아무런 지시도 하지 않고, 당신을 무시하는 것처럼 느낀다면 이 는 전혀 다른 문제이다. 이럴 때는 당신을 열외시킨 것이라고 간주해버리지 말 고, 감독이 관할해야 할 영역이 너무나도 광범위하기 때문에 첫 촬영을 마칠 때까지는 연기에 집중할 수 있는 여력이 없을 수도 있다는 것을 이해해야 한 다. 감독은 그 장면이 *셋업되고 리허설을 할 수 있는 여건이 갖춰지고나서야 비로소 처음으로 그 장면의 세트와 로케이션이 어떠한가를 정확히 파악할 수 있으며, 소도구, 의상, 분장에 대한 세부 사항도 그런 연후에나 감독의 지시를 받게 된다. 그리고 경우에 따라서는 동원된 엑스트라들이 제대로 연기하고 있 는지도 살펴야 한다. 그가 시간을 쪼개야 하는 것들은 이렇게 한이 없다.

화가 잔뜩 난 배우 한 사람이 감독에게 가서 이렇게 푸념했다. "감독님, 왜 저한테는 연기에 대해 아무런 얘기도 안 해주시는 건지 모르겠어요." 감독은 이상하다는 듯이 배우를 보며 이렇게 대답했다. "나는 그냥 감독일 뿐이오. 당신이 배우이지." 이런 관점에서 보자면, 감독의 역할은 장면을 연출하고 선택하는 것이고, 배우의 역할은 연기하는 것이다. (최근 얼마 전에 일일 드라마에 출연하고 있는 배우가 감격해서 나를 포옹한 일이 있었다. "아까 왜 그랬지요?" 하고 조심스럽게 그 이유를 물었더니, 그 배우가 대답하기를 "실로 몇 년 만에 저의 연기를 지적해 주신 감독님이시니까요." 아, 그랬구나!)

작가와 일할 때

연속극에 고정으로 출연하게 되든 아니면 한 번 작은 역할을 맡게 되든, 작가는 그 인물을 맡은 배우의 역량을 보기 전까지는 그 역할에 대해 명확한 성격을 구축해놓지 않았을 수도 있다. 배우가 다양한 연기를 구사하는 것을 발견하고나면, 작가는 당신의 역할 비중을 키우는 쪽으로 작품을 재검토하기도 한다는 얘기다. 물론 당신이 고정 배역으로 출연하고 있는 경우라면, 당신의 강점을 '보여줌'으로써 작가들에게 당신의 역할을 살찌우게 하도록 일조할 수도 있다. 일일 드라마에 출연하는 좀 수다스런 배우들이 일상에서 벌어진 일(사실이든 아니든)을 작가들이 듣는 곳에서 말했다가, 대본에 똑같은 상황이 쓰여진 것을 보고 깜짝 놀라는 것은 흔하게 일어나는 일이다.

무엇을 어떻게 하든 고통을 표출하는 것에 능숙해지도록 한다. 앞에서 언급했던 존 배리모어를 기억하라!

제9장

오디션
Auditions

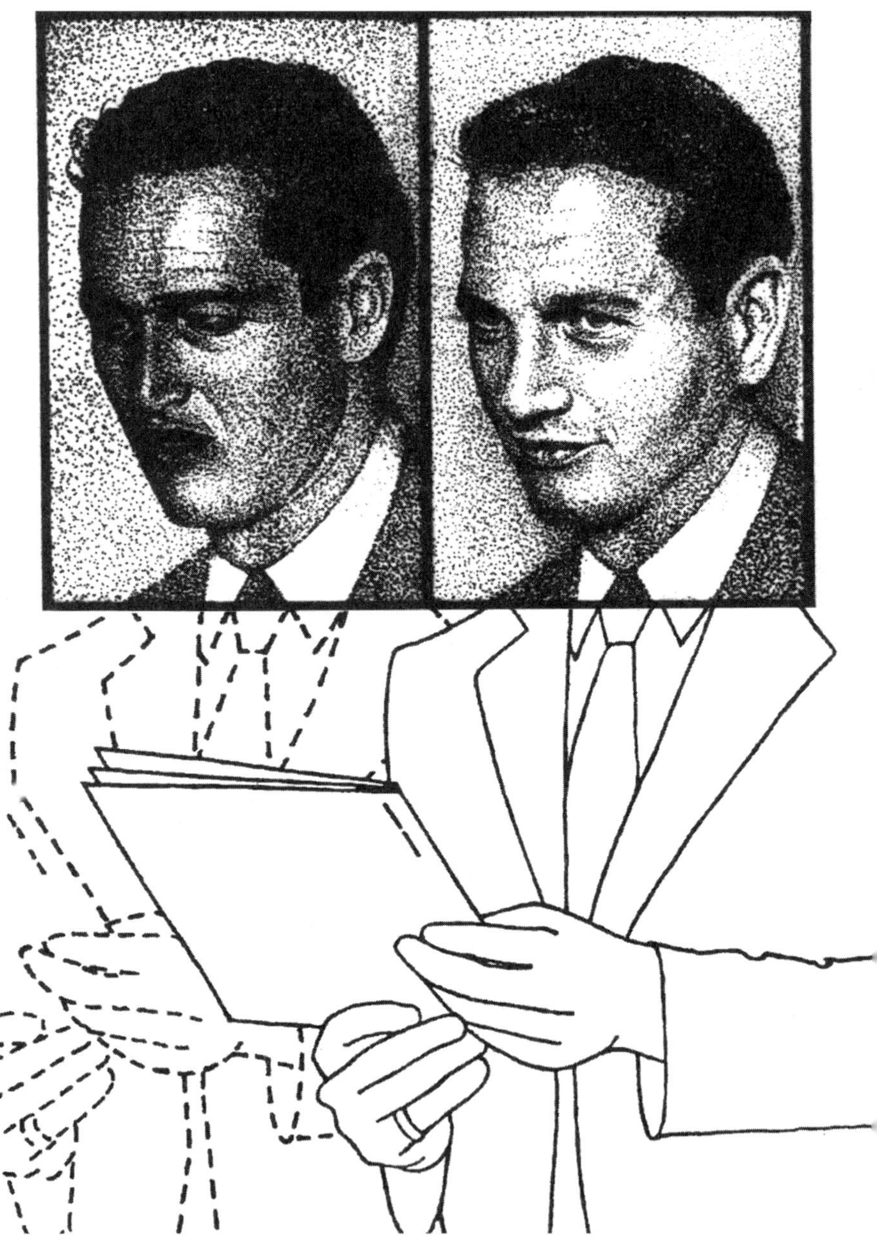

폴 뉴먼

오디션

오디션이란 단순히 앞으로 나를 배우로서 고용할지도 모르는 이들을 만나 주어진 대본을 읽는 것에 그치는 것이 아니다. 오디션이란 캐스팅을 책임지고 있는 담당자들이 당신의 사진을 보게 되는 그 순간부터 오디션, 미팅, 리딩의 과정을 마치고 집으로 돌아오고나서야 끝이 나는 것이다.

모든 배우들이 자신을 대변할 수 있는 사진을 가지고 있고, 어떻게 해서든 배역을 맡으려는 의지가 강한 나머지, 잠재적인 고용주에게 자신의 자료와 더불어 사진을 보내준다는 것은, 사진에 의해 당신의 연기가 평가되는 타입 캐스팅에 대해 이미 동의하고 있다는 것이 된다. 더 엄밀히 말하자면 고용자의 입장에서는 사진을 통해서 배우의 연기 스타일까지도 예측할 수 있다는 것이다. 그렇게 되면 가장 큰 비중을 두고 검토되는 것은 바로 당신의 겉모습이다.

이 부분에 관해서는 제7장 '타입 캐스팅'에서 충분히 거론된 바 있다.

오디션 당일에는 언제 어디서 오디션 관계자들을 만나게 될지 전혀 예측할 수 없으므로 오디션 장소의 반경 백 미터 내로 진입하게 되면 일단 만반의 준비 태세를 갖춰 놓는 것이 좋다. (누군가 커피라도 한 잔 마시고 오는 길에 서로 우연히 마주칠 수도 있다.) 대기실에서 어떤 여배우가 옆에 앉아 있는 여자에게 오디션 대본이 영 형편없다고 무심결에 말을 했다. 공교롭게도 그녀는 바로 대본을 쓴 작가였고, 오디션을 하고 있는 방에서 잠깐 숨을 돌리려고 나와 있었던 것이었다. 이 여배우는 결국 오디션을 보지도 못하고 돌아가는 사태가 벌어졌다.

오디션에 가게 되면 반지 사이즈, 모자 치수, 장갑 사이즈 등과 같은 사적인 것들을 포함해서 온갖 종류의 사이즈를 묻는 양식에 기재해달라는 주문을 받게 될 것이다. 이러한 사항들은 가장 최근의 것으로 미리 적어서 따로 준비하라. (그들이 이런 양식을 구비해놓는 것은, 배우를 캐스팅했을 때 치수 때문에 그 배우를 또 만나야 하는 번거로움을 없게 하려는 것이다. 물론 배우인 **당신의 입장**에서는 작성한 것의 99%는 버려져서 다음 오디션에서는 전부 새로 써야 하는 번거로운 일이지만 말이다.)

흥분된 가슴을 간신히 다스리며 많은 사람들이 기다리고 있는 오디션 장소에 들어선 당신은, 바로 당신 같은 사람들로 그 곳이 꽉 차 있다는 것을 발견하게 된다. 어쩌면 그렇게 나와 비슷비슷하게 생긴 배우들이 이렇게 많을 수 있을까 하면서 새삼 경악하게 될 것이다. 그렇다고 해도, 아직은 당신도 당신의 어떤 면을 찾고 있는지 전혀 아는 바가 없으니 낙담은 금물이다. (오히려 당신과 유사한 타입의 배우가 눈에 띄지 않을 때 더 불안해질 것이다.)

당신의 본래 모습에 돌발적이고, 극단적인 변화를 줄 수 있도록 대비하라. 때로는 당신의 메니지먼트 회사가 전달받는 과정에서 실수를 해서, 당신이 오디션 준비를 한 인물은 '조깅하는 사람'이었는데 그쪽에서는 '의사'를 찾았던 것일 수도 있다. (이 사건은 실제 나의 친구에게 벌어졌던 일이다. 그때 그 친구는 자기를 조깅 나온 의사라고 납득시키기 위해 무던히도 노력을 하였건만, 그들은 와이셔츠와 넥타이 이미지를 벗어나서 생각할 수 없었고, 도리어 하얀 의사 가운과 청진기의 이미지만을 떠올렸다.)

남,여를 불문하고 배우는 자기 이미지의 변화를 위한 최소한의 소품—넥타이, 티셔츠, 고급 혹은 싸구려 악세사리, 우스꽝스런 모자, 기타 등등—들을 항상 준비하고 다닐 수 있어야 한다.

때로는 헤어스타일이 당신의 눈빛을 흐릿하게 할 수도 있기 때문에 머리에 관한 한은 특별히 세심한 주의를 기울여야 한다. 인터뷰를 하거나 리딩을 하거나 즉흥 연기를 할 때는 대개 당신의 연기를 측면에서 관찰하므로, 머리가 흘러내려서 눈을 가리면 연기의 의도를 보여주지 못하게 된다는 것을 잊어서는 안 된다.

오디션에 참가해서 대기실 같은 장소에서 다른 사람이 하는 말을 너무 귀담아 들으려 하지 말아라. 당신의 경쟁자인 그들에게는 **당신의** 관심사가 그다지 중요할 리가 없고, 설령 그렇다 하더라도 캐스팅 담당자가 찾고 있는 것에 대해서 잘못 알고 있을 수 있기 때문이다.

본인의 실제 나이를 말하지 말라고 충고하고 싶다. 그런데도 그들이 계속 우기면, 배우들은 전부 나이를 속이지 않느냐는 재치 있는 대답으로 넘겨라. 그리고는 속여라. 한번은 열 여섯 살 짜리 배역을 연기할 인물을 찾느라 상당히 애를 먹었던 적이 있었다. 생김새와 분위기도 맞아야 하지만, 역할이 까다로운 편이어서 재능과 더불어 경험도 충분해야 했으니 적당한 인물을 찾기가 여간 어려운 것이 아니었다. 그러던 중 목소리도, 외모도 내가 찾던 이미지에 딱 맞는 여배우가 찾아왔다. 그래서 나는 그녀에게 진짜 나이가 몇 살인지 말하지 말아달라고 했으며 그녀는 나이를 말하지 않았다. 제작자가 그 여배우의 나이를 물었을 때도, 나는 거짓말로 대강 넘겨버렸다. 결국 그 역할은 그녀에게 돌아갔고, 좋은 연기를 보여주었다. 작품이 다 끝나고난 뒤, 나는 그녀에게 진짜 나이가 몇이냐고 물었다. 그녀는 마지못해 하면서 실은 스물 아홉이라고 말해주었다. 그리고 더욱 놀라운 사실을 내게 토로했는데, 이번 작품의 제작자는 몇 년 전에 스물 두 살 짜리 역할을 하기에 너무 나이가 먹었다는 이유로 자기를 탈락시킨 그 제작자라는 얘기였다! 만약 나도 그녀의 실제 나이를 알았다면 그녀를 탈락시키는 쪽으로 기울었을지도 모른다. 그러나 나는 그 여배우가 나이를 속여준 것에 대해 만족했으며, 더욱이 그녀의 연기에 대해서는 아주 흡족했었다.

30대이면서도 10대 역할을 하고 있는 배우들이 있으며, 중년이면서도 청소년 역할을 소화해내고 있는 배우들도 있다. 당신이 어떻게 보이는가를 알아내어 **그 나이를** 인정하고 즐겨라.

극 중 배역에 대한 오디션

특정한 배역에 관한 대사를 오디션 중에 읽어야 한다면, 미리 대본을 입수하여 준비하는 것이 당연하겠지만, 즉석에서 대본을 받고 그것을 소화해내야 하는 경우가 더 많기 마련이다.

주어진 것의 의미, 어려운 단어들을 면밀하게 검토하느라 너무 많은 시간을 보내지 말라.

어디쯤에서 **리액션**을 해야 할지 결정하라.

효과적인 비즈니스를 찾아내어 이용하라.

상대방의 대사에 대한 적극적인 **듣기**를 연습하라. 이 점에 대한 부분을 환기하고 싶다면 제5장 '리액션과 비즈니스'를 다시 한 번 읽어보는 것도 좋겠다.

감독뿐만 아니라 제작자, 그리고 에이전시 관계자들이 동석해 있는 오디션 장소에 들어설 때, 이미 오디션은 시작된 것으로 보아야 한다.

발레리나는 플리에(plié)가 어떻게 하는 것인지 알고 있지만 매일 그것을 연습

한다. 음악가는 음계를 알고 있지만 여전히 그것과 씨름한다. 테니스 챔피언 선수들은 공치는 방법, 서브하는 방법을 알고 있지만 매일같이 연습을 게을리 하지 않는다.

배우들은 스스로 얼마나 연습을 하는가? **그리고 무엇을 하는가?**

어떤 공간을 가로질러 걸어 들어와 악수를 하며, "안녕하세요?"라고 말하는 것을 배우들은 얼마나 연습해보았는가?

얼토당토 않은 질문이라고 생각되는가? 그러나 긴장으로 인해 얼버무리게 되는 인사말과 열의라고는 느껴지지지도 않고, 손바닥엔 땀이 배었든 말든 아무 생각도 없이 대충 하는 악수 때문에 얼마나 많은 배우들이 캐스팅될 수 있는 절호의 기회를 놓치게 되는지 아는가? 첫 대면에서 인사를 어떻게 할 것인가도 **오디션**의 일부이다. 그런데도 너무나 많은 배우들이 여전히 그것을 그 날의 기분과 닥치는 상황에 쉽사리 떠맡겨버리고 있다.

지금 당장 한번 연습을 해보자. 주변 사람들 모두와 악수를 하면서 "안녕하세요?" 하고 인사를 나누고, 그 느낌에 대해서 함께 토론해보자. 누구와 했던 악수가 다른 사람들보다 나은 것 같은가? (분명히 그런 느낌이 드는 사람이 있을 것이다.) 왜 그렇다는 생각이 들었을까? 다른 사람들이 당신의 악수가 좋다고 할 때까지 시도를 해보라. 어쩌면 당신이 오랫동안 다른 사람들과 해왔던 악수의 방법이, 아무도 싫다고 드러내서 얘기하지는 않았지만, 전부 싫었을 수도 있다.

혹시 손이 땀에 젖어 끈적거리는가? 그렇다면 파우더를 묻힌 분첩을 준비하는 것도 한 방법이다. 혈액순환이 잘 안 되어 항상 손이 차가운 편인가? 그렇다면 작은 손난로 같은 것을 주머니에 넣고 가보자. 악수를 할 때 굳은 의지와 긍정적인 모습을 보여준다는 것이, 손가락에 너무 힘을 주어 상대방의 손을 찌르듯이 잡지는 않는가? 만약 그렇다면 손을 잡는 다른 방법을 연습하는 것이 좋다. 악수란 그 사람의 성격이 드러나는 행동이기 때문이다. 왜소한 사람이 악수를 의외로 크게 하거나, 또 체격이 큰 사람이 반대로 하면 상대방의 입장에서는 혼란이 올 수 있으며, 마찬가지로 육감적인데 무뚝뚝한 악수를 한다거나, 전혀 그렇게 생기지 않았는데 육감적인 악수를 하는 것도 그렇다.

오디션의 심사위원들은 으레 당신에게 몇 가지 짤막한 질문을 하면서 오디션을 시작할 것이다.

왜 그럴까?

그들은 **진심으로** 당신이 지난 주말에 어디서 무엇을 했는지 궁금한 것이며, 당신이 가장 마음에 들었던 배역은 무엇인지, 그리고 어쩌면 당신이 목욕탕 물을 받고서 수도꼭지를 등지고 앉는지 수도꼭지를 바라보고 앉는지를 알고 싶은 것이다. (물론 수도꼭지에 등을 대고 앉을 사람은 나말고는 없을 테지만, 그들이 원하는 것은 논리적으로 상황에 맞는 대답이 아니라, 감정을 과장하지 않고 솔직담백한 말로써 표현해주기를 바라는 것이다.) 사실 그들은 '연기' 하지 않을 때 당신이란 어떤 사람인지, 자연스런 원래의 목소리는 어떠한지, 당신의 꾸밈없는 모습은 어떠한지를 알고 싶어하는 것이다. 이런 경우, 오히려 자발적인 태도를 보여라. 대화를 이끌어나가라. 당신의 능력을 드러낼 수 있는 일화를 얘기하라. 그럼으로써 당신에 관해 필요로 하는 정보를 얻을 수 있게 그들을 **도와주어라.**

본격적으로 리딩을 해야 하는 순간이 왔다. 이 과정에서는 통상 카메라를 동원해서 당신의 연기를 녹화하게 된다. 만약 여기서 당신의 재능이 인정되면, 많은 관계자들이 당신을 담은 녹화 테이프를 보게 될 것이다. 이 테이프가 결국 누구 손에까지 가게 될지는 모르는 일이므로, 당신의 연기가 진가를 발휘할 수 있도록 최선을 다해야 한다는 것을 다시 한 번 명심하기 바란다.

이때 당신의 어느 한 쪽에는 모니터가 놓여 있을 것이다. 당신이 리딩을 할 때, 당신을 스크린으로 보려고 그렇게 위치시키는 것이다. 그렇다면 당신은 당연히 **스크린 연기**를 해야 한다.

리딩의 과정은 두 가지로 구성되어 있다. 이 두 가지는 똑같이 다 중요하다.

1. 주어진 대사의 전달력과 소화력

2. 다른 사람의 대사를 듣는 리액션

가장 좋은 태도는 시선이 떨어지지 않도록 그 높이를 유지하고, 상대방의 대사를 눈을 반짝거리면서 적극적으로 듣는 것이다. 주고받는 대사 중에 상대방이 대사를 끝냈을 때에만 시선을 대본으로 가져가서 자신의 다음 대사를 읽는다. (이를 위해서 당신의 엄지손가락이 다음 대사가 시작되는 곳을 가리킬 수 있도록 하는 방법이 있는데, 읽어야 할 부분이 되면 엄지를 다음 대사로 옮기면 된다.) 다시 한 번 이 장의 도입부에 실린 그림을 살펴보자. 폴 뉴먼이 대본을 읽느라 고개를 숙인 그림과, 얼굴과 시선을 들고 있는 그림의 차이를 주의 깊게 살펴보기 바란다.

상대방의 대사를 읽어주는 사람이 경험도 전혀 없고, 감정도 살아 있지 않은 단조로운 어투라고 생각될 수도 있다. 그 이유는 연기를 해야 하는 것은 당신이지 상대역을 해주는 사람이 아니기 때문이며, 혹은 '감정을 배제한' 연기를 해달라고 **주문받았기** 때문이기도 하다. 그러므로 오디션을 받는 당신이 훌륭한 연기를 해서 원하는 바를 성취하든 그렇지 못하든 그것은 당신의 능력에 따른 것이지, 대사를 읽어 주는 이에게 영향을 받을 성질의 것은 아니란 얘기다.

그러나 **많은** 배우들이 일단 자신의 대사 한 마디를 끝내고나면, 그 다음 상대가 어떤 대사를 하는지 전혀 주의를 기울이지 않는다. 대신에 다음 자기 대사를 훑어보면서, 앞으로 나올 문장에 머뭇거리며 발음을 제대로 못 할 만한 단어가 없는지, 유난히 어려운 단어는 없는지 확인하는 데에 여념이 없고, 나름대로 대사를 분석해서 불변의 당위성을 부여해버린다.

배우들은 왜 쓸데없는 것에 집착을 할까? 나 같은 사람을 포함해서 오디션에서 심사하는 이들이 무엇 때문에 배우가 대사 한 두 마디 틀렸다고 그렇게 **신경을 쓰겠는가?** 사실상, **나와 같은 종류의 감독이란** 배우에게 대사를 이렇게 저렇게 하라고 지시하기를 좋아하는 사람들이다. 작품에 대한 해석도 그렇다. 작품 설명은 **감독**이 해줄 것이다. 그러니 애써 주어진 대본을 분석하고, 생각을 정리해본들 누가 상관하겠느냐는 말이다. 화면에 걸맞는 매력적인 인물로서의 자기 자신에 집중하라. 만약 감독이 그 인물에게 **자신의 디렉션**이 필요하다고 느끼면, 오히려 더 가능성이 있는 것이다. (감독은 디렉션을 준다는 자체를 좋아하고, 자신이 필요하기를 바라며 그렇게 되면 배우로서는 갈고 닦은 기술을 써볼 수 있는 기회를 얻게 된다. 감독을 오디션에 끌어들여서 우월한 기분을 느끼게 하는 것도 괜찮지 않은가? 자신이 생각하고 있는 대사의 두 가지 해석 중에 어떤 것이 더 나은지 감독에게 질문하라. 다양한 방언을 **자유자재로 구사할 수 있다면**, 어떤 것이 더 적합한지 물어보는 것도 나쁘지 않은 방법이다.)

카메라 경험이 약간 있거나 전혀 없는 사람이 오디션 중에 카메라 테스트를 하게 될 때를 위해 해주고 싶은 말: 당신이 제출한 경력 사항을 보면, 당신이 연기가 가능한 사람이라는 판단은 내릴 수 있을 것이다. 어떤 종류의 무대 경험을 했는지를 통해서 말이다. 서류를 봤을 때 당신이 텔레비전이나 영화에 전혀 경험이 없거나 극히 적은 횟수의 경험뿐이라면, 나의 입장에서는 당신이라는 배우가 혹여 '너무 연극적'이지 않을까 염려하게 될 것이다. **그렇기 때문에** 오디션에서의 샷은 시종일관 익스트림 클로즈업 샷이라 가정을 하고 연기해야 한다. 다시 말하자면, 당신이 연극을 해본 경험이 있는 배우이므로, 당연히 롱 샷, 더 나아가 미디엄 클로즈업 샷 개념의 연기는 할 수 있다는 것이라는 것을 우리는 **알고 있다.** 그러나 과연 클로즈업 연기도 가능할까? 다시 한 번 제1장 '스크린 VS 무대'로 돌아가서 앞에서 거론한 의미들을 되짚어보는 것이 좋겠다.

어떤 배우든지 너무 깊이 있는 표현을 하고, 조용하게 대사를 한다고 해서 역할을 맡지 못하는 경우는 없다고 생각한다. 오히려 대부분이 너무 큰 소리로 대사를 하고, 카메라에 비친 자기 자신의 연기에 충실하기보다는 오디션 관계자 전체를 감동시키는 데에만 너무 몰두하기 때문에 탈락되는 것이다. 말하자면 **너무 연극적**이라는 것이다. 제6장 '사운드와 발성 볼륨'을 참조하기 바란다.

리딩이 끝난 후에도 심사위원들이 뭔가 추가로 질문을 던지면, 기뻐하라. 그리고, 그들의 시간을 당신에게 좀더 투자하는 것을 마음껏 활용하라. 만일 대본에서 어떤 부분을 다시 읽어줄 것을 요구하면, 그들이 이 부분에서 어떤 변화를 원하는 것인지 주의를 기울여서 **정확하게** 파악해야 한다. 그들은 당신이 특별하게 더 뛰어난 연기를 한다고 확신할 수 없고, 또한 직접 확인해보지 않고는 프로듀서를 납득시킬 수 없기 때문에 당신이 직접 그 순간, 그 장소에서 그것을 **입증해주어야만** 한다.

다른 말투, 다른 자세, 어쨌든 뭔가를 전혀 다르게 표현하라는 경우에는 어떻게 해야 할까? (나의 경우, 주입식 교육을 받아 개성 없이 다량으로 배출된 배우 지망생이라고 느껴지거나, 그 전에 오디션을 너무 많이 받아서 자기 나름대로의 공식이 생겨버린 배우라고 느껴질 때 가장 애용하는 질문이다. "다시 한 번 해주세요. 전혀 다른 느낌으로." 그리고는 어디에서 비싼 돈을 지불하고 배운 연기나 '친구의 조언'으로 만들어진 것이 아닌, 그 **배우 본연의 모습**은 어떠한지를 살핀다.) 각별히 유의해야 할 것은 뭔가 다른 것을 해보라는 주문을 받았을 때, 소리는 절대로 커지지 말아야 한다는 것이다. 내가 겪었던 바로는, 훌륭하게 클로즈업 리딩을 소화해낸 배우가 다른 말투, 다른 자세를 해보라고 하면 갑작스럽게 극장 저 뒤 발코니에서나 봐야 할 연기를 하는 것을 자주 보

있기 때문에 덧붙여두는 것이다.

무엇을 어떻게 하든, 리딩할 때보다 인터뷰 중에 재주나 끼를 발휘하려는 덫에 스스로 걸려들지 말아야 한다. 분명히 쾌활하고 재미있고 사람들을 즐겁게 만들어주는 성격의 인물인 줄 알았는데, 리딩을 할 때는 절제되고 조용하고 또 차갑다면, 우리는 다소 실망을 하거나 조금은 속았다는 느낌이 들 것이다. 당신의 기질을 살려서 배역을 연기하라. 당신이 잘 웃고 낙천적인 성격의 사람이라면, 그러한 자연스런 부분들이 역할 속에서 녹아나는 연기를 하라. 캐스팅 디렉터가 추천된 사진에서 당신을 고른 이유나, 에이전트에서 오디션에 당신을 참가하게 한 이유가 분명히 있을 것이다. 선천적으로는 한없이 명랑하기만 한데, 연기를 하겠다고 마음먹으면 돌연 무겁고 거친 대사를 하는 배우들이 참으로 많으며 그 반대의 경우도 마찬가지이다.

마고 스티븐슨(Margot Stevenson)은 꼭 트위티(만화에 나오는 고양이 실베스터가 항상 잡아먹으려고 하는 노란 카나리아)의 주인 할머니처럼 생겼다. 하루는 그녀가 할머니 역할을 오디션하고 돌아오는 길에 나와 만나게 되었다. 나는 오디션에서 어떻게 했는지 그대로 내 앞에서 한번 해달라고 했다. 그녀는 무뚝뚝하고, 심통이 난 할머니를 연기해 보였는데, 사실 그녀는 다정다감하고, 밝고, 볼도 소녀처럼 발그레한 **행복한** 할머니의 전형이었다. 내가 다시 한번 자신의 **있는 그대로의** 매너와 스타일로 해봐달라고 하자, 대사뿐만 아니라 모든 것이 만개한 꽃처럼 피어났다. "왜 처음엔 그렇게 못했지?" 하면서 그녀는 골똘히 생각에 잠기었다. 물론 그녀는 그들이 원하는 것이 그것이라고 생각하고 연기를 했던 것뿐이었다. 화가 나 있는 할머니 말이다. 그렇기 때문에 그녀의 강점과 기질을 보여주지 못하게 되었던 것이다.

그러므로 오디션을 갔는데 잘못 온 듯한 느낌이 든다면, 예를 들어, 그들이 찾고 있는 것은 '학생 같은' 타입의 배우인데 자신은 젊은 부모같이 보이는 연배라거나 오디션 장소에 가보니 전부 찬란한 금발 머리인데 본인만 검은 머리인

상황이 발생하더라도, 다른 배우들에게 적용되는 기준에 맞춰 경쟁하려고 노력하지 말 일이다. 다른 사람들도 마찬가지로 이런 일들을 꽤 많이 겪었을 것이다. 그보다는 **당신의** 이미지와 개성에 집중하여, 오디션 담당자들에게 찾고 있는 배우는 **당신**일 거라는 확신이 들게 하라. 당신에게 불가능한 것을 위해 헛되이 노력하지는 말라. 제7장 '타입 캐스팅'에서 지적했던 것처럼 **항상** 당신의 의지대로 연기하라.

오디션을 하게 되면, 오디션 심사를 하는 당사자들은 엄청나게 많은 사람들을 만난다. 그러므로 좋은 인상을 남기려면 너무 오래 있지 않는 것이 좋다. 가끔은, 당신의 잘못은 아니지만, 당신이 들어서는 순간에 이미 그들은 당신이 그 역할에 맞지 않는다는 것을 아는 경우도 있다. 항상 짧은 시간 안에 당신의 인상을 심어주도록 신경써야 하며, 민첩하게 퇴장하여야 한다. 그렇게 하는 것이 호감을 살 수 있는 방법이며, 그래야 우리 같은 사람들도 화장실에도 좀 가고, 잠깐 커피라도 한 잔 마시지 않겠는가!

퇴장할 때도 특히 유의해야 한다. 리딩을 할 때는 좋은 인상을 심어놓고, 퇴장할 때 도망치듯 슬금슬금 나가는 것만큼 보기 싫은 것도 없다. 복도에서 한숨을 쉬거나 신음소리를 내거나 비통하게 울거나 하면 **안 된다**. 바깥에서 누군가가 오디션이 너무 힘들었고, 특히 누구누구가 어땠다느니 하는 소리를 들으면 우리같이 오디션에서 점수를 매겨야 하는 사람들은 몹시도 기분이 상할 수 있기 때문이다.

언젠가 젊은 배우 한 사람을 오디션했던 일이 생각난다. 오디션은 아주

> ## 배역 오디션을 볼 때 유념해야 할 사항
>
> · 최선을 다한다는 자세로 임하라
> · 외모를 변화시킬 수 있는 준비를 하라
> · 첫 대면을 위한 인사를 연습해두어라
> · 나이는 속여라
> · 주어진 대본에서 찾을 수 있는 리액션은 가능한 한 전부 연구해놓아라
> · 익스트림 클로즈업 샷에 맞게 연기하라
> · 우아하게 퇴장하라

순조롭게 끝이 났다. 그가 가고난 뒤, 나의 비서가 "아주 행복에 겨운 배우가 저기 가는데요."라고 말을 하길래 창 밖을 내다보았더니, 공원 담장을 껑충껑충 뛰어넘으면서 기분이 좋아라 가고 있는 그 젊은 배우가 보였다. 나와의 만남이 진심으로 즐거웠던 것이다.

그는 그 역할을 맡았다.

광고를 위한 오디션

광고에서는 솔직히 순간의 표정, 순간의 웃음을 위한 역할일 뿐인데도, 얼마나 경쟁이 치열하며, 또 오랫동안 얼마나 많은 사람들을 오디션해왔는지 놀랄 것이다.

오디션은 대개 캐스팅 디렉터와 카메라가 한다.

많은 경우 프로듀서나 감독은 직접 참여하지 않으며 대신 가장 '최선'이라고 판단된 결과를 비디오 테이프로 받아본다. 그렇기 때문에 만약 당신이 오디션을 통해서 뽑히게 되었다면, 프로듀서나 감독은 오디션에서 입었던 것과 같은 옷의 사람을 보게 될 것이라고 기대한다는 것이다.

한번은 내가 알고 있는 배우가 이런 문제에 부딪친 적이 있었다. 광고에 캐스팅이 되었으니 깔끔하게 보여야겠다고 생각하고 머리를 잘랐는데, 바로 그게 문제였다. 그가 캐스팅 된 이유는 얼굴에 흘러내리는 **바로 그 머리 때문이었는데**, 그 머리를 잘라버렸으니 말이다.

배우는 상황에서 요구되는 것들을 신속하게 만들어낼 수 있는 능력이 필요하다. 유럽에서는 다량의 광고들에 영국 출신의 배우를 기용하고 있다. 영국 배우들이 개런티가 싸기 때문만이 아니라, 모든 면에서 단연 빠르기 때문이다.

영국 배우들은 동기를 묻느라 시간을 낭비하지도 않으며, 촬영에 들어가기 전에 '좋다고 느낄 때까지' 기다리지도 않는다. 현장에서 그것을 곧바로 소화해낸다.

"이름과 소속을 말하고, 초콜릿을 한 입 베어먹은 다음에 '와!' 하고 말하면 됩니다." 이렇게 짤막한 것을 해보라고 할 수도 있고, 뭔가 즉흥적인 대사와 주어진 상황에 막힘 없이 대처하는 연기를 상대역과 함께 만들어내야 하는 긴 오디션일 수도 있다. 그때, 오디션을 하는 사람들은 당신이 내뱉은 의외의 효과적인 카피들을 써놓기도 한다. (사실 그렇게 하면 안 된다고 생각한다. 당신의 독창적인 아이디어를 도용할지도 모르는 일 아닌가!)

얼마나 자주 카메라 앞에 서서 자신의 이름을 말하는 연습을 해보았는가? 여러분들은 내가 무엇을 강조하고 싶어서 이런 말을 꺼내는지 이미 감을 잡았을 것이다. 발레리나들은 매일같이 규칙적으로 바에서 연습을 한다는 등등의 얘기를 하려는 것이 아니다. 여기에는 특기할 만한 사항이 분명히 있다. 오디션에 응했던 많은 사람들과 함께 당신의 정보가 담긴 비디오 테이프가 당시 부재했던 프로듀서나 감독의 손에 들어가게 되는 이상, 처음에 자기 소개를 하는 당신이 마음에 들지 않으면, 그들은 주저 없이 빨리 감기 버튼을 누를 것이다. 당신의 다듬어지지 않은 자기 소개가 그들로 하여금 '더이상 볼 필요도 없겠구나.' 라는 판단을 내리게 해서, 그 뒤에 훌륭하게 소화한 부분까지도 보여주지 못하게 되는 것이다.

그럼에도 불구하고 참으로 많은 배우들이 각기 다른 상황하에서 공개되고, 보는 사람들마다 제각각 다른 생각을 할 그 테이프에 담길 자신의 첫인상에 대해서 아직까지도 너무 무관심하다. **이 순간을** '당신'에 대한 인상을 심어줄 수 있는 기회로 활용하라. 그리고 그후에 계속되는 오디션 장면은 당신의 변형된 모습을 보여주는 기회로 삼아라.

대다수의 배우들이 "와!"라는 감탄사를 외치거나, 무엇을 보고 그것에 대해 **과장된 반응**을 보이는 것에 상당히 소극적이고 명확치 않다. 그러나 촌각을 다투는 광고 세계에서는 바로 이것을 가장 절실하게 필요로 한다. 다른 사람들과 마찬가지로 배우들도 **수천 편의** 광고를 통해 이 분명하고 극대화된 리액션을 보아왔을 텐데도, 막상 그들 스스로 그러한 리액션을 할 때는 놀랍게도 똑같이 소심해진다. 마치 텔레비전 앞에 앉아 광고를 보면서, 앞으로 언젠가는 자기도 그런 일을 해보고 싶다는 생각을 전혀 해보지 않은 것처럼 보인다. (한 작품을 장기 공연하면서, 몇 편의 좋은 광고에 출연한다는 것은 자신의 경력을 쌓아가는 데 매우 합리적인 방법이다.)

여기 숙련되지 않은 "와!"와 숙련된 "와!"가 있다. 어느쪽이 더 마음에 드는가? 당신도 숙련된 예처럼 명확한 리액션을 할 수 있는가?

광고주들이 찾는 사람은 자사의 제품을 좋아하고 그가 이번 주에 먹어보았던 초콜릿 중에 그 초콜릿이 가장 맛있다고 생각하는 사람을 찾는 것이 아니다. 지난 일 년 동안 먹어본 초콜릿 중에 최고라고 생각하는 사람을 찾는 것도 아니다. 그들이 찾는 인물은, 지금까지 자기가 **평생** 먹어본 모든 초콜릿 중에서 가장, **최고로,** 맛있다는 느낌을 확산시켜줄 수 있는 사람이다. 그들이 원하는 것은 최고이기 때문에, 당신이 그것을 만족시키지 못하면, 자신의 최선을 보여줄 숱한 사람들이 차례를 기다리고 있다는 것을 명심해라.

극도의 확실한 감정 표현만 요구되는 것이 아니다. 타이밍도 마찬가지로 중요하다. 영국에서 방영된 광고 중에 좋은 본보기가 있는데(칼스버그 맥주 광고이다), 덴마크를 여행하고 돌아오는 사람이 칼스버그 맥주를 잔뜩 무단으로 들여오는 것을 발견한 세관원이 그를 적발해내고 압수하게 될 것을 아주 기뻐하면서 올려다보는 장면이다. 클로즈업 장면에서 그는 3초 반 동안(직접 세봤다) 다섯 가지의 각기 다른 얼굴 표정을 지었다. **이것이** 바로 광고에서 요구하는 훌륭한 스크린 연기이며, 상당히 높은 난이도의 연기이다. **지금 당장** 한번

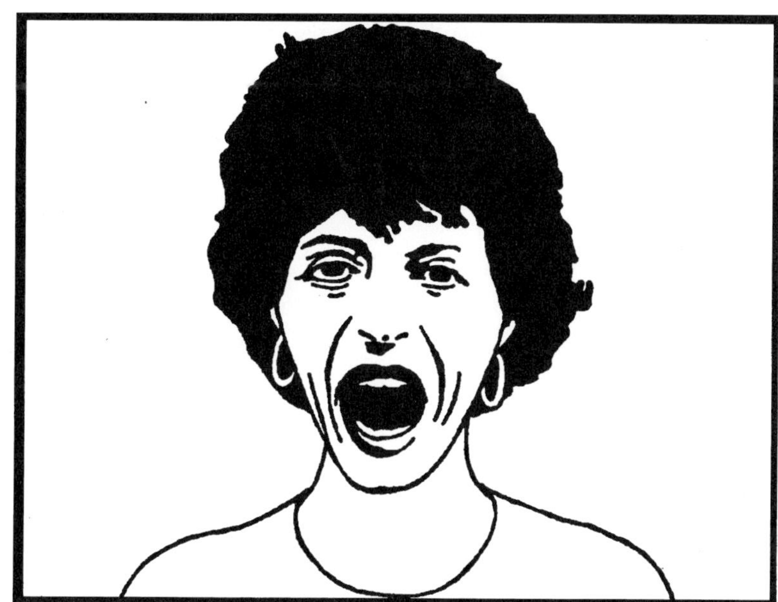

숙련되지
않은 "와!"

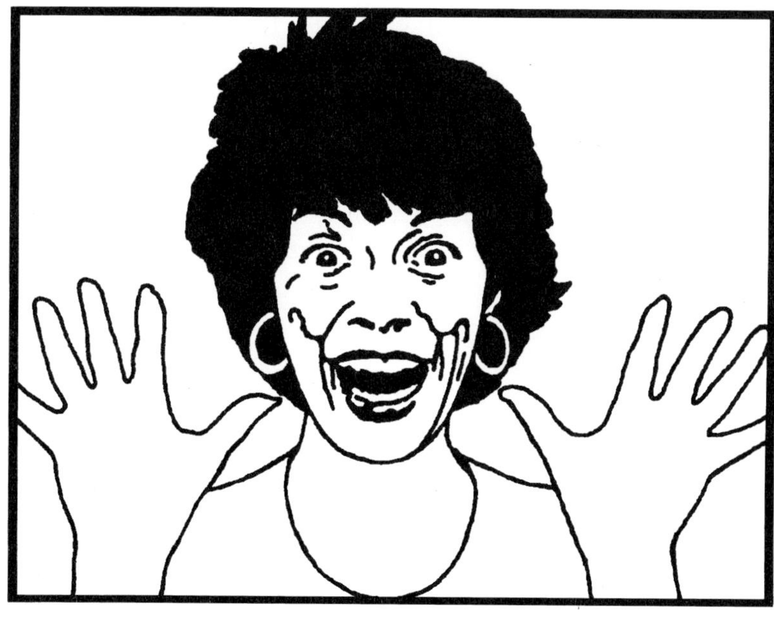

숙련된
"와!"

시도해보라. 이러한 표정 변화도 마찬가지로, **테크닉이** 필요하다는 것을 알게 될 것이다.

어떤 오디션에서는 이미 있는 광고의 배경과 비슷한 상황을 주고, 그와 똑같이 하지는 않되 즉석에서 연기를 시켜서 당신의 재질을 살펴보려고 할 수도 있다. 그런 즉흥 연기를 요구하는 경우에는, 카메라의 위치를 기억하고, 될 수 있는 한 상대방과 가까이 서서 항상 두 사람이 함께 타이트 투 샷이 될 수 있도록 하면 당신의 얼굴은 화면에 크게 잡힐 것이다. 거듭 말하지만, 경험 부족인 배우들은 작은 무대에 선 듯한 포지션을 잡는다. 그들이 서로 간에 수평적인 거리를 유지하면 화면은 필연적으로 **와이드** 샷이 되기 때문에, 결국 얼굴의 표정은 상대적으로 아주 **작아질** 수밖에 없다. 잊지 말고 기억하라. 이 모든 것들은 당신이 어떻게 **느끼느냐가** 아니라, 카메라가 **보는** 관점이다.

대개 이런 종류의 즉흥적인 오디션에서는 사운드를 녹음하지 않을 때가 많다. 이런 경우, 이미 비싼 대가를 치르고 섭외한 역량 있는 카피라이터가 대기하고 있으므로 그들이 역점을 두는 것은 감정을 전달하는 배우의 능력 여하이지, 필요한 어휘를 개발하는 것이 아니기 때문이다. 그러므로 이럴 때는 위트 있는 대사를 만들어내느라 고심하기보다는 무성영화를 찍는 것이라 생각하고 시각적인 면에 당신의 기술과 재능을 쏟아부어라.

재능 vs 결과

오디션에서 연극과 영화의 가장 큰 차이를 들라면, 연극 오디션에서는 그래도 재능과 잠재력을 찾는다는 것이다. 연극에서 오디션이란, 연습을 통해서 훌륭한 공연을 할 수 있는 배우를 찾아내는 것이다. 그러나 스크린에서는, 그리고 특히 광고에서는 재능과 잠재력을 찾는 것이 아니라 결과를 찾는 것이다. 오디션에서의 연기가 바로 앞으로 하게 될 연기라 생각하므로 만약 적합한 인물을 찾았다면, 오디션에서 했던 것과 똑같은 것을 실제 촬영에서도 해주리라고 그들은 바라는 것이다. 오디션이 바로 나에게 주어질 일이라 생각하고 임하라. 캐스팅 디렉터와 감독은 배우의 잠재력과 개선의 여지를 의심하지 않는다 하더라도, 자사의 얼굴을 결정할 권한이 있는 광고주와 그 밖의 관계자들은 직접 눈으로 확인된 것만으로 판단을 내린다.

나의 아내가 광고에 오디션을 받으러 갔을 때, 거기에는 사진을 찍는 과정까지 있어서 다양한 표정들을 지어달라고 하더란다. 그녀는 시키는 대로 하였고, 일곱 장의 폴라로이드 사진을 찍었다. 그후 오디션에서 통과되었고, 스튜디오 촬영을 하게 되었을 때, 그 광고를 촬영하기로 되어 있는 촬영 기사가 제시한 *스토리 보드에는, 그녀가 오디션에서 했던 표정들 중에 **여섯 개**의 폴라로이드 사진이 포함되어 있었다. CF 촬영 감독이나 배우는 마술을 부리는 사람들이 아니라, 카피라이터의 아이디어와 가장 잘 부합되는 그림을 만들어내야 하는 사람들이다. 결국 광고주가 원하는 것은 **오디션에서 그들이 만족한 결과를 그대로 재창조**해주는 것이다.

이런 양상은 매우 보편적이기 마련인데, 그 이유는 캐스팅 디렉터와 감독은 조금만 디렉션을 지시해주어도 이 배우가 상황에 맞게 적응해낼 수 있을 것이라고 감을 잡을 수 있지만, 광고주는 그렇지 못하기 때문이다. **광고주들은** 그들 눈 앞에 보이는 것이 그들이 앞으로 획득할 수 있는 가능성의 전부라고 간주하기 때문에, 잠재성이 아니라 결과로서 인물을 선정한다.

그렇다면 광고주의 계획안에는 부합되지 않지만, 너무나 훌륭한 연기를 해냈다고 한다면 어떤 일이 벌어질까? 만약 당신이 강한 확신을 가지고 훌륭하게만 연기한다면, 그들의 생각 자체가 바뀔 수도 있다. 또는 지금 당장은 그 일을 따내지 못했다 하더라도, 캐스팅 디렉터에게 강한 인상을 심어준 것만으로도 앞으로의 가능성은 무시 못하는 것 아니겠는가.

일을 얻지 못할 때

세상에는 당신에게 돌아오지 않는 일들이 너무나 많다. 그러나 그렇게 많은 일이 당신을 비껴나가는 것도, 생각하기에 따라서는 또 그만큼 많은 오디션의 기회가 주어질 수 있다는 **희망적인 태도로** 받아들일 수 있어야 한다. 어떤 특정한 오디션에 가서, "바로 이거야!" 하면서 단언하듯이 큰 기대로 부풀어 있다가, 자기의 바람대로 되지 않았을 때 그 결과로 인해 스스로 상처를 주는 행위는 하지 말아라. 당신이 되지 않은 이유는 여러 가지가 있을 수 있지만, 그중에 하나는 이미 캐스팅이 되어 있는 상태라서 사실 애초부터 그러한 역할을 뽑을 이유가 없는 것이었을 수도 있다. 왜 벌써 확정된 역할에 대해 오디션을 해야만 하는 것일까? 노조 간의 필요 때문에, 장소 예약 때문에, 모든 참가자들에게 취소를 통보하는 것보다 차라리 오디션을 예정대로 하는 것이 경제적이기 때문 등 열거할 수 있는 이유는 **너무도 많다.**

또는 당신의 머리 색깔이 맞지 않았을 수도 있다. 그러나 지금이라도 염색을 하면 되지 않냐고 할 필요까지는 없다. 원하는 컬러의 머리를 가지고 있는 사람을 캐스팅하는 것이 가발을 착용하거나 새로 염색을 해야 하는 것보다 훨씬 빠르고 손쉬운 일이다. 그리고 잘못 염색한 머리 색깔은 촬영을 할 때 강한 조명을 받아 더 이상하게 보이기도 한다. 보통 제대로 된 가발 하나가 배우 한 사람보다 비싸다. 나 역시도 가발 값이 들어가는 배우를 선택하기보다는, 배우 둘을 쓰는 것이 낫다고 생각한다.

이미 캐스팅되어 있는 어떤 배우의 존재를 당신이 약화시킬지도 모른다는 염려 때문에 당신을 탈락시킬 가능성도 있다. 서로 이미지가 맞는 상대역을 캐스팅하는 것은 가끔은 논리적인 연구에 상관없이 예감을 따르는 과정이라고 할 수 있다. 그러나 우리로서도 캐스팅하지 않은 배우에 대해서는 애석하기 마련이고, 특히 단지 이러이러한 이유로 당신을 선택할 수 없었노라고 잔인하게 말하는 것은 더욱 내키지 않는 일이다. 그렇기 때문에 당신의 입장에서는 '어쩔 수 없었구나.' 하고 받아들일 만한 갖가지 '이유'들을 보태게 된다. 예를 들면 너무 나이가 들었다든가, 너무 어리다든가, 키가 너무 크다, 혹은 작다, 너무 화려한 금발이다라든가, 그 반대이든가 등등 말이다. 배우를 오디션해본 경험이 있는 사람이라면, 이런 핑계를 더 많이 보탤 수 있을 것이다. 이는 실상 **진짜** 이유가 아니다. 문제는 배우가 자기에게 언급된 사소한 이유들을 붙잡고, 심지어 그것이 캐스팅이 안 된 이유라고 절대적으로 **확신하게 되어** 그 문제를 해결하려든다는 것에 있다. 그들의 입장을 고려해서 말한 것뿐인 단순한 언급을 배우들은 스스로 너무 심각하게 받아들이는 것이다.

캐스팅이 안 되었는가? 안타깝기는 하지만 다음 기회를 또 기다려보는 수밖에. 내가 여러분에게 건넬 수 있는 유일하고 확실한 충고는 **리딩할 때보다 인터뷰에서 어떻게 하면 좀더 재주나 끼를 발휘할 수 있을까 하는 노력은 하지 말라**는 것이다.

(오디션에 대한 좋은 책들이 많지만, '참고문헌'에도 나와 있는 『배역을 맡는 길 *Getting the Part*』을 읽어보기 바란다.)

캐스팅 디렉터

간혹 이 인물은 당신과 일 사이를 가로막은 뚫리지 않는 장애물처럼 보이기도 할 것이다. 그러나 이것을 일의 과정 중 하나로서 존중해야 하며, 일의 일부로서 자연스럽게 받아들여야 한다.

많은 경우 캐스팅 디렉터는 배우들을 개별적으로 인터뷰하기보다는, 잘 알려지지 않은 의외의 배우를 섭외해서 오디션을 받는 배우가 캐스팅 진행 과정에서 상대방과 어떻게 하는지를 보려 한다. 캐스팅 디렉터는 당신에게 그 역할이 돌아갈 수 있으리라고 확신하고 있는 것이 아니라, 당신이 주어진 상황에서 어떻게 연기하는지, 그리고 어떻게 대처하는지를 확인할 수 있는 기회를 만들고 자 한다.

결과가 만족할 만하다면, 당신이 역할에 아주 적합한 캐릭터가 아니더라도 일 단은 당신을 부른 캐스팅 디렉터의 위상은 세워줄 수 있다. 나와 절친한 여배 우 중 한 사람은 십 년을 한결같이 어떤 캐스팅 디렉터에 의해 불려 다녔지만, 그로 인해서 일을 하게 된 적은 한 번도 없었다. 그녀가 받은 오디션의 결과는 항상 좋았지만, 오디션에는 늘상 많은 사람들이 응시하기 때문에, 또 너무나 많은 역할들이 산재해 있었기 때문에 한 편의 광고도 출연할 수 없었던 것이 다. 그 여배우는 캐스팅 디렉터에게 한 번도 일을 받지 못해서 미안하다고 농 담처럼 얘기를 했다. "걱정할 필요없어요." 그가 대답했다. "나의 고객은 항상 **마음에는 들어했으니까.**" 이것이 그녀를 여기저기 보냈던 이유이다. 왜냐하면 그녀는 항상 자기 자신을 위해서 최선을 다했으며, 한 번도 캐스팅 디렉터에게 누를 끼친 적이 없기 때문이다.

캐스팅, 고문단, 영업부, 그리고 홍보 담당자와 같은 각 분야의 전문인들은 **전 부** 특정 상품을 판매하기에 어떤 얼굴이 적합한지에 관여하고 있는 사람들이 므로, 그 과정에는 공략해야 할 것이 많다는 것을 부언하고자 한다. 오디션에 서 좋은 연기를 보여줌으로써, 앞으로 당신의 진로에 막대한 영향을 끼치게 될 지도 모를 캐스팅 디렉터에게 명성을 안겨줄 수 있다는 사실을 기억하라.

오디션에서 떨어지고나면 얼마 동안은 그 후유증으로 의기소침해질 수 있다. 그러나 그 결과를 가지고 당신의 능력을 비하하는 것은 전혀 불필요한 일이다. 정말로 뛰어난 재능의 소유자라면 그 일은 당연히 당신에게 올 것이라고 하지 만, 반드시 **그렇지만은 않기 때문이다.** 이런 말은 결국은 일을 **맡게 된** 사람들이 자신들의 재능을 증명이라도 하려는 듯 그들 사이에서만 회자하고 있는 일종 의 신화이다. 내가 아는 진짜로 재능 있는 많은 배우들이 그들의 실력을 제대 로 발휘해보지도 못했던 것처럼, **당신도** 실제 실력에 비해서 성과가 훨씬 앞서 있는 사람들을 알고 있을 것이다.

캐스팅 디렉터란 일반적으로 광고와 영화, 텔레비전을 둘 다 관여하기 마련이다. 그러므로 스스로는 광고를 해야 할 상품에 대해 전혀 신뢰하고 있지 않거나 정치적인 이상, 환경보호의 차원에서 동의할 수 없어서 차라리 의뢰가 안 들어왔으면 더 좋았을걸 하는 상황이더라도, 그들에게 좋은 느낌을 남길 수 있도록 유념해야만 한다.

캐스팅에 관해서 첨언하고 싶은 것 하나와 우연히 길거리에서 캐스팅되었다는 스토리에 대해서 얘기해보겠다. 만약 당신이 많은 배역을 오디션해야 하는 입장이라면, 혼자 길을 가다가 우연히 어떤 특정 역할에 맞을 만한 사람을 발견할 수도 있다. 〈나 홀로 집에 *Home Alone*〉로 스타가 된 맥컬리 컬킨(Macaulay Culkin)은 수천 명의 오디션을 거치고나서야 찾아낸 결과였다. 그 영화의 대성공 이후에야 **비로소** 시나리오가 나오기도 전에 캐스팅되는 입장이 되었다. 그 전에는 "자, 시나리오가 나왔으니 캐스팅에 들어가야지."의 부류에 포함되어 있었다. 경험이라곤 전혀 없는 비슷한 수준의 배우들을 잔뜩 오디션해야 하는 경우에, 어쩌다 우연히 다른 사람들과는 달리 웬만큼 스크린에서 연기할 수 있을 것 같은 배우를 찾아내기도 하며, 이것은 그동안 캐스팅이라고 일컬어지는 과정에서 종종 벌어졌던 일이다.

우리는 이제 연극 배우는 저절로 되는 것이 아니라는 것을 알게 되었으며, 연기 훈련은 무대 위에서 연기를 하기 위한 중요한 준비 단계로 인정하게 되었다. 스크린도 마찬가지이다. 만일 요술 지팡이를 휘둘러 갑자기 우리가 무성영화 시대로 되돌아갈 수 있다면 **일부** 우리 시대의 스타들은 '새로운' 연기술을 사용하고 그것을 전파할 것

광고 오디션에서 준비해야 할 사항들

· 영화나 드라마 오디션에서처럼 한다
· 극도의 명확한 리액션을 해준다
· 가능성이 아니라, 결과를 보여주어라
· 계속 거절당하더라도 실망하지 말라

이며 몇몇 배우들은 그렇지 않을 것이다. 나는 우연을 믿지 않는다. 그보다는 어떤 특정 시대와 특정 매체에 필요한 적합한 기술을 생각하고, 분석하고, 만들어내야 한다고 생각한다.

내가 참고문헌 목록에 제시한, 새로 떠오르는 젊은 배우들의 질의와 응답을 실은 『떠오르는 세대의 배우들 *The New Breed*』이라는 책이 있다. 그중에 "같은 역에 대해 당신 말고 두 사람의 경쟁자가 있는데, 셋은 다 외모나 재능 면에서는 차이가 없다고 치자. 감독이 다른 두 사람을 제치고 당신을 선택하는 이유는 무엇일까?"라는 질문에 대한 대답이었는데, 대부분의 대답이 자신이 다른 둘보다 두려움이 없고, 더 적극적이기 때문이라는 것이었다. 문제는 바로 그들이 전부 동일한 대답을 했다는 것이고, 그들의 사진이나 매력적인 얼굴, 몸을 보건대 동일한 대답을 했다는 사실은, 그들이 부각되는 진짜 이유가 사실상 그러하다는 것을 말해주고 있다.

다음은 '옛날에 그 좋던 시절'에 비해서 요즈음은 캐스팅을 포함한 모든 과정들이 졸속이고, 기계적이라고 불평하는 모든 이들을 위한 답변이다.

1937년 '스칼렛 오하라'를 찾기 위한 대대적인 오디션을 벌일 당시 내 친구, '행복한 할머니' 마고 스티븐슨에게 오디션을 받으라는 연락이 왔다. 그 당시 그녀는 브로드웨이 연극 무대의 스타였지만, 시대 의상을 빌리고, 장면 연습을 준비하고, 그에 맞춰 헤어스타일을 하고, 리무진을 불러 오디션 장소까지 가는데는 그녀로서도 경제적으로 벅찬 일이었다.

카메라 테스트가 이루어지고 있는 스튜디오에 도착하자, 그녀에게 표시된 마크로 가달라고 했다. 그 자리에서 그녀는 이름을 말하고, 왼쪽과 오른쪽에 각각 '애쉴리'와 '레트'가 있다는 가정하에 그들을 한 번씩 바라보는 것이 오디션의 끝이었다!

그러니 다음에 언제라도 불만족스러운 오디션을 갔다오게 되면, 이제야 비로소 나도 역사 대대로 끈질기게 내려오는 오디션 전통 속의 주인공이 되었다 생각하고 전율해보는 것이 어떨까?

제10장

리허설과 테크닉
Rehearsals and Technicals

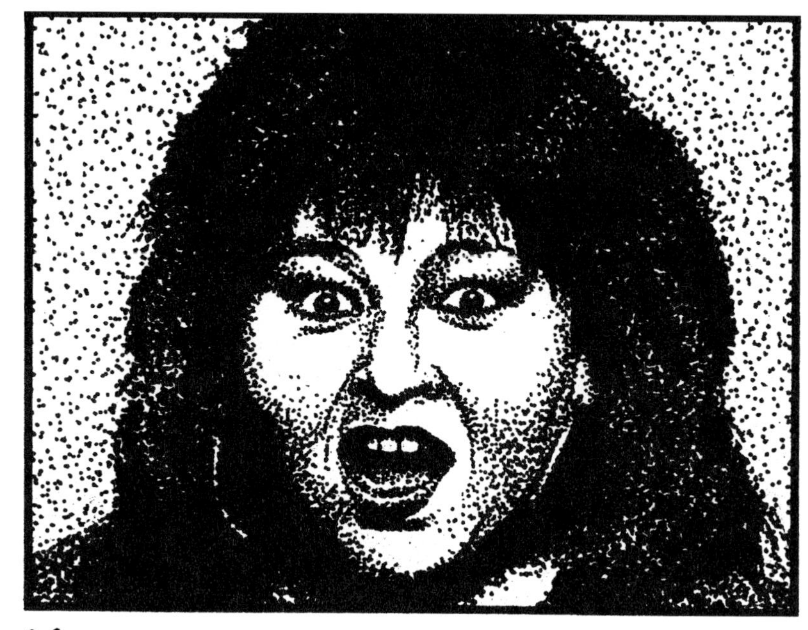

로잔느 아놀드

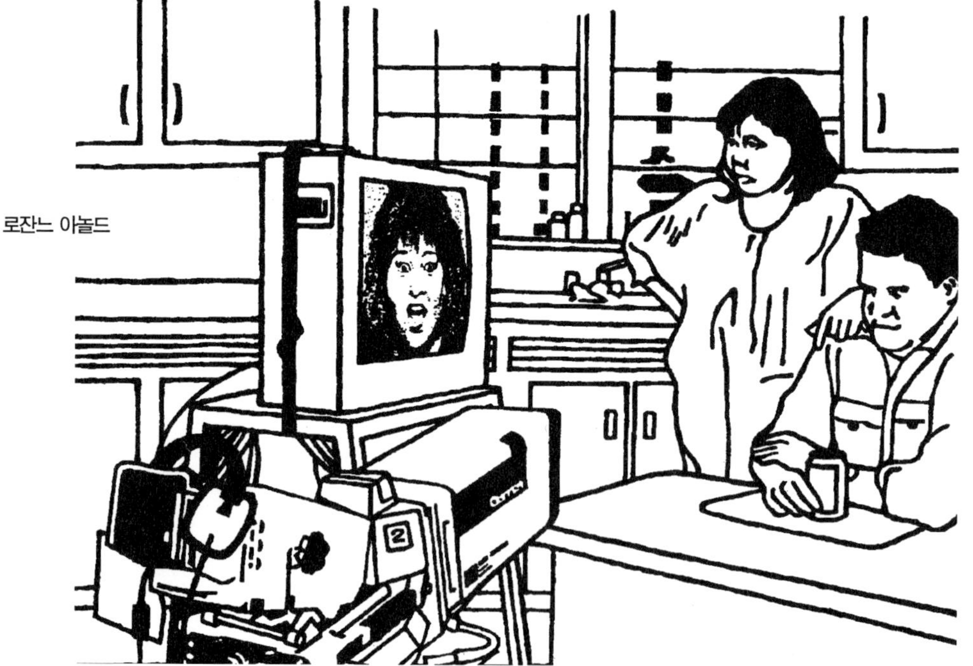

리허설과 테크닉

내가 아는 배우가 어떤 캐스팅 디렉터로부터, 단역으로 나오는 수녀 역할을 해 줄 수 있겠느냐는 전화를 받게 되었다. 과연 그 밤중에 런던에서 스코틀랜드까지 가려고 했을까? 물론 가겠노라고 흔쾌히 대답을 했고, 역으로 출발하기 바로 직전에야 수녀의 대사 몇 마디가 쓰여 있는 시나리오 한 장을 받아 쥘 수 있었다. 그날 밤 역에서 내린 그녀는 일단 호텔로 직행했다. 다음날 새벽, 제작진들은 그녀를 수녀 복장을 하게 한 채로 비포장 도로와 바람이 휘몰아치는 황야를 지나더니, 촬영 스태프들이 있는 들판으로 데려다주었다. 한 남자가 저 멀리서 걸어 올라오더니 인사는 하는 둥 마는 둥 하고는, 이 지점에 서 있으면 차가 한 대 올라올 것이니 그때 대사를 주고받으라는 말을 해주었다. 그리고는 멀어져가는 남자를, 그녀는 부랴부랴 불러 세웠다. (왜냐하면 그 사람이 바로 **감독이었기** 때문이다.) "감독님, 스코틀랜드 억양을 원하신 거지요?", "그럼요, 자, *액션!"

이런 것이 우리가 소위 일컫는 짧은 리허설이다. 긴 리허설은 이에 비해 훨씬 더 오래 걸린다. 몇 달에 걸친 자료 조사, 맡은 역할의 인물로서 생활하고 생각하기 등등 나열하자면 한이 없다. 그러나 단기간에 이뤄지는 리허설이 점점 보편화되고 있는 추세이며, 그렇기 때문에 스크린에 최고의 결과를 나타나게 하는 것은 배우, 배우의 준비 여하에 달려 있는 것이다.

지금 당신이 처음으로 스크린 매체 앞에서 연기하는 것이라면, 마치 그동안 이 일을 해왔던 배우인 **척하지 말라**. 현장 스태프들은 어쨌든 당신에게는 이번이 첫 촬영이라는 것을 대번에 알아차릴 것이므로, 그런 것에 신경을 쓰기보다는 하나라도 배우려고 노력하고, 당신의 연기를 향상시키려는 것에 에너지와 관심을 쏟는 것이 좋다. 그러니 차라리 완전 초보로 알려지는 것이 훨씬 낫다. 그렇게 되면 아무리 기초적인 질문을 해도 받아들여질 수 있으며 여러 사람들로부터 여러 가지 지시 사항들을 받을 수 있다. 그리고 그래야만 한다. 어떤 것이 가장 효과적일 수 있는지 어떻게 알 수 있겠는가? 경험만이 말해줄 것이다. 당신에게 어떤 것이 가장 유익한 것인지 알 때까지, 되도록이면 여러 사람들의 의견을 들어두어라. 분명히 장면의 동선을 그어주고, 그 장면의 전체 느낌과 가능한 비즈니스까지 설정해서 얘기를 해주었는데도 불구하고 한 시간쯤 후에 정작 촬영에 들어가놓고보니 배우가 긴장해서 전부 잊어버리는 것이야말로 감독을 분노하게 한다!

멀티 카메라 리허설

여러 대의 카메라를 쓰는 텔레비전 프로들은 영화와 견주어볼 때, 공통적인 요소들은 있지만 영화에서의 리허설과는 상당히 많은 차이가 있다. 여러 대의 카메라를 쓸 때에는, 전 장면에 걸쳐서 모든 동선이 짜여지고 연습되어야 하며, 카메라는 각각의 장면을 찍는다. 그러므로 배우와 카메라, 그리고 사운드 간의 관계는 마치도 정교하게 안무된 발레를 하고 있는 것과 같다고 볼 수 있다. 반면 싱글 카메라에서는 한 장면을 찍고나서야 그 다음 장면을 리허설한다. 싱글 카메라 영화만 찍겠다고 다짐했다고 해서 멀티 카메라에 대한 이 짧은 언급을 등한시하지는 말기 바란다.

리허설은 출연하는 배우 전부가 테이블에 둘러앉아 책을 읽는 것에서부터 시작된다. 이때가 다른 사람들에게 당신이 훌륭한 **스크린** 연기를 할 것이라는 확신을 줄 수 있는 기회의 시작이다. 첫 번째 철칙은 너무 크게 읽지 말라는 것이다. 그곳에 동석한 사람들이 관객이라고 생각해서 그들 전부를 향해서 읽지 말고 지금 클로즈업으로 찍히고 있다고 간주하고 읽어라. 상대방의 입술이 언제 움직임을 멈추는지 그 얼굴을 자세히 봐야만 자기 대사를 치고 들어와야 할 시점을 알 수 있기 때문에 그렇게 하는 배우들을 나는 알고 있다. 두 번째 철칙은 주어진 장면의 상황에서 당신의 생각과 감정에 적합한 것이라고 계획하고 있는 연기의 암시, 가능한 비즈니스와 리액션을 설정하라는 것이다. 리허설하면서 찾아야지라고 생각했다가는 당신의 동료들은 이미 저 멀리 가 있을 것이고, 그렇게 되면 너무 늦는다. 대부분의 새로 온 배우들은 그들의 선배들이 어떻게 저렇게 **빨리** 자기의 역할에 몰입하고, 또 확실한 감정을 만들어내는지에 대해 경탄을 금치 못한다. 그러나 그것은 경험이 그만큼 쌓였다는 것이고, 그들이 연기하는 것 자체가 이미 그들을 캐스팅한 원인—타입 캐스팅—이기 때문이다.

뛰어난 연기란(여기서 내가 생각하는 훌륭한 연기란 무엇인가를 꼭 이렇게 얘기하고 넘어가야 하는 것인가?) 자고로 극 중 캐릭터가 바로 그 순간에 말하고 싶은 것을 정확히 말하고 있구나라고 보여질 때를 일컫는다. 혹시 이 말이 너무 진부하게 들린다면, 이렇게 말하는 것은 어떨까? 주어진 대사는 손에 맞는 장갑처럼 꼭 맞아야 한다. 만일 그렇지 않다면, **리허설을 하는 동안에도 대사가 당신 손에 꼭 맞는 장갑처럼 되지 못했다면**, 그런 경우에는 대사를 좀 바꿔달라고 요구해보라는 것이다. 대개 연극 배우들은 이를 금기시하고, 대사란 반드시 쓰여진 그대로 해야 하는 것이며 이것이 그들의 의무라고 생각한다. 그러나 내가 지금까지 관여해온 온갖 종류의 스크린에서 경험한 바로는, 경험이 있는 배우들이 가장 먼저 자기 대사에 대한 수정안을 들고 나온다.

알다시피 작가는 작품을 쓸 당시 어떤 한 가지의 일관된 생각을 가지고 있으며, 감독은 캐스팅을 할 때 또다른 자기의 의견을 가지고 있다. 작가는 어떤 특정 지역의 방언을 연상하며 작품을 썼을 수 있지만, 당신은 다르게 소화할 수도 있다. 어떤 때는 지금 하고 있는 그 역할에 당신을 캐스팅한 이유 중에 하나가 당신의 실제 경험을 통한 특별한 지식을 작품에 가미하기 위한 것일 수도 있다. (같은 맥락으로, 의사나 간호사 역할을 캐스팅할 때 전직 의사나 간호사를 택하는 것은 상당히 좋은 아이디어이다. 그는 각 과정의 순서를 알고 있을 것이며, 운이 좋다면 다른 배우들도 대가없이 가르쳐줄 수 있을 테니까 말이다.)

당신의 대사를 한 마디라도 바꾸고 싶다면 항상 조감독이나 *스크립터와 확인을 하고 진행해야 하며, 다른 스태프들과 상대방 배우도 대본이 달라진다는 것을 알아야 하므로 최대한 미리 숙지를 시켜주어야 한다. 예를 들어 음향 쪽에서는 어떤 단어를 큐로 정해서 마이크의 볼륨을 증감할 계획으로 그 말을 기다리고 있는데, 난데없이 미리 알려주지 않은 새로운 대사를 해버린다면 몹시 화를 낼 것이기 때문이다.

그런 다음에는 장면에서의 모든 동작선을 나누고 정하는 블로킹(blocking)을 한다. 블로킹이란 카메라가 당신의 얼굴을 잡을 수 있는 동선(動線)이며, 때로는 상대방을 동시에 잡기도 한다는 사실을 잊지 말아라. 블로킹이 비교적 자유로운 편이라면, 당신이 맡은 인물로 하여금 꽃을 다시 꽂는 행위 같은 것을 자발적으로 설정함으로써, 당신이 말을 하고 있는 사람이 나의 오버 숄더로 보이게 할 수도 있다. 이렇게 하면 카메라가 당신과 상대방을 동시에 잡을 수 있도록(더불어 당신의 얼굴이 빅 클로즈업으로 잡힌다는 뜻이기도 하다) 도와주는 것이 된다. 대부분의 블로킹은 미리 철저하게 계산되어 있는 것이어서 하라는 대로 똑같이 해야 하지만, 블로킹의 숨은 의도를 이해하고 그것에 일조를 하고자 노력하는 것은 좋은 태도이다.

연극에서는 블로킹을 통해 인물의 성격을 드러내기도 하고 분위기의 전환을 꾀하기도 한다. 이런 동작선들은 여러 종류의 가능한 것들을 종합해서 시도해보기 전까지는 굳히지 않는 것이 상례이다. 텔레비전 프로그램의 리허설에서는 얼굴을 효과적으로 보이기 위해서 뿐만 아니라, 스토리를 말해주는 화면의 구도를 잡기 위해서도 모든 것이 계획되어 있다. 연습실은 대개 벽을 상징하는 테이프가 바닥에 붙어 있고 각 모서리마다 높은 장대를 놓아서 '배우의 몸이 잘리지' 않는지 감독이 확인할 수 있게 되어 있다. 이것은 카메라가 세트 안의 장면만을 찍고, 세트 끝으로 나가지 않도록 해주는 것이다.

부드러운 말투로 배우를 다루는 감독들을 조심하라.

믿을 만한 인간이 못 된다는 얘기가 아니다. 연극 연출가는 배우가 자신의 열정에 전염되기를 바라기 때문에 의도적으로 크고 잘 들리게 연출 의도를 전달하는 반면, 텔레비전 연출은 좀더 친밀한 접근을 바라기 때문에 요구와 지시 사항들은 온건하고 조용하게 전달한다. 문제는 이런 경우 듣는 사람의 입장에서는 그것이 항상 요구나 지시 사항으로 **들리지** 않는다는 것이고, 그렇기 때문에 스크린에서 지켜야 하는 절대 사항이 아닌 단순한 제안에 불과한 것이라고 가볍게 받아들일 수 있다는 것이다.

이런 리허설 시간은 하루에 다 끝나거나 그렇지 않으면 기간이 더 연장될 수도 있다. 이때 배우의 역할은 일상적이면서도 그럴듯한, 그리고 감동적인 감정선을 모두 찾아내서, 정해놓은 타이트한 프레임 **안에** 접목시키는 일이다. 그러므로 감독의 일거수 일투족을 관찰하여, 그가 계획하고 있는 샷의 종류는 무엇인지 알아내기 시작해야 한다. (아마도 감독은 미리 구상해놓은 자신의 생각들이 계획대로 적용되는지를 체크하려고 할 것이다.) **당신의 연기를 감독이 선택한 샷에 맞게 조절하여라.** 만약 그것이 불확실하다고 판단되면, 언제나 자신이 타이트한 클로즈업으로 찍히고 있다고 가정해라. 차라리 대사의 소리를 약간 키우는 것이 더 쉽지, 연극적으로 지르던 발성을 텔레비전에 맞도록 낮춰서 얘기하는 것은 상당히 어렵기 때문이다.

그 다음에 하는 것이 테크니컬 런 스루(technical run-through 기술 총연습)이다. 이 단계에서 카메라, 조명, 음향 스태프들은 진행되는 것을 보면서 촬영 중에 발생할지도 모르는 기술적인 하자들을 발견해내고 조정한다. 이때 경험이 없는 배우들이 범하게 되는 실수는, 처음으로 소위 지켜보고 있는 스태프들 이하 관객이 있다보니, 리허설 중에 무의식적으로 **연기를 한다**는 것이다. 치명적인 실수이다. 시청자 혹은 관객은 카메라가 잡은 앵글, 그리고 조명이 비추는 것을 보기 때문에 이때에 쏟아야 할 에너지, 모든 얼의와 노력은 이렇게 붐 마이크의 그림자를 피할 것이며 어떻게 하면 또 그것이 카메라에 노출되지 않겠는지, 즉 배우의 위치를 협의해야 하는 것에 쏟아야 한다.

숙련된 연기자들은 테크니컬 리허설이 무엇인지를 잘 이해하고 있으며, 이때를 이용하여 어느 순간에 샷의 크기가 변화되고, 어떤 샷이 될 것인지 파악해 놓는다. 여하간에 붐 마이크의 그림자는 어딘가에 생길 것은 분명한 일이므로, 기술 스태프들은 붐과 상호 관련된 조명을 해서 카메라에 노출되지 않도록 해야만 한다. 감독은 대개 촬영을 하는 위치에 서 있으므로(기술 스태프들이 카메라의 위치를 파악하게 하기 위해서), 관찰력이 있는 배우라면 촬영 계획과 카메라 워킹을 미리 감지할 수 있을 것이다.

로잔느 아놀드는 자신의 프로에 대해 요구 사항이 지나치게 많은 것으로 정평이 나 있지만, 시청자들이 그러한 그녀의 연기와 재능을 보고 싶어함을 어찌하겠는가. 그녀는 자신의 이름을 내건 프로를 대본의 내용, 작품의 스타일, 카메라 워킹, 샷의 크기까지도 영향력을 행사할 수 있을 만큼, 그 분야에 있어서는 전문가로서의 투철한 의식을 갖추고 있다. 이번 장의 처음에 제시한 그림에서 알 수 있듯이, 그녀는 자신이 원하는 대로 그 시퀀스가 잘되고 있는지 스스로 재점검해보고 있다. 그녀는 리허설을, 자신이 만들 수 있는 가장 최선의 프로로 만들고 그것을 확인하는 시간으로써 투자한다. 절대로 남이 알아서 다 해주겠지 하는 식으로 방관하지 않는다.

촬영 대본 외 기타의 것들

드라마를 녹화하기 위해 멀티 카메라 스튜디오를 운용하는 시스템은 악곡을 오케스트라로 연주하는 것과 흡사하다. 지휘자만이 악보 전체를 가지고 있을 뿐, 나머지는 해당 파트의 악보만을 가지고 있지만, 각자가 자신의 악보대로 정확하게 연주하기만 한다면 완벽한 교향곡이 되는 것처럼 말이다.

카메라맨 각각은 배우들이 가지고 있는 드라마 대본 같은 것은 가지고 있지 않다. 샷에 대한 설명과 함께 각 샷마다 번호가 붙여진 카메라 카드가 있을 뿐이다. 그들은 자신들이 착용하고 있는 헤드폰을 통해 자기 카메라가 찍어야 할 샷이 다가온다는 지시를 들으면, 카메라를 대기시켰다가 찍어야 할 장면을 찍고, 그 장면이 끝나면 *카메라 카드에 나와 있는 다음 샷의 설명을 보고 준비를 한다. 만약 카메라가 이동을 해야 한다면 카메라 카드에 그러한 설명이 기술되어 있을 것이고, 카메라맨은 그러한 이동을 감안해서 다음 대기 위치를 고려한 상태에서 정확한 계획을 할 것이다.

주조정실에서는 음향, 믹싱 기사(switcher, vision mixer)가 촬영 대본에 근거해서 카메라를 전환시키는 역할을 한다. 촬영 대본이란 배우의 것과 동일하되, 카메라가 전환되는 부분마다 나뉘어져 있는 것이다. 촬영 대본에는 각각의 샷에 대해서 대사를 기준으로 샷의 크기와 종류가 표기되어 있다. 또한 음악, 음향이 어느 지점에서 시작되고 사라지는지, 어느 곳에서 대사 없는 풍경 장면이 삽입되는지, 세트가 카메라에 노출되는 것을 막기 위해 배경막(flats, swingers, flippers)을 설치해야 하는지, 또 카메라의 근접을 위해서 가구나 벽난로 같은 것들을 옮겼다 어느 장면에서 원위치시켜야 하는지 등의 것들까지 세세하게 적혀 있기도 하다.

촬영 대본은 찍어야 할 작품의 혈맥과 같은 것이며, 작품의 구성을 망라한 총

서이다. 그리고 당연히 연출자에 의해 짜여진다. (그렇기 때문에 테크니컬 리허설 중에는 배우의 연기 자체보다는 창문을 통해서 당신을 잡은 제2카메라가, 문을 나서는 당신을 계속 이동하면서 잡을 수 있는지의 여부에 더 신경을 쓰게 되는 것이고, **이것이** 바로 감독이 집중하는 부분이다.) 이러한 계산은 대개 감독이 배우와 미팅을 하기 전에 준비되는 작업이므로, 감독이 현장에서 배우가 동작선을 바꾸려 하면 절대 용납하지 않으려는 것을 이해할 수 있을 것이다. 만약 그렇게 된다면 카메라의 위치나 장면의 사이즈를 많은 부분 바꿔야 하고, 카메라 카드의 디렉션에도 역시 변화가 생기는 등 단순한 문제가 아니기 때문이다.

이러한 총체적인 정보가 수록되어 있는 촬영 대본은 카메라마다 개별적인 지시를 내려주며, 부조실의 믹싱 기사에게 샷의 전환 시점을 알려주고, 무대 미술 스태프들에게는 언제, 무엇을 옮겨야 할지를 가르쳐준다. 또한 사운드 스태프 쪽에게는 언제 타이트 샷에서 와이드 샷으로 바뀌는지를 알려주어 화면이 커지기 전에 붐 마이크를 움직여야 하는 때를 정할 수 있게 해준다. 이렇게 실로 여러 가지로 활용되는 것이지만, 배우에게는 주지 않는다.

배우라면 분명히 샷의 크기나 그 밖의 것들을 알고 싶어하겠지만 연출 쪽 입장에서는 배우의 관심이 오로지 자기의 클로즈업이라는 것을 알기 때문에 배우들에게는 유출시키지 않는 것을 원칙으로 하고 연기에만 집중해달라고 주문한다. (대부분의 스튜디오에는 카메라 대본 파일이 근처 어딘가에 있기 마련이므로 원한다면 당신의 연기에서 중요한 순간이 롱 샷인지, 미디엄인지, 혹은 클로즈업인지 슬쩍 확인해볼 수는 있다. 아니면 적어도 카메라 뒤를 배회하다가 카메라 카드에 적혀 있는 'CU: 당신', '2-s: 당신과 그'와 같은 샷의 설명을 보고 미리 그 장면을 대비할 수도 있겠다.)

대단히 운이 좋은 경우라면, 테크니컬 리허설을 마치고 촬영에 들어가기 전에 드레스 리허설을 하게 될 수도 있다.

그러나 대개의 경우에는 리허설을 하고 바로 녹화에 들어가는 것이 일반적이다. 만일 시간적 여유가 전혀 없는 상황이라면(이 또한 너무나 일반적인 사례이지만), 배우들이 당연히 리허설 때와 똑같이 할 것이라는 가정하에 바로 촬영에 들어간다. 기억하라. 스크린에서는 리허설을 하고, 그 반복을 촬영하는 것이다.

싱글 카메라 텔레비전

텔레비전의 질적인 성장이란 가히 괄목할 만하다. 스테레오 사운드, 다양한 각도의 카메라 이동 장비와 *스테디캠(Steadicam), 그리고 늘어난 야외 촬영들을 보아도 알 수 있다. 이런 것들이 발달하지 않았던 시대에는 마이크의 그림자가 나와도 그냥 넘어가기도 하고, 틀린 대사가 있으면 사운드 트랙에 개 짖는 소리 같은 것을 삽입해서 실수를 가리기도 했다. 그러나 오늘날에는 집집마다 정지 화면 기능까지 겸비한 VCR이 있으므로 모든 면에서 한층 더 우수한 기술로 만들어야 할 필요가 생기게 되었다.

이는 절대적인 제작비의 증가를 가져왔고, 이러한 비용은 어디에서든 조달이 되어야 한다. 전세계적으로 이제는 공중파, 케이블 TV, 비디오 테이프 간에 광고의 수요에 대한 경쟁이 생김으로 인해 광고주의 입장에서는 오히려 광고비가 삭감되고 있는 추세이다. 그러나 방송 제작에 필요한 절대 제작비의 수입원은 반드시 있어야 하는 현실 앞에서, 리허설에 할애할 **충분한** 시간이 주어질 수가 있겠는가?

단시간 안에 제작되는 프로그램의 수요가 증가함에 따라 리허설을 위한 시간은 감소하고 있는 실정이다. (이것은 타입 캐스팅만이 점점 심화되고 있는 또 다른 이유이기도 한데, 감독 혹은 제작자가 아는 배우를 타입 캐스팅하는 것이 모르는 배우를 발굴해내는 것보다 시간적으로는 효율적이기 때문이다.)

요즈음에는 이러한 경향에 맞추어 시리즈로 방송되는 드라마일 경우, 아주 단시간 내에 이뤄지는 리허설이 보다 일반화되고 있다. 이런 경우의 보편적인 리허설에는 대개 대본 읽기를 마치고 곧바로 블로킹을 긋고, 스크립터가 시간을 체크할 수 있도록 런 스루를 하는 것까지가 포함되며, 이렇게 리허설을 한다면 약 2분 정도의 장면에 20분 정도가 소요되는 것이다. 연기자는 자신의 대사를 제대로 암기하지도 못한 상태이기 때문에—그렇게 진행 중인 녹화에서는 대사를 분석해볼 경황도 없다—그 장면에 대한 대략적인 접근밖에는 하지 못한다. 감정에 대한 부분은 그후에 실제로 촬영을 하게 될 때나 찾아질 수 있으며, 이때가 바로 배우가 대사를 완전하게 외울 수 있는 시간이기도 하다.

최근에 싱글 카메라로 만드는 드라마는 심지어 대본 리딩 시간마저 없는 경우도 많다. 그렇다 하더라도 배우는 세트에 왔을 때 자기 대사는 알아서 다 외웠을 것이라 간주하고, 곧장 첫 번째 장면에 맞게 셋업된 카메라 앞에 세운다. 그때 감독은 다소 유동적인 자신의 연출 라인을 설명해준다. 여기에서 진행되는 스타트(start)와 스톱(stop)은 순전히 카메라와 사운드를 위한 것이다. 스톱 이후에 다시 시작하게 될 때, 배우는 연극에서처럼 '되돌아가서' 대사 전체를 다시 하는 것이 아니라, 어디에서 대사를 그쳤는지 그 정확한 지점에서부터 다시 시작해야 한다. 알다시피 카메라맨은 신을 화면에 나타나는 그림으로 숙지하기 때문에 신을 반복하면 혼돈이 올 수도 있다. 결론적으로 말하자면 카메라맨은 현장에서 진행되는 리허설은 **카메라를 위한** 리허설로 받아들인다는 것이다.

현장에서 이렇게 저렇게 연출자의 지시대로 움직이다보면, 차라리 런 스루해볼 수 있었으면 하는 바램을 가지게 된다. 그러나 감독으로서는 첫 번째 장면을 촬영해보고나서야 연기자의 연기가 눈에 들어오고, 연기에 대한 판단과 지적을 해줄 수 있기 때문에, **이때가 바로** 배우가 자신의 의지대로 연기를 시도해볼 수 있는 기회이다.

배우는 각자 나름대로 이런 상황을 받아들인다. 먼저, 대본에 자신의 생각을 가득 써서 촬영장에 나타나는 부류의 배우들이 있다. 자기의 입장에서는 할 수 있는 최대한의 노력을 한 것이고, 대사의 순서나 어휘를 바꿀 수 있겠느냐고 조심스럽게 **물어보지만**, 그것이 상당한 설득력이 있고 더 좋은 결과가 될 가능성이 있다 하더라도 채택되지 않기 일쑤이다.

또다른 부류는 아무 준비 없이 현장에 나타나서, 어떤 장면이냐고 묻고는, 대본을 펼쳐들고 방금 대본을 받은 사람처럼 대사를 급하게 외우고나서, 주머니에 손을 찌르고(연결 장면에서 동작이 맞지 않거나 하는 경우를 방지하려는 방편이다) 연기를 하는 배우들이다. 이런 부류들은 대개 작가가 자기 역할에 재미있는 장면을 만들어주지 않는다고 원성을 드높이는 불평분자들이기가 쉽다.

어떤 부류의 배우가 가장 환영받을 것인가? 어떤 배우라면 연출자가 섭외하려고 최선의 노력을 할 것인가? 맡은 역할을 충실하게 수행하는 것을 보여준다면, 언제라도 그의 의견을 수렴할 준비가 되어 있는 것이 바로 우리 연출자들이다.

멀티 카메라 필름

멀티 비디오 카메라로 찍을 때와 같은 방식으로 리허설을 하지만, 촬영 방식에는 약간의 차이가 있다. 더 자세한 사항은 제13장 '촬영' 에서 다루기로 한다.

필름

어떤 영화들은 배우들이 한 자리에 모여 함께 작품을 읽고 작품에 대한 대화도 나누는 등 여러 과정을 거치기도 한다. 그러나 배우들의 스케줄을 맞추기가 용이하지 않고, 예산이 허락하지 않는다는 등의 이유 때문에, 주연급 배우들은 촬영이 있는 당일 급하게 날라와서 촬영을 마치고는 또 곧바로 날라가는 경우가 허다하다. 전혀 과장하지 않는 선에서 말하는 것이지만, 처음 함께 만나는 상대 배우와 반 시간 정도밖에 미팅을 하지 못하고도, 농밀한 베드신을 찍게 되는 상황이 발생할 수 있다는 것이다.

대부분의 배우들은 가능한 한 상대 배우와 대사를 맞춰볼 시간을 가지려고 하기 때문에, 만약 당신이 어떤 작품에서 서로 호흡을 맞춰 연습하는 방식을 좋아하는 절친한 배우와 함께 연기를 하게 된다면, 촬영 현장에서 필연적으로 기다리게 되는 시간을 이용해 많은 것들을 함께 정리하고 맞춰볼 수 있다. 그러나 주의해야 할 점은, 연기란 자발적인 것이라고 믿고 본 촬영에 들어가기 전까지는 그 누구와도 함께 연습을 하거나 대사를 주고받거나 하지 **않는** 배우들도 있다는 것이다. 우리가 이미 이상적인 배우의 다양성에 대해 거론한 바가 있는 것처럼, 어떤 여건이 주어지더라도 **당신은** 그 역할을 수행해낼 수 있는 능력을 갖추어야만 한다!

연습실에서의 행동 비결

- 처음 카메라 앞에 서는 것이면서 그렇지 않은 척하지 말라
- 대사를 바꿔야 할 필요가 있는 부분이 있다면 대안을 준비해서 의견을 제시한다
- 너무 큰 소리로 읽지 않는다
- 지시된 블로킹에서 눈속임이 필요한 곳이 어디인지 점검한다
- 샷의 크기를 알아서, 그에 따른 연기를 한다
- 감독의 개별적인 지시 사항에 항상 유념한다
- **늦지 말라!**

지각하는 배우

배우가 늦는다는 것은 치명적인 것이다. 관련된 모든 사람들을 기다리게 할 뿐만 아니라 현장의 분위기를 망치기 때문이다. 그러니 절대로 늦지 말아야 한다. 만약 **불가피하게 늦더라도**, 뻔한 변명을 늘어놓으며 실수를 넘기려고는 하지 말아라. 아주 간혹 가다 어떤 배우들은 "제가 길을 건너려고 하는데 교차로에 할머니가 쓰

러져 계신데 글쎄, 가발이 벗겨져나간 거예요. 그냥 모른 체 할 수가 있어야지요."라는 그럴듯한 해명으로 기분이 풀리게 한다. 차라리 이런 너스레가 "늦잠을 자는 바람에……."라는 것보다는 훨씬 낫다.

입장을 바꿔놓고 생각해보라. 이럴 때는 솔직한 것보다는 유머러스한 것이 약이 될 수 있다.

제11장

스크린에 맞는 배우 연출
Directing Actors for the Screen

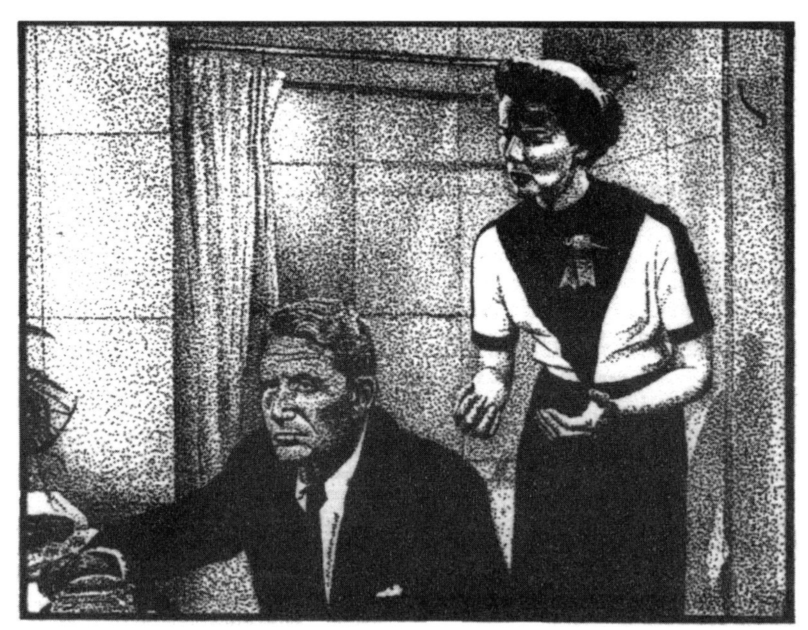

스펜서
트레이시와
캐서린 헵번

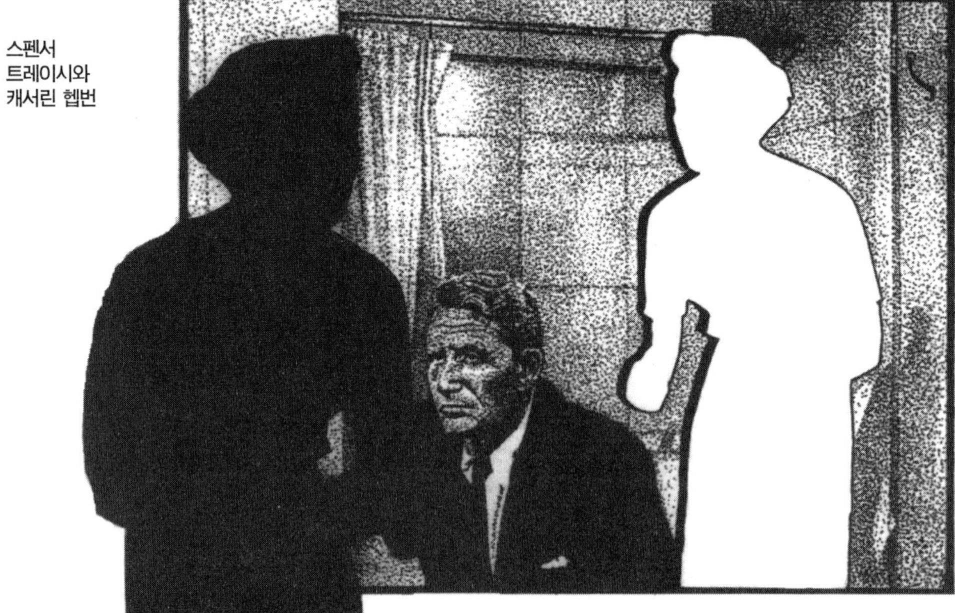

스크린에 맞는 배우 연출

이 책은 분명 배우를 위한 책이라고 알고 있는데, 연출자를 위한 장이 갑자기 왜 필요할까 생각할 것이다.

그러나 감독이 하고 있는 생각이라면 당신에게도 관심있는 분야일 것이므로, 그들이 성취하고자 하는 것은 과연 무엇인지 파악하면 그들이 지향하는 목표에 좀더 쉽게 접근할 수 있을 것이고, **이는 무엇보다** 곧 당신 자신에게 이득이 될 것이다.

그러니 이제 망설임 없이 본론으로 들어가보자.

감독 노트

대본

장면 분석을 할 때는 어떤 순간이 팽팽한 긴장의 순간이며, 또 어떤 순간이 화해와 융합의 순간인지를 정해야 한다. 이때 가장 보편적인 방식은 긴장의 순간에는 샷과 샷, 카메라와 카메라를 분할하고, 그렇지 않은 경우에는 같은 장면을 유지하는 것이다.

배우들이 대화를 주고받는 장면에서 각 배우들이 대사를 할 때마다 그 인물에 맞춰 샷을 분할하게 되면, 갈등이 없는 상황이라 할지라도 그 장면의 의도와 스타일에는 일종의 **충돌을 만들어낼 수 있다.**

그 신에서 인물이 하고 있는 생각이나, 분위기의 전환이 있는지의 여부를 확인하고, 이러한 동선의 변화나 비즈니스를 표시해놓는다. 장면 중간에 배우가 일어나서 이동을 하거나 안경을 벗거나 하는 행위들은, 그 시점에서 사고나 쟁점의 변화가 있다는 것을 관객이 이해할 수 있도록 보조하는 구실을 한다.

또한 대본에 이런 행동 변화를 지시해놓으면, 배우에게 감정을 설정할 수 있는 시점을 환기시킬 수 있고 장면 해석의 길잡이 역할도 한다.

연기

배우들끼리 서로 시선을 맞추는 것을 경계하라.

결코 무시할 수 없는 수의 배우들이 상대 배우와 시선의 교감을 가질 수 없을 때, 상당히 불안해하는 것을 고려한다면, 이는 극단적인 발언이 될지도 모르겠다. 그러나 대개의 경우 배우들 간에 직접적인 시선 교환은 더 좋은 연기를 할 수 있는 가능성을 **단절시킨다.**

여기에 대해서 설명해보겠다.

사람이 누군가에게 말을 할 때는 상대방에게 전달하고자 하는 '사회적' 메시지를 표정과 행동에 싣게 된다. 예를 들면 상대에 대한 호감이라든지, 상대의 관심을 끌고 싶은 욕구라든지, 어떤 것에 영향력을 행사하고 싶다든지 하는 것들이다. 그러나 인간이 **실제로** 그 사람에게 느끼는 감정과 생각을 그대로 숨김 없이 얼굴에 드러낸다면, 이는 전혀 불가능한 얘기가 되어버린다. 속도위반으로 걸린 교통 경찰에게 티켓을 끊길까봐 짓는 아부성의 미소가 좋은 예이다. 어쩌다 다섯 살짜리 아이 손에 들어가게 된 장전된 총을 그 아이에게서 조심스럽게 빼내면서 보이는 진지하고 헌신적인 태도도 이에 속한다. 사람들은 자신의 솔직한 감정을 그대로 발산하는 것이 아니라 주어진 상황에 걸맞다고 판단 내린 것을 보여주는 것이다. 배우끼리 시선을 마주친 채로 연기를 하면, 주어진 사회적 환경에 대한 반사작용에 의해 약화된 행동을 하게 된다.

배우의 숨겨진 **진솔한** 감정(**서브 텍스트** subtext. 표면적인 텍스트의 저변에 자리하면서 극적인 역할을 담당하는 개념들-옮긴이 주)을 보여주고 싶다면, 그 배우의 내면을 들여다보거나 해당 장면에서 한 쪽이 다른 한 쪽의 얼굴을 **볼 수 없도록** 배우의 위치를 설정하여, 표면적으로는 공손한 대화를 나누고 있지만 **양쪽 모두의 마음을** 관객이 공유할 수 있게 하는 것이다.

이런 관점은 현실 속에서는 **절대로** 그렇게 하지 않으면서 왜 스크린에서는 한 배우를 다른 한 사람의 뒤에 서게 하고 같은 곳에 시선을 두게 하는 경우가 그렇게 많은지를 설명해준다. 그렇게 하면 관객이 그 장면의 서브 텍스트를 알 수 있기 때문이다. 캐서린 헵번(Katharine Hepburn)이 스펜서 트레이시의 뒤에 서서 단호한 표정으로 말하고 있는, 이 장의 처음을 보라. 만약 실제 생활이라면 절대 상대의 뒤에 서지 않을 것이지만, 스크린 문법으로는 그녀의 얼굴에 나타난 절박함과 그 말을 듣고 체념하는 그의 모습을 관객이 동시에 볼 수 있도록 해주기 때문에 적절한 구도가 되는 것이다.

배우 중에 한 사람을 카메라 **쪽으로** 다가서게 하면(카메라의 전면에 자리잡은 테이블에서 무엇을 집게 하거나 가상의 창문을 보고 있다는 설정 등), 한 화면에 잡힌 그 배우와 **동시에** 다른 배우(들)도 텍스트와 서브 텍스트를 **동시에** 카메라에 전달할 수 있다. 설거지를 하고 있는 아내가 어깨 너머로 잡힌 남편에게 이혼을 제안하는 장면은 그들이 당면하고 있는 상황에서 서로 간에 어떤 감정을 느끼고 있는지를 동시에 관객에게 노출시키는 촬영 방식이다.

상대의 시선을 서로 붙박아두면 이 모든 것들을 망치게 되는 결과를 초래한다.

물론 배우 각자의 얼굴을 따로 따로 컷하게 되는 경우에는 배우가 상대방을 **직시하는** 순간도 많이 만들어진다. 아이로니컬하게도 이런 크로스 커팅을 할 때, 상대 배우가 직접 앞에 있는 것보다 아무도 없는 상태에서 연기하는 것이 훨씬 나을 때가 많다. 앞으로 제시되는 연습은 이러한 논리를 입증시켜줄 것이다. 나 개인적으로는 많은 시도 끝에 얻어진 결론이지만, 나를 믿지 말고 직접 경험해보기 바란다.

허구의 시선 연습

먼저 두 인물을 연속적으로 잡을 수 있도록 카메라를 세팅해놓고, 두 사람을 함께 투 샷으로 찍는다. 그리고는 배우에게 다시 한 번 더 찍을 것이니 러시를 보면서 어떻게 했었는지 잘 기억해놓으라고 한다. 그런 다음 배우들에게 결과를 보여준다.

사실상 이 연습을 반복하면서는, 상대 '배우'를 함께 찍는 것이 어려운 것처럼 꾸며서 그동안 찍은 전 장면을 단독 샷으로 다시 찍어야겠다고 하는 것이다. 배우의 시선 높이를 맞추기 위해서 FD에게 눈을 그려놓은 종이를 들고 있게 하고 조연출은 상대방의 대사를 모노 톤으로 읽어준다. **이것이** 바로 배우가 함께 연기해야 할 파트너이다. 배우는 처음에 했던 것처럼 함께 연기할 수 있는 상황이 주어지지 않고, 그 장면 속의 자기 부분은 조연출과 더불어 각자가 해야 하는 것이다.

이런 연습을 할 때마다, 모든 배우들이 두 번째에서 **더 좋은 연기를** 보여준다. 이는 곧 연관된 배우가 아무도 없을 때(혹은 방해받지 않을 때), 비로소 더 좋은 결과를 얻을 수 있다는 것이다. 그 누구도 나의 시선에 들어오지 않고, 그 어느 배우에게도 사회적인 관계로 인해 '예의'를 갖추어야 할 필요가 없어지므로 주어진 '인물의 삶에 정직'해질 수 있고, 진솔한 생각을 그대로 얼굴에 표현할 수 있게 되는 것이다. 이것이 바로 스크린 연기가 요구하는 표현의 근본이다.

그렇다면 배우는 받아주는 상대가 없을 경우에 더 좋은 연기가 가능하다는 얘기인가? 시선의 마주침이 전혀 없어도 된다는 것인가? 그러나 그렇게만 생각하기에는 뭔가 염려스러운 부분이 있다. (지독한 근시안이면서도 공연을 할 때 렌즈를 착용하기를 거부하는 세계적인 배우가 있다. 그 배우의 말을 빌리자면, 이렇게 하면 상대방의 실제 연기에 따라 자신의 연기에 한계가 생기는 것을 막을 수 있고, 상대방이라면 이렇게 반응할 것이라는 자신의 추측에 따라 연기할 수 있기 때문이라고 한다.)

영국 출신 배우 더크 보가드(Dirk Bogarde)가 촬영 중에 겪은 자신의 경험담이다. 장면은 성대한 연회가 베풀어지던 중에 손님들에게 인사말 한마디를 해야 하는 것이었는데, 시간적으로 충분한 여유가 없었다. 전체 장면을 연출해서 찍고난 그는 시간 절약, 그리고 오버 타임 개런티도 절약할 겸 자기의 단독 클로즈업이니 다른 배우들은 먼저 보내는 것이 어떻겠냐고 제안을 했다. 그 제안이 받아들여져서 배우들이 다 떠나고 홀로 남은 그는, 여러 종류의 사람들이 앉았던 자리를 표시해놓은 마크에다 시선을 주면서 자기의 긴 대사를 마쳤다. 그는 상당히 역량 있는 스크린 배우였으므로 연기는 신비에 가까울 정도로 정확했으며, 그 자신도 아무도 없는 곳에서 연기하기가 훨씬 쉬웠노라고 토로했다.

제인 폰다(Jane Fonda)는 스크린 밖에서 아버지와 항상 불화가 잦았다. 부녀가 영화 〈황금연못 *On Golden Pond*〉을 함께 찍는다는 것은 시나리오상에 나타난 그대로 두 세대가 부딪치게 되는 상황과 맞아떨어지는 것이었다. 그들이 결정적으로 화해하게 되는 장면이 되자, 딸의 역할을 맡은 제인 폰다는 자기의 클로즈업에서 아버지의 얼굴에도 조명을 비추어(인생은 예술을 모방하는 것인가?) **실제** 아버지를 보면서 그에게 용서와 이해를 구하는 장면을 연기할 수 있게 해달라고 요청했다. 그 장면이 끝나고 이제는 헨리 폰다의 클로즈업을 찍을 차례가 되었다. 그녀는 "아버지, 시선을 맞춰드릴까요?" 하고 자신에게 필요했던 역할을 아버지에게도 진심으로 해주고 싶어서 물었다. "필요 없다." 그의 대답은 산난했다. "나는 그렇게 연기하는 스타일이 아니야." 하고는 **자기가** 해야 할 리액션과 대사를 보이지 않는 상대방에게 하는 것으로 그 신을 마쳤다.

나로서는 그 어느 것도 옳고 그르다고 판단하지 않는다. 폰다 부녀는 나름대로 최선의 결과를 얻기 위해 각기 **자기 방식대로의 연기**를 한 것이다. (그러나 부녀 간의 관계에도 그만큼의 역할을 해주었는지는 본인도 잘 모르겠다.)

프레임

화면 하나 하나에는 스토리가 있고, 화면을 찍게 되면 싫든 좋든 스토리는 전달되기 마련이다. 인물의 관계와 움직임에 관한 배우의 직관이 극도로 발달되어 있는 것은 사실이지만, 풍부한 경험으로 단련된 배우들만이 스크린에 나타난 실제의 이미지가 어떻게 관계를 형성하고 있는지를 이해한다. 어떤 때는 화면에서 보여지는 필요 때문에 배우가 반드시 그 자리에 있어야 하며, 연출자와 배우의 임무는 그러한 모든 행동이 배우가 연기하는 **인물**이 원하는 것으로 나타날 수 있게 하는 것이며, 그러면서도 반드시 정확한 위치를 지켜야 한다.

서구 사회에서는 보통 시선이 왼쪽에서 오른쪽으로 화면을 훑는다. 일반적으로 책을 읽을 때에도 수없이 왼쪽에서 오른쪽으로 보아왔기 때문에, 스크린을 대할 때에도 마찬가지 현상이 벌어지는 것이다. 이것은 스크린을 향한 인간에 대한 주목도가 균형을 이루지 못한다는 의미이며, 결과적으로 스크린의 오른쪽에 나타난 인물은 스크린의 왼쪽에 있는 인물에 비해 약간은 더 주목을 받게 된다는 것이다. 이러한 원리를 이용해서 연기에 파워가 떨어진다 싶은 배우는 화면 오른쪽에 위치시킴으로써 힘을 실어줄 수 있고, 강렬한 연기를 하는 배우는 화면 왼쪽에 위치시킴으로써 조금 약화시켜줄 수도 있다. 화면으로 볼 때 오른쪽에서 왼쪽으로 이동하는 것보다는 왼쪽에서 오른쪽으로 이동하는 것이 훨씬 부드러운 느낌이 들게 한다. 그렇기 때문에 오래된 서부 영화를 보면 대개 주인공은 왼쪽에서 오른쪽으로 질주하고, 악당은 오른쪽에서 왼쪽으로 질주한다. (영국의 판토마임에서는 착한 요정은 관객이 보는 무대의 왼쪽에 나타나고, 악마는 오른쪽에서 나타나는 전통이 수세기 동안 전해 내려오고 있다.)

촬영

너무도 당연한 일이지만, 배우는 '연기'를 사랑한다. 그러나 배우들은 때때로 '연기'를 할 때보다 긴장을 풀고 편안하게 있을 때 훨씬 좋은 리액션들을 보여주곤 한다. 제8장에서 이미 다루었다시피 사실 연기가 아닌 행동들이 얼마나 더 현실적으로 전달될 수 있었던가? 아무 생각 없이 재채기를 했던 훈련을 상기해보라. 한번은 로버트 드 니로가 연기를 하다가, 아주 괴로워하는 감정을 잡기 위해서 자기가 무척 좋아하는 상대방을 때렸다고 한다. 결과는 그럴듯했다. 로버트 드 니로의 눈에는 눈물이 고였던 것이다. (이때 상대방의 눈에는 무엇이 있었을지 궁금하다.) 스티븐 스필버그(Steven Spielberg)가 〈클로즈 인카운터 *Close Encounters*〉를 찍을 때의 일이다. 거기에 출연하는 어린 소년의 눈에 경이로움을 담게 하기 위해서, 소품 담당에게 커다란 곰 인형 옷을 입고 갑자기 계단 아래에서 나타나게 시켰다고 한다. 연기를 연출하는 것도 마찬가지로 자기 방식대로의 문법이 적용된다고 생각하면 된다.

나의 경험이다. 많은 엑스트라들이 동원된 군중 신을 찍었는데, 어쩌다가 그 신의 첫 장면에 사람들을 인솔해서 준비하고 있는 장면이 카메라에 찍히게 되었다. 편집을 하다가 우연히 그 장면을 보게 되었는데, 배우들이 일사불란하게 움직이면서도 하나도 긴장하지 않는 모습이 참으로 리얼했다. 그런데 조감독이 "스탠드 바이!"를 외치자 배우들은 하나같이 정돈이 되고, 다시 "액션!"

이라는 말이 떨어지기가 무섭게 모든 사람들이 부자연스러운 포즈로 굳어져버리는 것이었다. 그럴 때면 이런 생각을 하게 된다. "액션!"이라는 말이 "동작 그만!"이라는 말과 같은 것인가?

다시 본론으로 돌아와서 "액션!"이 떨어지기 직전에 카메라 기사가 먼저 카메라를 놀릴 수 있도록 소용하게 신호를 주고, "컷!" 사인이 떨어진 **직후까지** 촬영을 해야 하는 이유가 바로 이것이다. 그러다보면, 촬영한 지 한참 후에 편집하는 과정에서, 간혹 가다 이 자연스럽고 풍부한 리액션을 발견하는 기쁨을 누릴 수 있을 것이다. 때로는 전혀 다른 장면에 그 리액션이 쓰일 수도 있지만 효과적인 것을 선택할 권리는 감독에게 있다!

싱글 카메라 vs 멀티 카메라

모든 감독은 *싱글 카메라로 찍는 것을 좋아한다. 왜냐하면 이것이 좀더 영화적이고, 모든 것에 완벽을 기할 수 있기 때문이다. 만약 멀티 카메라로 스튜디오에서 일을 해야 하는 상황이라면, 일의 질에는 차이가 없겠지만, 또 너무 많은 카메라를 쓰려 한다는 것이 하나 이상의 카메라로 촬영을 할 때 가장 큰 문제이다. 가능하다면 두 대의 카메라만을 사용하도록 하는 것이 좋다.

이유를 설명해보겠다. 두 배우가 서로 대화하는 장면을 찍는 것이라면 두 대의 카메라로 각각의 배

감독의 비밀스런 생각들

- 왜 배우들은 자신이 나오는 장면에서 시키는 눈속임을 못하는 것일까?
- 왜 배우들은 서로 시선을 꼭 마주치려 하는 것일까? (마주치지 않는 것이 더 좋을 때가 많은데도 말이다)
- 왜 배우들은 상대방이 앞에 있을 때보다 아무도 없을 때에 연기를 더 잘하는 것일까?
- 왜 어떤 배우들은 내가 "액션!"을 하면 굳어지는 것일까?
- 왜 배우들은 감독이 요구를 하는데도 좀더 연기를 보여주지 않는 걸까?

우들을 잡을 것이고, 그렇게 되면 한 사람에게 비추는 주조명은 다른 배우의 후광이 되어주며 반대도 마찬가지이므로, 샷의 조명과 구성을 제대로 할 수 있을 것이다. 결과는 싱글 카메라로 찍었을 때와 거의 유사하다. 이 순간에 제3카메라가 잡을 수 있는 것이라고는 소도구의 클로즈업이라든가 손 동작, 발 동작 같은 것밖에 없는데도 제3카메라를 위한 조명은 배우에게로 직접 향하게 되어 다른 두 카메라의 조명을 망가뜨린다. 그러면서 보통 멀티 카메라로 찍는 드라마에서 보여지는 '일반적인' 화면 효과만이 나타나는 것이다. 물론 촌각을 다투며 제작되는 연속극이라면 선택의 여지가 없겠지만, 그 모든 카메라가 굳이 있어야 될 **필요가** 없는 순간이 얼마나 많은지 가히 놀라울 정도이다. 멀티 카메라의 사용을 제한하고, 최대한 정교하게 사용한다면 한층 더 효과적인 화면을 만들어낼 수 있을 것이다.

일단 촬영이 시작되면, 최대치를 만들어야 한다는 압박이 점점 늘어나고 있는 추세여서, 싱글 카메라로 찍는 드라마는 거의 없다. 사실상 정지된 두 인물을 잡는 경우라면 두 대의 카메라를 동원하는 것이 진행 속도도 빠르고, 까다로운 장면을 위해 시간을 벌어놓는 것이 된다. 배우의 동선이 지극히 복잡하지 않은 이상, 카메라의 위치와 조명에 큰 수정을 가해야 할 필요는 없기 때문이다.

대형 메이저급 영화 시장에서도 한 대 이상의 카메라를 사용하는 경우가 증가하고 있다. 대개의 경우 하나의 카메라가 인물의 미디엄 클로즈업을 잡고 있으면, 동시에 다른 카메라가 같은 인물의 타이트 클로즈업을 잡는 식이다. 이렇게 하면 시간도 절약되고, 편집할 때 선택의 여지도 많아지므로 여건이 허락된다면 굳이 마다할 필요는 없으리라고 본다.

영화 편집 vs 비디오 편집

당신이 **영화 편집실**에 앉아 필름을 편집한다고 상상해보자. 이러한 장비를 처음부터 갖추기 위해서는 얼마의 경비가 소요될 것인가? 그리고 중고품이라면 가격은 얼마나 할 것인가? 그래서 여기서는 몇 주, 혹은 몇 달이고 감독이 원하는 결과를 만들어낼 때까지 프레임을 삽입해보았다가, 순서를 바꿔보았다가 하는 식으로 얼마든지 작업을 할 수 있다.

이제는 **비디오 편집실**이라고 가정을 해보자. 그 안에 갖춰진 장비만 보아도 엄청난 금액이 투자되어있다는 것을 알게 될 것이고, 그 어떤 곳에서도 영화 편집에서 할애할 수 있는 만큼의 시간을 제공하려 하지 않을 것이다. 3회 분량이라면 기껏해야 3일 정도 주어지면 다행이다.

그러므로 **필름 촬영과 비디오 촬영**의 현격한 차이 중에 하나는, 결과물을 놓고 편집을 할 수 있도록 허락된 **시간**이라고 할 수 있다. 비록 영화를 찍을 때 싱글 카메라로 찍는 것처럼 촬영했다고 하더라도, 그리고 당신이 꿈꿔왔던 기가 막힌 장면을 찍기 위해(꼭 그래야 할 필요는 없었지만) 모든 스케줄을 비우고 촬영에 임했다 하더라도 편집 과정에 오면 그 모든 것들을 조합할 **시간적인 여유**가 허락되지 않을 것이다. 감독의 촬영 방식이 매체의 종류에 의해 결정되어야 하는 이유가 바로 여기에 있다. 배우도 마찬가지이다. 영화를 할 때와 텔레비전을 할 때가 왜 달라야 하는지 이유를 알아야 하는 것도 이 때문이다.

캐스팅

뛰어난 작품인데 캐스팅은 예기치 않은 곳에서 이루어졌다든지, 처음에는 원하던 타입이 아니라서 고심했는데 나중에는 오히려 기가 막힌 적역이었다든지 하는 에피소드들이 난무하는 것을 보면, 너무 논리적인 캐스팅은 실패하기 십상인가 보다. 캐스팅에 있어서는 직감을 따르라고 권유하고 싶다. '생각'이 아닌 '느낌'으로 사람을 고르라는 것이다. 만약 그 느낌이 틀렸다면, 오히려 다음에는 당신의 직관력이 향상될 수도 있을 것이다. 논리로 인물을 캐스팅 하다 보면 인물을 선택하는 능력이 나아지기는 더욱 힘들어진다. 논리와 연기는 항상 훌륭한 동반자는 아니기 때문이다.

이 책을 읽음으로써 이 배우보다는 다른 배우를 고르는 것이 낫겠구나 하는 경우가 생길 수도 있기를 바란다. 그러나 궁극적으로 그 배우와 일을 같이 할 사람은 당신이고, 어떤 점이 우려가 되는지, 또 어떠한 가능성이 보이는지는 당신이 알고 있을 것이다. 오디션에서는 꽤 괜찮았었는데, 캐스팅을 해놓고보면 전혀 가능성이 보이지 않는 배우도 있다는 것을 반드시 기억해야 한다.

배역은 이미 다 정해졌는데 정 때문에 배우를 만나자고 약속을 잡거나 하지 **말아야 한다**. (연출자라면 그 정도는 알고 있을 것이다.) 배우의 속성이란 일에 대해서는 무조건적이기 때문에 기회를 놓치고 싶지 않아 할 것이고, 돈을 손해 보더라도 만사를 제쳐놓고 머리를 만지러 가고 택시를 부르는 등 시간과 돈을 투자할 것이다. 당신은 그저 친분 때문에 부른 것뿐인데도 말이다. 만약 배우가 그 사실을 안다면 당신의 배려에 고마워하기는커녕 원망만 할 것이다.

1993년 가을, 앞으로 4개월 간 방송될 〈브룩사이드〉의 14회분 분량 중에 30신을 3일 동안 찍어달라는 요청을 받았다. (이유는 단지 그 분량에 나오는 배우의 부분을 미리 찍어서 삭제하려는 것이었고, 비싸게 지은 세트의 본전을 뽑아내겠다는 것이었다.) 농담 삼아, 내가 채택된 것은 작품을 빨리 찍기 때문이라고 배우들에게 말했다. 그랬더니 누군가가 머뭇거리며 이렇게 대답했다. "아니예요. 그건 감독님이 인간성이 좋고…… 빠르기 때문이예요!" 인간성도 좋고 빨라야 한다. 이것이 현대의 판단 기준인가? 고달픈 인생이다.

제12장

아나운서와 인터뷰의 기술
Announcers (and the Art of Being Interviewed)

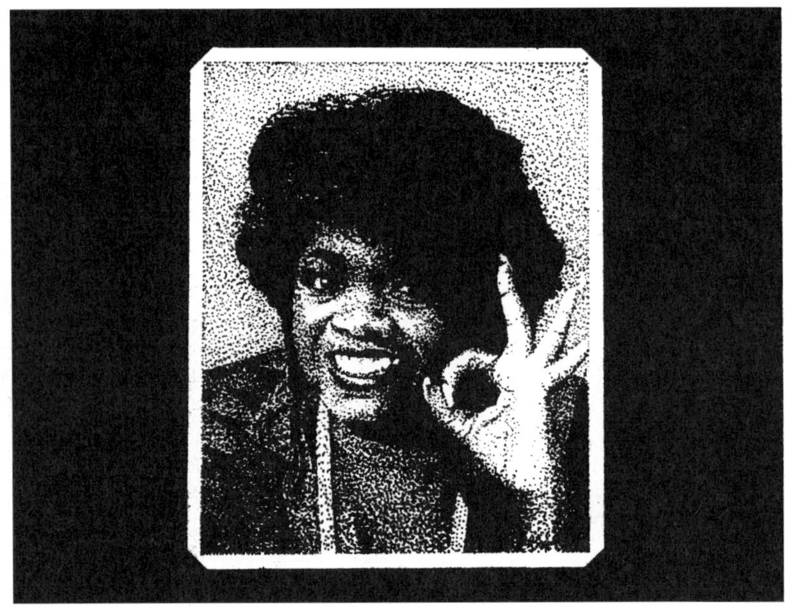

오프라
윈프리

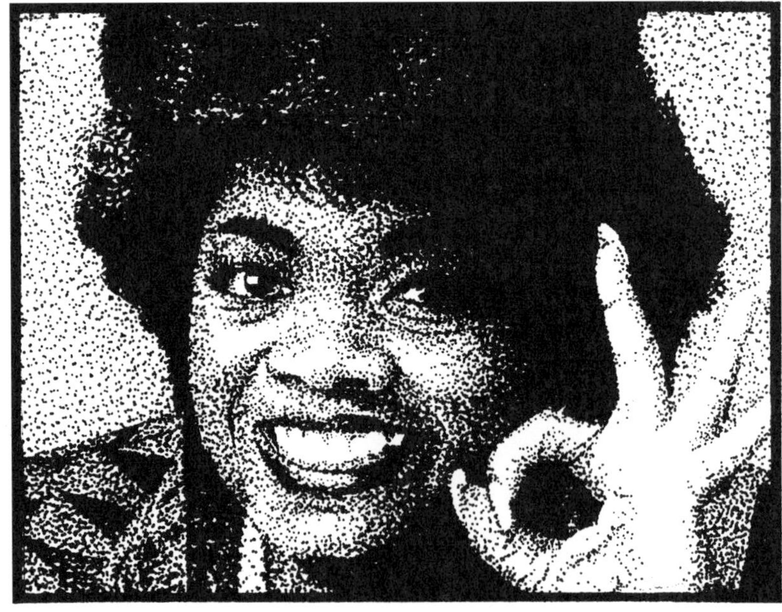

아나운서와 인터뷰의 기술

지금까지 내가 언급했던 테크닉과 아이디어는 아나운서, 강연자, 앵커, 기상 캐스터, 심지어 길거리에서 무작위적으로 인터뷰를 당해야 하는 경우까지도 적용된다.

그리고 동일한 원칙이 성립된다.

- 말을 하기 전에 리액션을 하라
- 마이크를 향해 말을 한다
- 작은 소리로 말하면서도 활기가 있어야 한다
- 자신 있게 **자신을** 드러낸다

앞의 세 가지 요소는 쉽게 파악이 되고, 충분히 연습으로 익숙해질 수 있는 것들이다. 하지만 자신 있게 자신을 드러내라? 여기 방법이 있다.

경영인들을 상대로 효과적인 사내 방송 연설하는 법을 가르치던 때의 일이다. 우선, 그들이 가지고 있는 '공식' 사진 한 장과 또 본인이 가장 마음에 들어하는 스냅 사진 한 장을 가져와달라고 부탁을 했다.

그리고나서 그들이 가지고 온 공식적인 사진에 나와 있는 자신의 모습처럼 짧은 연설을 하게 한다. 그런 다음, 연습을 반복할 때는 '가장 좋아하는' **스냅 사진에 나와 있는 느낌대로** 같은 연설을 하도록 시켜보면, 그 누구도 예외 없이 두 번째에 했던 모습이 훨씬 낮게 나타난다. 앞에 나와 있는 오프라 윈프리 (Oprah Winfrey)를 보면, 스냅 사진에 찍힌 통통 튀는 미소가 신기할 정도로 그대로 스크린에 나타나고 있다.

그 당시 한번은 사무국장 직책을 맡은 사람과 일 대 일로 만나게 되었는데, 약간 타이트한 더블 버튼의 양복 차림이었다. 그는 신임 사무국장으로서 직원들에게 보여줄 업무에 관한 비디오 테이프를 만들 생각이었다. 그러나 그가 카메라를 향해 프레젠테이션한 것을 보니, 자기가 보여주려 했던 이미지와는 전혀 다르게 목석같이 뻣뻣하게 굳어 있는 것이었다.

나는 무엇이 문제인지를 단박에 알아차렸는데, 그는 자기 허리둘레에 대해서 창피스러움을 느껴서, 어떻게 해서든 그걸 감추느라 정신이 없었던 것이다. 이때는 충격요법이 최고이다. 그래서 나는 이렇게 말했다. "이번에는 재킷을 벗고 다시 한 번 해보는 게 어떨까요? 국장님의 뚱뚱한 배가 얼마나 근사한지 관객에게 보여준다 생각하고 말입니다." (나는 그렇게 곧이곧대로 말을 해버린 것이다!)

결국 그는 나의 제안을 따라주었고, 덕분에 따뜻하고 위트 있는, 그리고 호소력 있는, 아주 훌륭한 연설이 되었다. 그는 자신의 가장 큰 약점을 인정함으로써, 그 약점과 싸우느라 쓸데 없이 시간 낭비하지 않고 본래 가지고 있던 매력과 지성을 드러낼 수 있게 된 것이다.

이 글을 읽고 있는 당신도 자기의 가장 숨기고 싶은 비밀을 과감히 세상에 노출시킬 수 있는 용기가 있는가? 만약 있다면 그렇게 함으로써 당신이 지니고 있는 모든 열등감을 긍정적인 것으로 바꾸어 오히려 더 좋은 대화나 연설, 혹은 인터뷰를 할 수 있을 것이다.

상점에 있는 윈도우를 이용해 테스트를 한번 해보자.

거리를 걷다가 무심결에 상점의 윈도우를 봤는데, 사실은 윈도우 안의 그 무엇을 본 것이 아니라 거울에 비친 나를 보았다고 가정해보자. **당신의 어디를 보았겠는가?** 순간적으로 대답해보자. 대개는 당신이 가장 불만을 가지고 있는 곳부터 눈길이 갈 것이다. 펑퍼짐한 엉덩이, 대머리, 마음에 들지 않는 헤어스타일, 구부정한 어깨 등등. 그 부분이 바로 숨기기보다는 직시하고 드러내야 할 부분이라는 것이다.

나는 이 테스트를 뉴욕의 직업 배우들 몇 사람과 함께 시도해보았다. 그중 한 여배우가 토로하기를 자기는 항상 자기의 큰 히프에 눈길이 가는 것을 막을 수 없었노라고 했다. (다른 부분은 말할 필요도 없이 아름다운 여자였다.) 그런 얘기들을 흉금 없이 나누고 있었는데, 갑자기 그 여배우가 덧붙이기를 그래서 자기 집에는 전신 거울이란 없고, 전부 허리 위 상반신용 거울밖에는 없다는 것이었다. 나는 그녀에게 당장 전신 거울을 하나 사서 집에 걸어놓고, 자기의 있는 그대로의 모습을 인정하고 **사랑하라는** 충고를 해주었다. 심지어 '뒷모습을 과시할 수 있는' 장면 연습까지 시켜주었다. 있는 그대로 다 보여주는 것까지 연습시키지는 않았지만, 그녀의 **연기**는 이루 말할 수 없을 만큼 이완되었으며, 확신과 에너지가 넘치게 되었다.

당신 자신의 개성을 드러내라. 이것에 조금이라도 의구심이 든다면 촬영하지 않을 때의 모습, 긴장하지 않고 밝은 당신의 모습을 카메라에서도 만날 수 있게만 하면 된다. 이런 점에서 배우나 아나운서는 유사한 특징을 지니고 있다. 스크린에서 즐겁게 시청자들을 만나기보다 오히려 주변사람들을 소소하게 잡담으로 재미있게 하는 것에 신경을 쏟지 말아라. 관객의 하나인 '카메라'에 집중하고, 마치 비즈니스 미팅이나 기획 회의 등을 할 때처럼 의미심장한 시선과 주의를 기울이면서도 방향을 바꾸는 시선들을 카메라에 주어야 한다.

기술적인 측면

당신이 다른 분야의 일이나 문제점들을 이해하면 할수록, 당신이 하고 있는 프로그램에 대한 공헌도는 더욱 높아질 것이다.

또다른 개인적인 경험담이다. 네 사람의 그룹이 점심식사를 하면서 텔레비전의 경향에 대해 자유 토론을 벌이는 다큐멘터리를 제작하는데, 그 그룹 중에 한 사람으로 참여하게 되었다. 그런 와중에도 나는 나중에 편집을 하려면 연결 샷들이 없어서 연출이 꽤나 고생을 하겠다는 생각을 했다. 그룹 장면을 끝내고 난 뒤 연출은 개개인의 얼굴들을 짧게 땄는데, 내 차례가 되었을 때 나는 다각도의 '먹는' 행위, 곧 먹으면서 왼쪽을 보고 오른쪽을 보고 다시 빠르게 왼쪽을 보는 식으로 동작을 했다.

프로그램이 방송되자, 나를 아는 사람들은 프로그램 내내 내가 샐러드 먹는 장면만 나왔다고 두고두고 놀렸다. 그렇게 될 수밖에 없었던 이유는, 연출이 한 인물에서 다른 인물로 컷을 하려면 나의 얼굴을 잡았다가 그 시선을 받아서 다시 다른 인물로 컷할 수밖에 없었기 때문이었다.

절대 내가 화면에 더 많이 나올 요량으로 그렇게 했던 것은 아니다. **단지** 나는 연출이 편집을 하려면 무엇이 필요할 것이라는 것을 알고 있었기 때문에 그 필요한 것을 주고 싶었던 것뿐이다. (그런데 **결과적으로는** 그것이 나를 화면에 자주 노출시키게 만들었다.)

제4장에서 다뤘던 부분, '모든 카메라의 움직임에 동기를 부여할 수 있도록 준비'하는 것은 인터뷰, 프레젠테이션, 특히 *텔레프롬프터(TelePrompter), *오토 큐 사인(autocue)에도 마찬가지로 적용이 된다. 텔레비전을 보는 시청자들은 그러한 앵글에서, 그러한 높이로 앉아, 그러한 매너로 그러한 글을 읽는 것

이 **당신의 의지**라고 확신하고 있다. 그것이 깨질 때가 **바로 본래 당신의 의지**대로 테이블 위에 놓여진 대본을 보고 읽으려고 하는 순간인 것이다.

이렇게 당신의 의지나 동기라고 믿게 하는 것은 처음에는 그렇게 쉽지만은 않다. 그러나 그것이 궁극의 목표라는 것을 알고 있는 한, 화면에 등장하게 되는 첫 순간으로부터 그 목표를 향해 나아갈 수 있을 것이다.

특히 **아나운서들은** 자신을 향해 카메라가 켜지면, 의자에 못 박힌 듯 고정되고, 긴장 때문에 고개는 뻣뻣하게 치켜세우게 되는 이른바 '박제된 나비' 같은 꼴이 될까봐 항상 고심한다.

의자에 앉아 있다고 해서 전혀 움직일 수 없다고 생각해서는 안 된다. 물론 좌우로 너무 많이 움직여서 프레임에서 벗어나서는 안되겠지만 **앞뒤로 이동**하는 것은 가능한 일이다. 뉴스를 진행하는 앵커가 이렇게 하는 것을 자주 보았을 것이다. "……그렇게 해서 어린 코끼리는 다시 엄마의 품에 안기게 되었습니다." 심각한 표정을 지으면서 동시에 상체를 앞으로 향하면서 "오늘 중동 지역에서는……." (이때 시청자들은 좋지 않은 뉴스가 터졌다는 것을 알게 된다.) 다시 강조하지만, 오랜 경험을 가지고 있는 선배들을 관찰하면서 막연히 그들은 이렇게 할 것이라고 추측하지 말고, 그들이 하는 방법들을 정확하게 체득해야 한다.

인터뷰

인터뷰 시에는 자신이 연출자 입장이 되어서 "무엇을 원하는가?"를 스스로에게 물어보도록 한다. 대답은 의외로 간단하다. 바로 **괜찮은 화면 얻기**이다. 이는 위트 있는 한 마디나 문장보다는 재미있는 표정, 반응 혹은 찌푸린 얼굴이 종종 더 환영받는다는 것이다. 제9장 '오디션'에 나와 있듯이, 인터뷰에 응할 때는 대답을 하는 것만큼 듣는 행위도 중요하다.

시청자 혹은 관객에게 당신을 소개했는데, 얼굴만 홍당무처럼 빨개져서 아무것도 할 수 없다면, 당신 자신을 위해서도, 다른 사람을 위해서도 참으로 대책 없는 일이 아닐 수 없다. 뭔가를 적극적으로 해야 하지 않을까? 시선을 내리깔고 있다가도 카메라에 잡히고 당신의 이름이 거론되면, 고개를 들고 아주 절친한 친구에게(결국 렌즈 뒤에 있는 시청자가 되겠지만) '너 거기 있었구나.' 하듯이 카메라를 향해 수줍은 미소를 지으면 되는 것이다. 그리고는 사회자를 향해 시선을 향한 채, 그가 우스운 얘기를 꺼내면 웃음을 보이고, 당신을 칭찬하거나 하면 놀라서 아니라는 듯 고개를 저어준다. 또한 진실이 아닌 것을 얘기할 때는 안타깝다는 듯이 고개를 흔들어주면 된다. 다시 말해 **적극적인 태도로** 대응하는 것이 효과적이라는 것이다.

질문을 받으면 질문을 한 사람에게 대답하려 하지 말고, 그가 당신의 **마이크만큼 가까이**에 앉아 있다는 가정하에 말을 하라. 대개의 경우가 그렇듯이 당신에게 와이어리스 마이크가 채워진다면 이는 대단히 가깝기 때문이다. 당신이 얘기하고 싶은 것에 대한 흥미와 열의를 평상시처럼 **낮은 말투로** 얘기하되, 너무 비약하거나 천천히 말하지 않도록 주의하라.

만약 사회자는 주제를 다른쪽으로 끌고 나가려는 것처럼 보이는데, 당신의 의사를 관철시키고 싶다면, '존 웨인 테크닉'을 써보는 것도 좋다. 존 웨인은 자신의 생각을 피력하는 마지막에 꼭 어미를 띄우는 버릇이 있었다. 한번은 어떤 토크쇼에서 왜 그렇게 하는지 물었던 적이 있다. "별 뜻은 없어요." 그가 대답했다. "내가 만약 종지형의 어미를 쓰면서 억양을 떨어뜨리면, 카메라가 나를 컷하고 다른쪽으로 갈 것 아닙니까? 하지만 내가 억양을 떨어뜨리지 않으면, 내가 아직 말을 끝내지 않은 것으로 알고, 여전히 나를 잡고 있게 된다는 말입니다." 인정하지 않을 수 없는 대단히 노련한 배우임에 틀림없다.

각자 한번 시도해보라. 얼마나 오랫동안 억양을 떨어뜨리지 않고 말을 계속할 수 있는지 말이다.

그렇게 했더니 마치 전도사가 텔레비전에 나와서 전도하는 것처럼 들린다고 내게 반문할지도 모른다. **그들이** 왜 그렇게 할까? 그 방법은 듣는 사람의 주의를 집중시키고, 일종의 최면을 걸 수 있기 때문이다. 망설이지 말고, **전도사들이 하는 방식으로** 말해보라. 상당히 효과적이라는 것을 깨닫게 될 것이다.

제13장

촬영
The Shoot

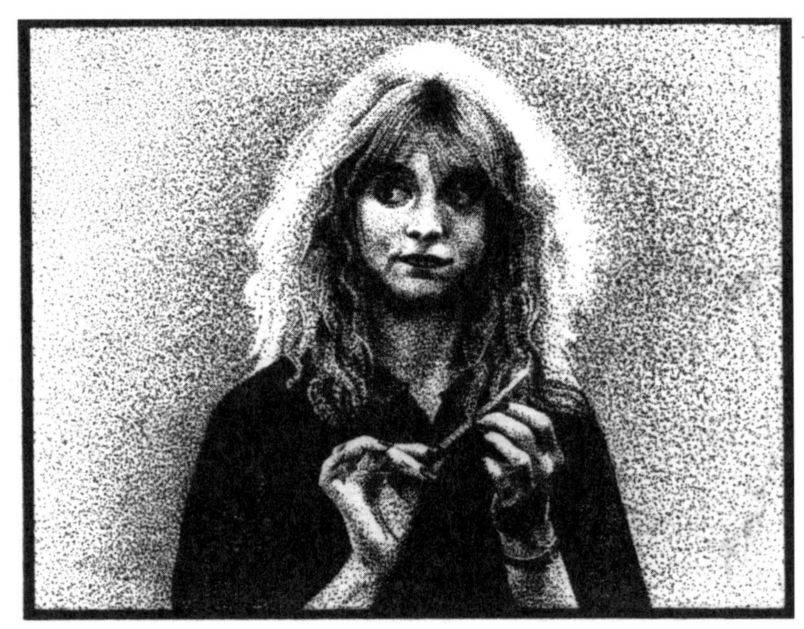

골디 혼

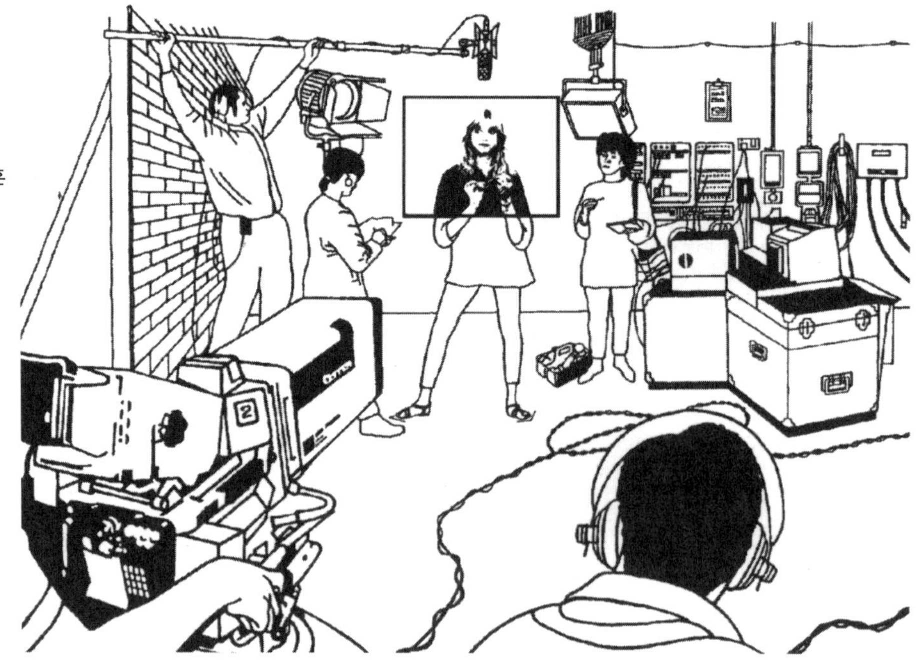

촬영

이 순간이 바로 그 진실의 순간이다. 그 간의 모든 준비와 작업에 참여해온 각 분야의 스태프들이 함께 만나 결과를 확인하는 순간이기 때문이다. 연극과는 달리, 내일이란 존재하지 않는다. **바로 지금 이 순간에** 완벽해야만 한다.

촬영에는 당신의 베스트를 발휘할 수 없게끔 하는 여러 가지 함정들이 도사리고 있기 마련이다. 그 첫 번째는 촬영 그 자체이다. 거기에는 점진적인 발전이란 없다. 갑자기 어느 순간 눈부신 조명 아래에서 분주히 움직이는 사람들과, 위압적인 장비들 사이에 놓여 있는 자신을 발견하게 될 것이며, 그런 여건 속에서도 자연스럽고, 섬세하면서도 감성적이고, 진지한 연기가 우러나올 것이라는 기대를 받는다. 경험이 부족한 배우들이 느끼는 중압감이란 맹렬한 것이어서, 그들은 무의식적으로 지금까지 해왔던 안전한 연기 방식이자 지금 이 자리까지 오게 해준, '무대 연기'로 눈물을 머금고 후퇴하는 것이다.

상대방이 경험이 많다고 해서 그 상대방으로부터 무엇을 배운다는 것은 상당히 어려운 일인 것이, 그가 무엇을 의도하고 어떻게 하는지를 알아차린다는 것 자체가 불가능하기 때문이다. (로렌스 올리비에와 마릴린 먼로에 대해서 했던 얘기를 기억하는가? **그도** 마릴린 먼로가 하고 있는 연기를 몰랐는데, 우리가 어떻게 알 수 있겠는가.) 이 장의 첫 페이지에 있는 골디 혼(Goldie Hawn)을 보자. 배우의 주변을 둘러싸고 있는 혼란의 와중에도, 화면에는 단순하고 명확한 연기를 보여주기 위해서는 어떤 기술과 능력이 필요한지 **이제** 이해할 수 있겠는가?

촬영은 배우로부터 최악의 것들을 끄집어낼 수도 있다. 목소리가 커질 수 있고 (마이크는 어디에 있는가?) 동작도 커질 수 있으며 (샷의 크기는 무엇인가?) 몸의 이동도 끊임없이 흘러가버릴 수 있다.(어느 지점의 마크를 반드시 밟아야 하는가?) 절대 명심하기를 바란다. 무대는 리허설을 한 다음 공연을 하는 것이다. 그러나 스크린에서는 리허설을 하고(이것도 운이 좋아야 가능한 일이지만) 그것을 **반복하는 것이다.**

멀티 카메라 촬영 — 비디오

촬영이란 미리 설명된 과정의 연속이라고 생각하면 된다. (제10장 '리허설과 테크닉'을 참조하기 바란다.) 모든 것은 아주 빠르게 진행되며, 진행 순서나 방법은 조연출이나 *무대 감독에 의해 전달된다. 만일 미리 짜여진 카메라 대본에 의해 카메라를 잡았을 때 당신이 보이지 않으면, 카메라보다는 **배우**의 위치가 수정될 가능성이 많다. (당신을 움직이게 하는 것이 여러 스태프들이 관련된 카메라를 움직이는 것보다 손쉽기 때문이다.)

한 장면이 촬영되고나면 감독은 재빨리 상황에 대한 결정을 내려야 한다.
(1) 촬영은 순조로웠으므로 다음 장면으로 넘어가도 된다.
(2) 무엇인가 잘못되었으므로 처음부터 다시 촬영해야 된다.
(3) 한 두 샷만을 다시 촬영한다.
당신이 느끼기에 한 번 더 하면 더 나을 것 같은 판단이 들면 조용히 조연출에게 말을 하는 것이 좋다. 감독이 보기에 괜찮았으면 넘어갈 것이며, 감독이 당신의 의견에 동감을 하게 되면 처음부터 다시 할 수 있는 기회를 줄 것이다.

장면이 촬영되고 있는 중간에는, 당신의 신체에 크나큰 손상이 우려되지 않는 한 끊지 말아라. 절대로 멈추지 말아야 한다. 설사 뭔가 전부 잘못된 것처럼 보이더라도 말이다.

이것에 얽힌 나의 경험담을 하나 얘기하겠다. 그때 나는 멀티 카메라 드라마를 찍고 있었고, 3분 짜리 마지막 장면을 찍을 20분 정도의 시간을 남겨놓고 있었다. (설명을 덧붙이자면, BBC에서는 정해진 시간이 초과되면 가차없이 전원을 차단해버린다는 사실이다!) 마지막 장면은 카페 신이었고, 준비는 다 되어 있었기 때문에 다소 여유까지 있었다. 조명등이 하나 떨어져내릴 때까지도 전혀 걱정이 없었다. 그러더니 카메라 하나에 이상이 생기고, 그리고는……. 급기야 촬영을 마쳐야 할 시간이 5분 앞으로 다가오고나서야, 이제 두 번 촬영할 시간이 없다는 것과 그렇다면 첫 번에 반드시 OK가 나야 하는 상황이라는 것을 깨닫게 되었다.

촬영은 순조로웠다. 배우의 연기도 좋았고, 스모크 머신이 뿜어낸 연기는 카페 분위기를 그럴듯하게 꾸며주었다. 주인공은 담배를 사러 잠시 빠졌다가 다시 그의 친구 역을 하고 있는 배우들에게 돌아와 앉았다. 이제 마지막 페이지의 대사가 남아 있었고, 풀 샷에서 클로즈업으로 막 전환한 찰나였다. 친구들 중의 하나가(나의 실제 친구이기도 하다. 아니, 이제는 나의 **'친구였던'** 이라고 말해야겠다) 연기를 멈춰버렸다. 그리고는 내게 이렇게 말했다. "연출, 안되겠는데. 끊어가야겠어요. 저 친구 담배에 불이 붙어버렸어." 담배에 불이 붙어 있던 것은 맞는 얘기지만, 내가 말하고 싶은 요점은 그 불붙은 담배가 **스크린에는 잡히지 않았다는 사실이다!** 그가 지적한 것을 해결하고보니, 마감 시간이 닥쳐와버렸고, 곧이어 모든 장비의 전원이 내려졌다. 할 수 없이 기획 프로듀서가 조합과 협상을 해서 간신히 오버 타임을 하도록 허락을 받아냈고, 결국 제작비가 예상보다 초과하게 되었다. 만약 나의 '친구' 가 연기만 계속했더라면, 아무 문제도 일어나지 않을 수 있었던 일이다. 그 일이 있은 후로 그 친구는 같은 제작자에게 고용된 적이 없으며, 마찬가지로 나 또한 절대 다시 쓰지 않았다. 이와 같이 **배우의** 관점에서 바라본 사건의 전말은 부조실에서 바라본 것과는 같을 수가 없다는 것이다. 간곡히 부탁하건대, 절대 연기를 멈추지 말아달라!

한 가지 사례를 더 들어보겠다.

마지막 신의 이미지 상, 나는 간호사 역을 맡은 여주인공이 병동을 걸어 내려오는 것을 크레인을 동원해서 촬영해야겠다고 주장했다. 그러나 프로듀서의 판단으로는 그럴 경제적 여력이 없었으므로 결국 그 아이디어는 포기해야만 했다. 한참 촬영을 하고 있는데, 기술 감독이 내게 오더니 정 그렇게 찍고 싶다면, 조명 엘리베이터에 카메라를 장착해서 찍으면 크레인을 쓴 것과 같은 샷이 될 것이니, 그렇게 찍을 수 있도록 해준다는 것이었다. 그래서 우리는 부랴부랴 남은 장면들을 찍고, 5분 남은 상황에서 카메라를 조명대에 장착하고는 촬영에 들어갔다. 여주인공이 걷기 시작하자 우리는 조명 엘리베이터를 가동시켰는데 갑자기 그녀가 중간에 우뚝 서버렸다. 이상한 소리가 들려서—조명 엘리베이터에서 나오는 소리였다—뭔가 잘못된 줄 알고 섰다는 것이다. 여주인공에게 그 상황을 설명해주고나자, 시간이 다 되었고 카메라의 전원은 꺼져버렸다. 결과적으로 '컷'이라는 마술 같은 단어가 들리기 전에 연기를 멈춰버린 탓에 그녀 개인적으로도 중요한 장면을 잃은 것이다.

혹시 이 글을 읽고 있는 독자들이 내가 모든 것을 다 잘 알고 있기 때문에 실수란 전혀 없을 것이라고 생각하지나 않을까 해서, 그렇게 생각하지 말아달라는 뜻으로 이야기를 하나 더 하겠다. BBC 텔레비전에서 연수를 받고 있을 때, 거기에서 제작되는 인기 있는 드라마의 한 에피소드를 리허설에서부터 스튜디오까지 계속 따라다니면서 볼 기회가 있었다. 어떤 한 장면의 촬영을 끝냈는데, 누가 보아도 엉망이었다. 마이크의 그림자가 나왔고, 포커스가 나간 샷도 있었으며, 배우 중의 하나는 대사 실수까지 했다. "좋았습니다." 그런데도 감독은 이렇게 말을 하더니, "다음 신으로 넘어가죠." 하는 것이었다. 그러나 나는 그것이 좋다고 할 성질의 것이 아니라는 것을 **알고 있었기** 때문에, 연출에게 말을 해서 지적을 해주는 것이 그도 원하는 일일 것이라고 생각했다. "됐어요!" 내가 말을 꺼내려 하자, 알고 있다는 듯이 내 말을 가로막았다. "그렇지만 그 신에는 마이크……." 결국 그는 나를 함구시켜버렸고, 화가 머리끝까지 난 그는 정말로 다음 신을 **촬영하면서**, 나에게 제발 나가라고 손짓을 했다. 촬영이 끝나고 약간의 평정을 찾은 감독은, 내게 자신이 처했던 상황을 설명해주었다. 그날 게스트로 출연한 배우 중에 한 명이 적어도 두 신은 있어야 출연을 하겠다고 해서 간신히 섭외를 했는데, 시간 관계상 첫 번째 신은 자르지 않을 수 없게 되었다고 한다. 그러나 그 배우에게 "당신이 찍어야 할 장면 중에서 첫 번째 것은 삭제되었으니, 두 번째 신을 촬영합시다."라는 말을 차마 할 수 없었고 그래서 첫 번째 신은 대충이라도 촬영을 하고 넘어가려고 했던 것이다. 거기다 내가 스튜디오에서 신에 대해서 왈가왈부하는 소리가 전 스태프들이 착용하고 있는 헤드폰을 통해 부조실에까지 들리는 것을 원치 **않았던** 것이다. 나는 무엇이 어떻게 되고 있는지 제대로 알지도 못하면서, **촬영에는 아무런 도움도 되지 않는** 주제 넘는 행동을 했던 것이다. 상황에 대한 판단은 결정권을 가지고 있는 책임자에게 맡겨라.

촬영 시, 현재 가동되고 있는 카메라에는 빨간 불이 들어온다. 그 불이 켜질 때까지 기다렸다 연기할 필요는 없지만 그 불은 촬영에 유용하게 쓰여질 정보임에는 틀림없다. 예를 들어, 당신이 지금 상대방과 마주 보고 있는 장면을 촬영한다고 해보자. 당연히 카메라가 세 대 뻗치고 있을 것이다. 하나는 상대방의 어깨를 건너 나의 얼굴을 잡을 것이며, 하나는 내 어깨 너머 상대방의 얼굴을 잡을 것이고, 나머지 하나는 두 사람을 함께 잡는 투 샷이 될 것이다. 이와 같이 당신이 볼 수 있는 쪽의 카메라 **상단에** 빨간 불이 들어오면, 그것은 당신의 타이트 샷이므로, 이때 좋은 표정 연기를 할 수 있다. 또한 당신의 시선 바깥쪽에 얼핏 빨간 불이 보이면, 당신 측면에서 와이드한 투 샷을 잡고 있다는 것이므로, 이때 캐릭터에 맞는 제스처를 첨가할 수 있을 것이다. 당신의 시야 어디에도 빨간 불이 보이지 않으면, 당신의 어깨 너머로 상대방을 잡고 있다는 것이므로, 머리를 너무 많이 움직여서 상대방의 샷에 당신의 머리가 나오게 하

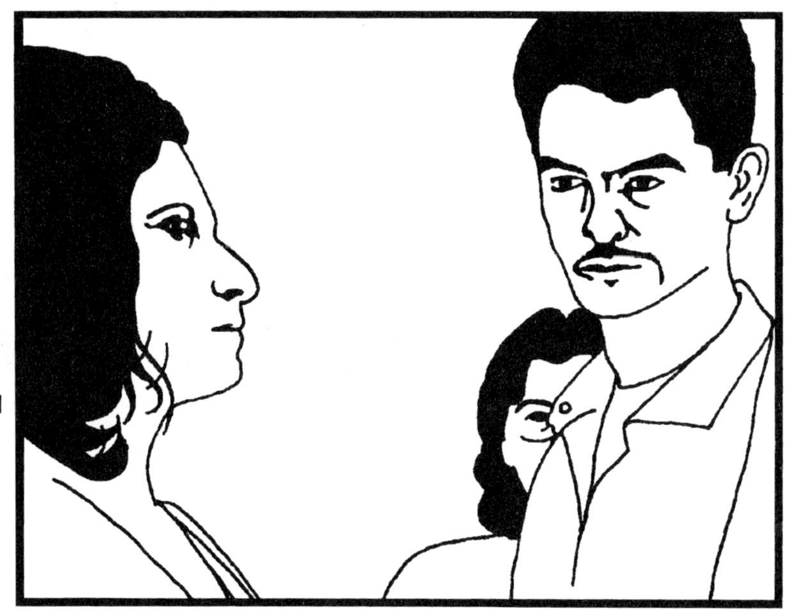

스크린에
나타난
바람직하지
않은
스리 샷의 예

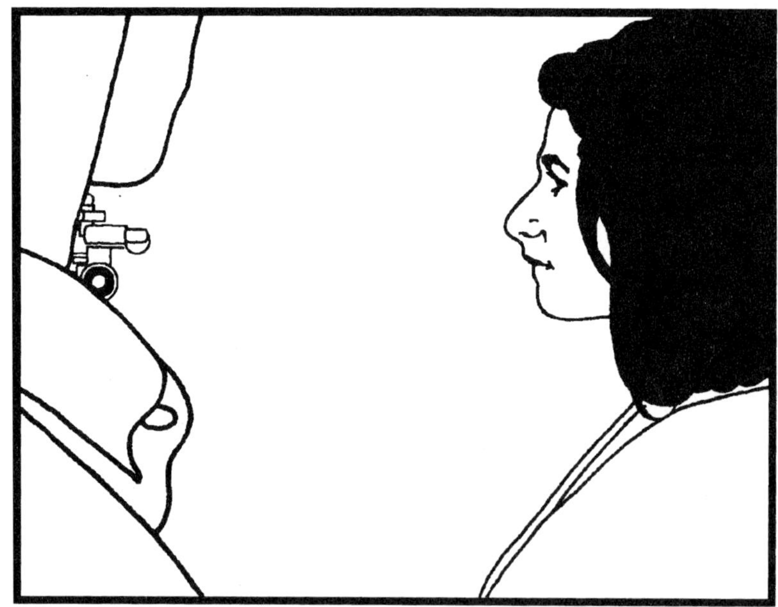

그리고
배우가 보게
되는 카메라

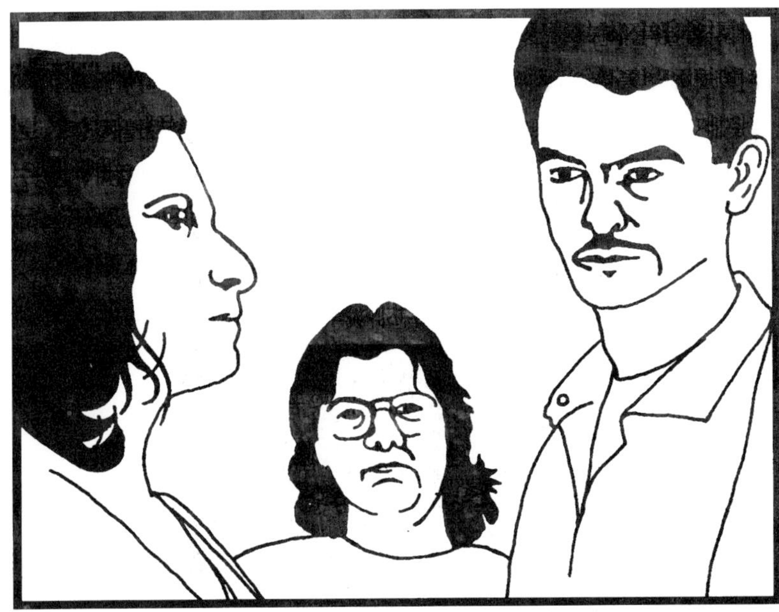

스크린에
나타난
매우
바람직한
스리 샷의 예

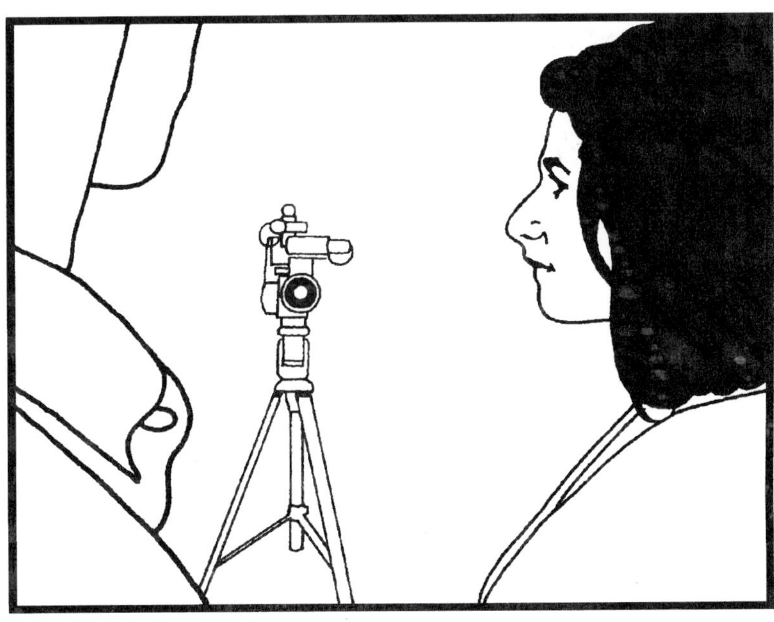

그리고
배우가
보게 되는
카메라

는 과오를 범하지 않도록 한다.

촬영에서 응용되는 단순한 기하학으로도 카메라의 위치를 가르쳐줄 수 있으며, 어떤 샷이 될 것인지를 추측할 수 있다. 연기를 할 때, 두뇌의 절반은 연기를 관장해야 하며, 다른 절반은 당신 자신의 연기의 기술 감독 역할을 맡아 카메라와 마이크의 위치를 계산하고 있어야 하며, 더불어 마크에 대해서도 기억하고 의식해서 그 지점까지 도달할 수 있도록 조정해주어야만 한다.

마크에 대해서 재삼 언급하지만, 가장 능력 있는 배우들이란 다름 아닌 자신의 마크를 정확히 기억해서 카메라에 들어오는 배우들이다. 이러한 요구는 싱글 카메라와 멀티 카메라 양쪽에 다 적용되지만, 여기에서 다루는 이유는, 움직임이 많은 멀티 카메라 촬영에서는 카메라에 정확히 들어오는 것이 훨씬 어렵고도 중요하기 때문이다.

228페이지를 보면 바람직하지 않은 *스리 샷과 함께 거기에 출연하는 배우가 보게 되는 앵글을 담았다. 229페이지에서는 바람직한 스리 샷과 그 배우가 보게 되는 시점을 보여주고 있다.

앞에서 이미 지적한 바와 같이, 촬영 시에 발생하는 문제 중의 하나는 무대와는 다르게 기술 쪽 스태프들이 카메라 앞에 서본 적이 없다는 것이다. 따라서 그들에게는 너무도 분명한 것들이 배우의 입장에서는 그렇지 않을 수도 있다. 일례로, 처음에 제시된 바람직하지 않은 스리 샷만 보아도 배우가 **어디에** 정확히 위치해야 하는지는 촬영에 관여하고 있는 감독, 믹싱 기사, 카메라맨, 음향 기사들에게는 너무도 명백하다. 그렇기 때문에 배우에게 그것이 분명치 않다는 것을 전혀 이해하지 못하는 것이다. 이런 경우, 양 옆의 두 배우들의 중간에 서서 **카메라 렌즈**를 보는 것만 정확하게 지키면, 스리 샷에 맞는 위치에 서는 것이 된다. (제4장에서 다뤘던 카메라를 향한 눈속임과 같은 맥락으로 이해하면 된다.)

연기는 기가 막히게 하는데, 마크를 지나쳐서 당신 얼굴의 일부가 상대방에게 가려진다면, 결국 그 테이프는 아무데도 쓰지 못하게 된다. 그러나 연기는 그 저 그래도 항상 정확한 마크를 찾아 서면, 쓸 만한 테이프가 된다는 것이다. 이는 곧 연기를 잘 하는 것보다 정확히 자기 자리를 찾아 서는 것이 훨씬 더 중 요할 때가 많다는 것이며, 그렇기 때문에 당신이 한 최고의 연기가 단지 마크 에서 1인치 비껴났다는 이유로 사장(死藏)될 수도 있다.

제스처나 동선의 변화는 감정에도 변화를 일으킨다는 사실을 배우가 알고 있 다면 감독으로부터 갑자기 지시를 받았을 때 불만이 생길 수 있다. 그러나 감 독은 촬영 현장에서 누구에게나 지시를 내릴 수 있는 사람이다. 감독이 카메라 맨에게 "카메라를 왼쪽으로 이동시켜주세요." 하면 카메라가 움직이고, 붐 오 퍼레이터에게 "붐을 올려주세요." 하면 붐이 올라간다. 그러나 배우에게 "오른 쪽으로 조금 움직여주세요," 하면 듣기 싫어하며, 오히려 "왜요?"라고 반문하 고 싶어질 것이다. 설혹 배우라 할지라도 세트에서는 다른 요소들과 마찬가지 로 움직여야 할 무엇, 프레임에 맞게 즉각적으로 조정될 수 있는 무엇으로 취 급하려는 경향이 있을 수 있다는 것이다. 당신이 이러한 관점을 이해할 수 있 다면, 희생을 강요당하는 단순한 배우의 입장이 아니라 작업에 함께 참여하는 공동체의 일원으로서 당당히 역할을 수행할 수 있을 것이다.

신이 진행되고 긴장감이 고조될수록 샷은 점점 더 가까워진다는 것을 유념하 고, 그에 맞추어 목소리의 레벨도 낮게 조절해야 한다는 것을 기억하라. 이것 은 일상적이지 않은 기묘한 경험이겠지만, 대사에 감정을 더 실으면서도 그와 동시에 목소리는 더 낮춰야 한다. 제6장 '사운드와 발성 볼륨'을 상기해보자.

멀티 카메라 촬영 — 필름

이것은 몇몇 할리우드의 시트콤에서 두드러지게 사용하고 있는 방식이며, 리허설 때 이미 동선 연습을 한 배우들을 카메라가 춤을 추듯이 움직이면서 촬영한다. 조정실에 각각 연결되어 통제를 받는 비디오 카메라가 아니라, 네 대의 필름 카메라가 동시에 찍는 것이다. (빨간 불이 들어온 카메라에 잡힌 것들만 녹화되는 것이 아니라, 세트 안의 모든 것들이 계속 찍힌다는 것을 의미한다.)

감독은 세트에 내려와서 네 대의 카메라에 각기 연결되어 있는 네 개의 비디오 모니터를 보고 촬영을 한다. 이러한 촬영 방식의 큰 장점은 무엇이 잘못되더라도, 즉시 다른 화면으로 대체할 수 있다는 것이다. 반면 맹점은 아무도 어떤 샷이 쓰이게 될지 **가늠할 수** 없다는 것이며, 그러므로 배우도 샷의 크기가 무엇인지 파악하기가 어렵다.

최근에 LA에서 이런 방식으로 코미디를 촬영하는 것을 본 적이 있다. 감독은 예의바른 신사 타입이었으며 — "액션 해주세요!" 이런 식이었으니 — 배우들도 최고였다. 세트의 배경이 되는 큰 규모의 사무실에서는, 사무실을 차지하고 있는 단역 배우들조차 완벽하게 연출된 비즈니스를 훌륭하게 연기하고 있었다. 배우가 한 대사가 관객의 웃음소리에 묻혀버려서 감독이 대사를 반복해달라고 지시를 하자, 배경으로 존재하고 있던 그 많은 배우들이 조용히 두 세 걸음쯤 뒤로 물러나, 반복해야 할 대사를 했던 곳에서 다시 준비를 하는 것이었다.

실로 감동적인 스크린 연기였다.

이쯤에서 시트콤에 자리한 관객들의 반응에 대해서 어떻게 대처해야 하는지를 얘기하고 넘어가는 것이 좋을 것 같다. 가장 중요한 점은 관객이 앞에 있기 때문에 당신의 연기를 그들에게 전달하고 싶은 유혹이 너무나 많겠지만, 그렇게 하면 **안 된다**는 것이다. 저 어여쁜 관객들은 오로지 당신의 연기에 반응해주기 위해서 이곳에 와 앉아 있지만, 그들도 역시 **관객 중의 하나일 뿐**이라는 사실을 잊지 말아라. 관객들을 유심히 살펴보면, 세트 위에 있는 배우들을 바라보는 것이 아니라 가장 가까이 있는 텔레비전 모니터를 보거나 스피커를 통해 나오는 소리를 듣고 있다는 것을 알게 될 것이다. 그러니 당신도 평상시와 마찬가지로 카메라를 위한 연기를 해야 하며, 관객의 반응은 웃음이 끝나기를 기다리면서 **시간을 벌기 위한 것**으로 이용해야 한다.

코미디에서 발산되는 에너지는 드라마성이 강한 것들보다 강도가 훨씬 높기 마련이다. 그렇기 때문에 내가 제안하는 아주 쉬운 법칙을 따르는 것이 좋다. **절대로 스타보다 큰 소리로 대사를 하지 말아라.** 사실 고정 출연자들은 프로의 성격에 맞는 스타일과 형식을 발전시켜온 사람들이기 때문에, 스튜디오의 관객이나 가정의 시청

> ## 멀티 카메라 촬영의 비밀
>
> · 연기 도중에 멈추지 말아라
> · 자기 앞에 있는 카메라에 빨간 불이 들어오는 것에 신경 써라
> · 당신의 마크를 지켜라—심도 있는 스리 샷의 위치를 지켜라
> · 감정을 고조시키면서도 대사의 볼륨은 낮춰라
> · 스튜디오에 관객이 있을 경우에는, 스타보다 크게 말하지 말라

자들은 주인공이 하는 것이라면 뭐든지 다 옳다고 믿는 경향이 있다. 당신의 연기도 **그 기준**에 맞추어야 한다.

싱글 카메라 촬영

무대에서는, 리허설을 하고 그것을 공연한다.
스크린에서는, 리허설을 하고 그것을 반복한다.

촬영 현장에 가게 되면, 당신이 일에 대해 받아들이는 생각과 다른 스태프들의 생각 간에는 큰 차이가 있다. 우선 그들은 대개 당신과 실제로 미팅을 하기 이전부터 줄곧 같이 일해온 사람들이기 때문에, 감독과 기술 스태프들 간에는 연극을 함께 하다보면 생기는 동료의식 같은 것이 이미 싹터 있는 상태이다.

당신이 출연하는 신은 당신에게는 매우 중요한 의미를 지니고 있겠지만, 당신으로서는 전체 장면들이 어떻게 연결되어 하나의 완벽한 작품이 될 것인지 다 파악하기가 힘들기 때문에, 자연히 그 장면이 어느 정도의 위치를 차지하고 있는지 판가름할 수가 없다. 시간을 들여 찍어야만 하는 장면인지, 아니면 당연히 있어야 하는 장면이지만 가능한 한 빠르고 효과적으로 찍어야 할 종류의 장면인지 말이다.

촬영장에서 당신을 필요로 해서 찾을 때는, 이미 당신이 그 근처를 배회하며 오랫동안 기다렸다는 뜻일 게다. 감독과 스태프들도 새벽부터 그 일에 매달려 왔을 터이므로 어떤 큰 일들이 벌어졌었는지 당신은 전혀 예측하기 힘들다. 가령 장비에 무슨 이상이 생겨서 꼼짝 못하고 기다렸었는지도 모르는 일이며, 날씨가 전혀 도와주지 않았을 수도 있고, 아니면 배우가 연기를 제대로 못해서 애를 먹고 있었는지도 모르는 일이다. 그러므로 기다리게 했다고 불평을 하더라도, 노골적인 표현은 삼가고 되도록 조심스럽게 행동해야 한다. 당신도 알다시피, 스태프들과 배우들은 일에 관한 한 상황에 대한 해석이 사뭇 다르다.

당신도 경험이 있겠지만 촬영은 당신이 생각하는 상식적인 순서대로 진행되지는 않는다. 촬영에서 적용되는 상식의 감각은 어떤 것인지 **간파**하고, 왜 그들은 그런 방식으로 일을 하는지 이해하려고 노력하라. 그렇게 하면 나를 무시한다는 상상이나 내가 무능력하기 때문일 것이라는 추측으로 인해 스스로 분노하거나 마음 상하지 않고, 기꺼운 마음으로 촬영에 협조할 수 있을 것이다.

싱글 카메라 촬영의 비밀

- 관객중의 하나인 카메라를 기억하라
- 리허설 다음엔 **반복이다**
- 당신도 작업 공동체의 일원이라는 것을 염두에 두고 협조할 마음의 자세를 갖춰라
- 촬영 준비를 하는 중에도 정해진 시선은 지켜라
- 당신 스스로 콘티를 계획하고 연습하라

촬영이란 막대한 경비가 소요되는 일이기 때문에, 프로듀서들은 보편적으로 카메라와 그 밖의 관련 장비들을 쉬지 않고 돌아가게 만들려고 한다. 이는 비단 동일한 세트나 로케이션에서 벌어지는 신들을 한 번에 몰아서 찍으려 한다는 것뿐만 아니라, 같은 방향에서 찍을 수 있는 것들은 **모두** 골라내서 찍으려 한다는 것이다. 이미 어떤 한 방향을 향해 설치되어 있는 조명을 반대로 뒤집으려면 시간이 많이 걸리므로, 조명에 그 많은 시간을 들인다는 것은 결국 카메라와 마이크, 그리고 배우를 통해 스크린에 좋은 결과를 만들어낼 수 있는 시간이 줄어든다는 것을 뜻하기 때문이다. (여기에서 프로듀서가 우선 순위로 간주하는 것은 배우가 아니다.)

배우가 의상이나 메이크업을 바꿔야 한다면, 거기에도 당연히 시간이 걸릴 것이다. 그렇기 때문에 배우들에게는 그러한 시간을 할애해주면서도 스태프들이 계속 촬영할 수 있도록 스케줄을 짜게 되어 있다. 최종 촬영 스케줄은 이토록 여러 가지 측면을 신중하게 고려해서 확정될 것이다. 당신이 보기에는 말이 안 되는 스케줄일 수도 있지만, 모든 스태프들을 관리하여 정해진 예산 내에서 계획대로 촬영을 마칠 수 있도록 총책임을 맡은 제작부장(*제작 지휘)의 눈에는 합리적으로 보일 것이다.

시간에 대한 비밀

가끔가다 배우들이 로케이션이나 세트에서 전 스태프들이 기다리고 있는데도, 이쪽으로 향하던 발걸음을 누구와 잠깐 애기를 나눈다고 멈추는 배우를 보게 되는 때가 있다. 사실 그래봤자 기껏해야 십 초 상관일 것이다.

촬영 마지막 날, 제작부장이 나에게 즉 감독에게 와서 1분 안에 촬영을 **마쳐야 한다**고 했는데, 아직 **2분** 정도 걸리는 샷을 찍지 못했고, 다시 하기에도 시간이 턱없이 부족하다면, 당신이라도 다시 거슬러 생각해보면서 하루 동안 배우,

혹은 조명, 분장, 카메라가 쓸데없이 낭비해버린 단 몇 초들을 일일이 가산해 보고 싶은 심정일 것이다. 그러다보면 눈에 들어왔던 인물에 대해 좋지 않은 감정이 쌓일 수밖에 없다.

그러니 **제발**, 초를 갉아먹는 배우가 되지 말지어다!

실전응용

각각의 샷은 개별적으로 셋업이 되기 때문에, 배우들은 샷마다 요구되는 것들을 느끼고 판단할 수 있다. 카메라가 그때마다 다른 포지션으로 이동을 하든지, 아니면 한 신을 각각 다른 크기의 샷으로 나눠 찍든지 간에 이러한 것을 셋업(setup. 샷에 필요한 카메라의 앵글, 크기, 장소 선택 등을 구체화시키는 것. 등장하는 인물의 수에 따라 샷을 분류하는데, 이러한 것들도 셋업의 예이다 – 옮긴이 주)이라 칭한다. 대개 샷의 난이도에 따라, 그리고 외부인지 실내인지에 따라 하루에 약 열 다섯 내지 마흔 개 정도의 셋업이 만들어진다고 예상하면 된다.

경우에 따라 배우가 가장 먼저 자리를 잡고 — 그때 상황에 따른 여러 세부 동작들을 시도해볼 수도 있을 것이다 — 그 다음에 배우를 기준으로 카메라와 조명의 손길이 닿아서 완성되기도 한다. 아니면 전체 시퀀스는 정교하게 계산이 되어서 준비가 끝난 상태이고, 카메라와 조명이 그에 따라 마무리가 되면 배우가 투입되며, 리허설을 시작하기도 한다. 리허설이 시작되어도 조명부는 조명을 수정할 것이며, 미술 감독은 세트의 부족한 부분들을 점검해서 보충할 것이고, 소품 담당은 상황에 걸맞는 소품들을 곳곳에 배치할 것이며, 음향은 좋은 소리를 적재적소에서 담아내기 위해서 위치를 결정하는 등 무수히 많은 일이 벌어질 것이다.

만약 그 촬영에 스타가 있다면, 조명 위치를 잡는 동안 스타가 서 있어야 할 자리에 대신 서 있어줄 대역이 필요하다. 이유는 간단하다. 촬영이란 상당히 피곤한 일이기 때문에 애지중지해야 하는 스타가 촬영을 준비하느라 괜히 에너지를 낭비하지 않고, 실제 촬영에 임했을 때 최상의 컨디션으로 연기에 집중할 수 있기를 바라기 때문이다. 물론 당신이 스타가 아니라면 어쩔 수 없이 당신에게 그 역할까지도 요구할 것임이 자명한 일이지만, 그럴지언정 이로 인해 촬영할 때 카메라 앞에서 당신이 해야 하는 궁극적인 연기에까지 영향을 미치도록 방관해서는 안 된다. 그리고 이런 준비가 진행되는 동안에도 시선은 유지하라. (이는 곧 당신이 촬영할 때 보려는 방향대로 보라는 말이다. 이때 체크해야 하는 것 중에 하나가 당신에게 조명이 제대로 비춰지고 있는가 하는 것이고, 특히 당신의 눈을 살려주고 있는 것은 조명이기 때문에 이것은 반드시 지켜야 할 수칙이다.) 또한 이러한 리허설은 스태프들에게도 그만큼 중요한 순간이라는 것을 기억해야 한다. 스태프들은 매 '테이크'마다 각자에게 주어진 임무를 완벽하게 수행할 준비가 되어 있다는 확신이 필요하기 때문이다. 리허설의 과정은 한 인물이 다른 인물과 대사를 맞춰보는 단순한 행위, 그 이상의 것이다.

알프레드 히치콕(Alfred Hitchcock)이 〈공포의 무대 *Stage Fright*〉를 찍을 때, 2분 40초짜리 연속되는 시퀀스가 하나 있었다. 그는 꼬박 이틀 반나절을 걸려서 리허설을 하고나서야 촬영에 들어갔다. 왜 그렇게 오래 걸려야 했을까? 언젠가 볼 기회가 있다면 그 이유를 알게 될 것이다. 이 샷은 계속 같은 방에서 이루어지며, 리처드 토드(Richard Todd)와 마를레네 디트리히(Marlene Dietrich)는 이리저리로 계속 움직여야 했다. 그러면서도 마를레네는 각기 다른 여덟 군데의 마크를 지켜야 했으며, 리차드는 열 한 군데의 마크를 찾아다녀야 했다. 카메라도 열 한 군데의 정해진 지점이 있었으며, 그러면서도 최소한 열 일곱 번의 포커스 이동이 있었다. 이런 시퀀스를 촬영하는 동안, 가구는 끊임없이 재배치되었고, 조명도 어느 시점에서 불쑥 켜졌다가는 카메라가 회전을 해서 발견하기 이전에 서서히 어두워지며 사라져야 했다. 복잡하게 안무된 영화의 기술적인 부분들은 이 샷을 완벽한 샷으로 만드는 데 총동원되었다. 심지어 시퀀스의 중간에 마를레네 디트리히의 얼굴에 그림자가 생길 정도로 리처드 토드가 다가갔다가, 그 즉시 자신의 상체를 뒤로 빼서 그림자가 그녀의 얼굴에서 없어지게 하는 순간도 있다. 그 복잡한 전개 안에서도 대사를 전달하고 정해진 마크에 가주어야 했음에도 불구하고, 이 배우들은 기술적인 부분에 대한 중요성 또한 충분히 인식하고 있었던 덕분에 스태프 전원들은 또 다시 이 모든 것을 되풀이하지 않을 수 있었다.

왜 히치콕은 다른 감독들처럼 장면을 잘라가면서 만들지 않고, 하필이면 이런 방식의 촬영 방법을 택한 것일까? 그는 배우와 스태프 모두에게 큰 어려움을 겪게 했지만, 그것은 오로지 좋은 화면을 **만들기 위함이었고** 결과는 성공적이었다. 이 시퀀스는 평론가들이 손꼽는 히치콕 영화의 유명한 '거짓' 플래시백 중의 하나이다. 리처드 토드가 방금 자신에게 어떠한 일이 일어났었는지 애인에게 설명해주면서 거기에는 플래시백, 곧 과거 회상이 있는 듯이 보이지만, 영화가 끝날 때쯤이면 그것이 모두 거짓이었음을 알게 된다. 플래시백은 실제로 **일어나지 않았다.** 내가 생각하기에 천재 감독 히치콕은 관객에게 그 모든 것이 사실상 모두 거짓말이라는 것을 우회적으로 교묘하게 전달하기 위하여 이렇게 복잡하고, 누가 봐도 엄청나게 어려울 것 같은 방법을 선택한 게 아닐까 싶다. 이점에 대해서는 토론의 여지가 있을 수도 있겠지만, 결과 자체로서의 의미는 배우가 그러한 결과를 낳기 위해서 그러한 방식으로 연기를 해야 했다는 것, 곧 스크린 연기에서 최상급의 난이도를 연기해냈다는 것이다.

어떤 셋업이든 간에 몇 번이고 반복될 수 있는 것이며, 이것을 **테이크**(take)라고 부른다. 어떤 배우들은 첫 테이크에서 그들의 베스트를 보여주기도 하며, 어떤 배우들은 한참 후에나 그것이 나오기도 한다. 또 테이크를 너무 많이 하지 않으려는 감독이 있는 반면, 끝도 없이 반복하는 감독들도 있다. 테이크에 정형이라는 것은 없다. 테이크 때마다 매번 다른 디렉션이 배우에게 주문되기도 하고, 때로는 전혀 주어지지 않을 수도 있다. 그러면서도 배우는 같은 동선과 같은 종류의 비즈니스를 유지해주어야만 콘티뉴어티(continuity. 편집시 샷과 시퀀스가 연속되는 느낌을 주도록 공간적 그리고 시간적으로 짜여진 것 ─ 옮긴이 주)

의 세계로 들어갈 수 있다.

한 쪽 손으로 들었던 스푼을, 잠시 후 장면을 다시 반복해서 찍을 때에 아무 생각 없이 다른 손으로 드는 배우들에게 스태프들은 난감해 한다. 촬영 기록은 콘티 상의 실수에 대한 예들로 가득하다. 그러한 실수들은, 보는 사람이 지적하는 것은 쉬울지 몰라도, 실지로 현장에서 대처하는 것은 훨씬 더 어렵다. 배우는 분명히 정해진 콘티대로 연기를 했고, 심지어 바로 직전에 찍었던 폴라로이드 사진과도 일치하는데, **여전히** 틀린 콘티가 나올 수도 있다. 원인은 항상 배우에게만 있는 것이 아니기 때문이다. 당신이 범하게 될지도 모를 실수를 대비하라. 그리고 스크립터가 당신이 놓쳐버린 콘티 연결을 조목조목 기록해서 당신에게 전달해주는 끔찍한 상황이 벌어지지 않도록 예방해야 한다. 이런 상황을 비껴가려면, 당신의 콘티를 미리 연구해서 육화된 상태로 세트에 도착해서 촬영에 임하면 된다. 콘티는 대사만큼이나 당신의 연기에 있어서 중요한 부분으로 취급해야 하며, 그렇게 해야 세트에서 어떤 변동 사항이 발생하더라도, 콘티의 세부 사항들을 외우느라 분산되지 않고 당신의 재능을 온전히 당신이 맡은 역할에만 쏟을 수 있게 될 것이다.

촬영을 잘하는 요령

• 어떤 지시를 받게 되면 지시를 내린 사람에게, 그 지시 사항을 반복해서 들려주어라. "네에?"라든가, "다시 한 번 말씀해주실래요?"라는 말은 삼가라. 무슨 말인지 이해하지 못한 채 아무 말도 없이 촬영에 들어가서 제대로 하지 못하면 더욱 더 좋지 않은 결과를 초래할 수 있다. 전달된 지시를 반복하는 것은, 지시를 내린 이에게 당신이 이해했다는 사실을 확인시켜줄 수 있는 기회이며, 당신에게는 다소 납득이 가지 않는 사항이었다 할지라도 **반드시** 해야 한다는 확신을 가지게 해준다.

• 당신의 마크에 정확히 도달하기 위해서는, 굳이 내려다보지 않고도 알 수 있

는 감각을 기르는 것이 중요하다. 몇 발자국을 디뎌야 마크까지 도달할 수 있는지 연습하거나, 가구를 기준으로 당신의 위치를 알아두거나, 두 물건 (등과 출입문 사인 같은 것)의 간격으로 따져놓거나 해서 거기까지 가면 마크에 이르게 되는 것으로 방법을 모색해놓아야 한다.

- **카메라** 쪽 손에 어떤 소품을 설정해서, 의도적으로 얼굴이 카메라를 향해 노출되도록 속임수를 써야 한다. 다시 말하자면 당신이 책을 보든, 뭘 마시든, 반지를 만지작거리든, 연필을 집어들든 간에 그것은 아무 것도 하지 않는 것보다 훨씬 손쉽게 얼굴을 보이게 할 수 있을 것이다.

유사한 방법으로, 상대 배우와 대화를 나누는 장면에서, 당신이 상대방을 바라볼 때 **카메라와 먼 쪽에** 있는 눈으로 상대방의 **카메라와 가까운 쪽** 눈이나 귀를 바라본다면 당신의 얼굴을 좀더 카메라 쪽으로 향하게 할 수 있을 것이다.

- 샷의 마지막 순간에는 항상 어떤 표정을 얼굴에 남기도록 한다. **'컷'이란 감독의 외침이 들린 직후에도** 당신의 캐릭터가 어떤 말과 어떤 비즈니스를 이어서 할 것인지를 **항상** 고려해두는 것이 좋다. 이렇게 하면 표정과 자세가 흐트러지지 않고 끝까지 생기있게 지속시킬 수 있기 때문이다. (경우에 따라서는 상대방의 얼굴에서 끝나야 할 시퀀스의 마지막 샷이 **당신**에게 돌아오게 될 수도 있다.) 내가 나름대로 터득한 방법 중의 하나는 신을 마무리할 때, 배우들에게 크게 숨을 내쉬게 하는 것이다. 이것은 사실 아무 의미도 없는 행동이지만, 다음 장면으로 전환될 때까지 당신의 표정을 살아있게 만들어주는 효과를 발휘한다.

- 당신의 체중을 어느 한 발에 실음으로써 정확한 샷에 쉽게 적응할 수 있도록 하고, 만일 카메라를 향한 위치가 잘못되었다 하더라도 즉시 옮길 수 있도록 준비되어 있어야 한다. 다른 배우들은 전부 자신의 마크를 벗어난다 해도, 당신은 **여전히** 스리 샷의 바람직한 구도 내에 존재하고 있으므로 설령 당신

이 움직여야 하는 사태가 발생하더라도, 올바른 위치에 서 있는 것이니 안심해도 된다.

- 동선을 따라 이동할 때에는, 말은 빠르게 하더라도 천천히 걸어라. 당신이 걷는 것을 카메라가 트랙킹할 때에는, 실제로는 다소 느릿느릿 걷고 있다 하더라도 무릎을 가급적 높이 들어올려서, 걷고 있는 동작을 좀더 시각화시켜 주는 것이 좋다. 느린 동작으로 인해 말까지 느려지지는 않도록 주의해라.

- 만약 대사를 해야 하는 시점에 큐 사인이 필요하다면(대사를 주고받아야 할 배우가 너무 멀리 있거나 상대방이 대사를 너무 은밀하게 하기 때문인 경우가 이에 해당된다), 주저하지 말고 부탁해라. 스태프들은 당신이 대사를 적당한 타임에 하지 못하는 것을 방치하기보다는 어떻게 해서든 도와주려고 할 것이다.

- 비슷한 맥락에서, 만일 당신이 대사 때문에 심각한 문제에 봉착해 있다면, 몇몇 부분이라도 적당한 장소에 써서 놔달라고 하거나, 아니면 아예 전체를 칠판에 써서 거기 대사가 적혀 있다는 것을 당신이 아는 상태로 촬영에 들어가게 해달라고 부탁을 한다. 그렇게 하면 대사를 외우느라 너무 많은 에너지를 써버리지 않으면서도, 연기에 더 확신을 가지고 임할 수 있을 것이다. 물론 대사를 암기하는 것이 당신의 직업이라는 것은 너무도 잘 알고 있지만(촬영 자체가 상당히 까다로워질 수 있으므로, 촬영이 들어가기 직전에 어떤 요구 사항들이 추가되어지더라도 유연하게 대처할 수 있도록 대사를 **완벽하게** 암기하고 소화한 상태이어야 한다), 당신이 자꾸만 대사를 잊어버려서 끝도 없이 테이크를 해야 하느니 차라리 대사가 적힌 쪽지를 붙여주는 편이 낫다.

- 당신의 연기에 대해 특별한 지시 사항들이 전달되지 않으면, 별다른 문제가 없는 것으로 간주해도 좋다. 한 테이크를 하고나서 마이크가 보이지 않았는데 거기에 대고, "좋았어요, 붐 마이크!" 하고 일부러 말해주지 않는 것과 마

찬가지로, 감독은 아무런 문제를 야기하지 않은 스태프들에 대해서는 일일이 언급할 필요를 느끼지 못하는 것이다. 침묵은 곧 아무도 나에게 관심이 없는 것이라고 간주해 버릇하면, 일생을 우울증에 시달리며 살게 될 것이다.

- 스크린 연기에 관한 책 어디선가, '눈을 깜박이지 말라'고 적혀 있는 것을 본 적이 있다. 이 때문인지 눈물이 고인 듯한 눈이 그렇게 많을 수가 없다. 그 말은 맞기도 하고 틀리기도 하다. **만일 짧고 밋밋한 눈썹을 가지고 있는 사람이라면**, 눈을 깜빡여봤자 이상하게만 보일 것이다. 그러니 만일 당신이 그런 눈썹의 소유자라면, 깜박이지 않아야 한다는 말이 맞는 말이다. 반면 당신이 검고 긴 아름다운 눈썹을 가지고 있다면, 그 눈썹이 휘날리면서 아주 드라마틱한 효과를 창출해낼 수 있기 때문에 깜빡여도 좋다. 이 또한 **당신의 얼굴에 따라 어떤 것이 가장 효과적일 수 있느냐**를 두고 차별되게 적용되어야 할 범주에 속한다. 작은 눈을 가지고 있는 사람이라면 눈을 깜박이지 말라는 말을 늘 염두에 두고 있어야 하고, 큰 눈을 가지고 있다면 더욱 신경을 써야 하는 등 여러 가지가 있을 수 있다. 당신에게만 적용되는 원칙을 발견해서 발전시켜나가야 한다.

이제까지 언급한 요령들을 권장하는 것은 아니다. 그러나 이러한 것들이 실제로 통용되고 있는 경우를 많이 보아왔으며, 더불어 촬영에서 벌어질 수도 있는 상황을 미리 알려주는 것이다.

롱 샷으로 장면을 찍어야 하는 어떤 배우가 있었다. 배우는 훨씬 더 근접한 샷일거라는 예상을 했지만, 감독이 롱 샷을 원했으므로 촬영은 감독의 의도대로 이루어졌다. 단지 문제는, 롱 샷에서 그 배우는 자기 대사를 전혀 외우고 있지 못했다는 것이다. 그에게 있어서 대사란 자기의 클로즈업일 때에만 완벽하게 외워지는 모양이다. 기억력이란 참 묘한 것이다.

한번은 어떤 배우가 지금 찍을 샷이 투 샷이지만, 자기 생각에는 자신의 단독 샷을 찍는 것이 더 낫지 않겠느냐고 제안하는 것을 들었다. 그러나 감독의 생각은 그렇지 않았기 때문에, 투 샷이 셋업되었다. 그런데 배우가 대사를 하도 작게 한 나머지, 아무리 소리를 키워달라고 해도 그렇게 하지 않으니, 알맞은 사운드를 건지기 위해서는 마이크가 가까이 들어와주는 것밖에 방법이 없었다. 그렇게 되면 카메라에 마이크가 들어오고, 마이크를 없애기 위해서는 샷이 타이트해질 수 밖에 없었다. 결국 그 배우는 자기가 원했던 싱글 샷을 쟁취하게 되었다. 참으로 뭐라고 표현할 수 없는 사건이었다.

결론

스크린에서 보통 사람처럼 보이기 위해서는 많은 재능이 필요하다는 생각이 든다.

이처럼 화면에서 자연스럽게 보이면서도, 감성과 열정으로 가득 차 있는 신뢰할 만한 연기를 훌륭하게 하고, 동시에 자신의 마크를 빠짐 없이 기억하며, 마이크의 방향을 의식하면서 대사를 할 수 있다면 당신은 실로 엄청난 능력의 보유자가 아닐까 생각한다.

어렵고도 기술적인 난제가 있는 시퀀스를 아무 것도 아닌 것처럼 편안하게 보이게 만드는 것은 배우들의 능력인데도, 우리는 그 훌륭한 배우들을 너무나 쉽게 과소평가하는 우를 범하곤 한다. 얼마만큼의 어려움이 있었는지는 제대로 알지도 못하면서, "저 정도는 나도 한다."고 자신 있게 주장하는 것이다. 지금까지 여러분들은 이 책을 읽었을 테니, 이제는 아무런 준비 없이 촬영장에 뛰어들어 하룻밤새 유명한 스타가 된다는 것은 불가능하다는 것을 깨달았으리라고 생각한다. 여기에는 분명히 노력, 끊임없는 노력이 요구되는 것이며, 이 책은 당신에게 어떤 노력을 어떻게 해야 하는지 가르쳐주고 있을 뿐이다.

다시 한 번 이 장의 맨 처음을 보자. 골디 혼은 촬영에 필요한 온갖 장비와 사

촬영할 때 사랑할 수 없는 배우

1. 무대 감독, 혹은 감독이 "컷!" 하지도 않았는데, 맘대로 연기를 멈춰버리는 배우
2. 테이크 때마다 각기 다르게 하다가, 카메라를 뒤집어서 '반대'의 앵글을 찍으면 자신이 어떻게 했는지 기억하지 못하는 배우
3. '리얼한' 연기를 하겠다고 하지만, 카메라 쪽으로 얼굴을 향하는 눈속임은 못하는 배우
4. "이게 아닌 것 같은 느낌이 들어서 그랬다."며 양해를 구하지도 않고 마음대로 바꿔버리는 배우
5. 자기가 하고 있는 일, 즉 스크린 연기의 성질을 이해하지 못하거나 이해하는 것에 전혀 문제가 없었던 배우

람들에 둘러싸여 있으면서도, 침착하게 연기를 하고 있다. 앞으로 이와 같이 조용하고 평화로운 장면을 보게 되더라도, 프레임 바깥은 이 모든 혼란으로 둘러싸인 전혀 다른 세계가 펼쳐져 있다는 것을 잊지 말고, 이런 여건하에서도 평정을 찾아 자기의 것을 해낼 수 있는 그 능력과 재능을 인정해주어야 할 것이다.

촬영할 때 사랑스러운 배우

1. 자기의 대사 암기는 물론, 해야 할 비즈니스를 계획하고 연습해서 촬영장에 오는 배우
2. 장면에 아이디어와 비즈니스를 내면서도, 무엇이 가능하고 또 그렇지 않은지 이해하는 배우
3. 테이크 때마다 매번 같은 비즈니스를 같은 단어에 붙이는 배우
4. 투 샷 혹은 스리 샷에 맞게 스크린을 적절하게 채우는 구도에 위치를 잡고 편안하게 적용하는 배우
5. 스크린 연기의 특성을 이해하고 있으며, **기술적인 측면과 시간**을 고려한 틀 안에서 가능한 것들을 제안하고 보탤 수 있는 배우

제14장

편집자와 편집
The Editor and Editing

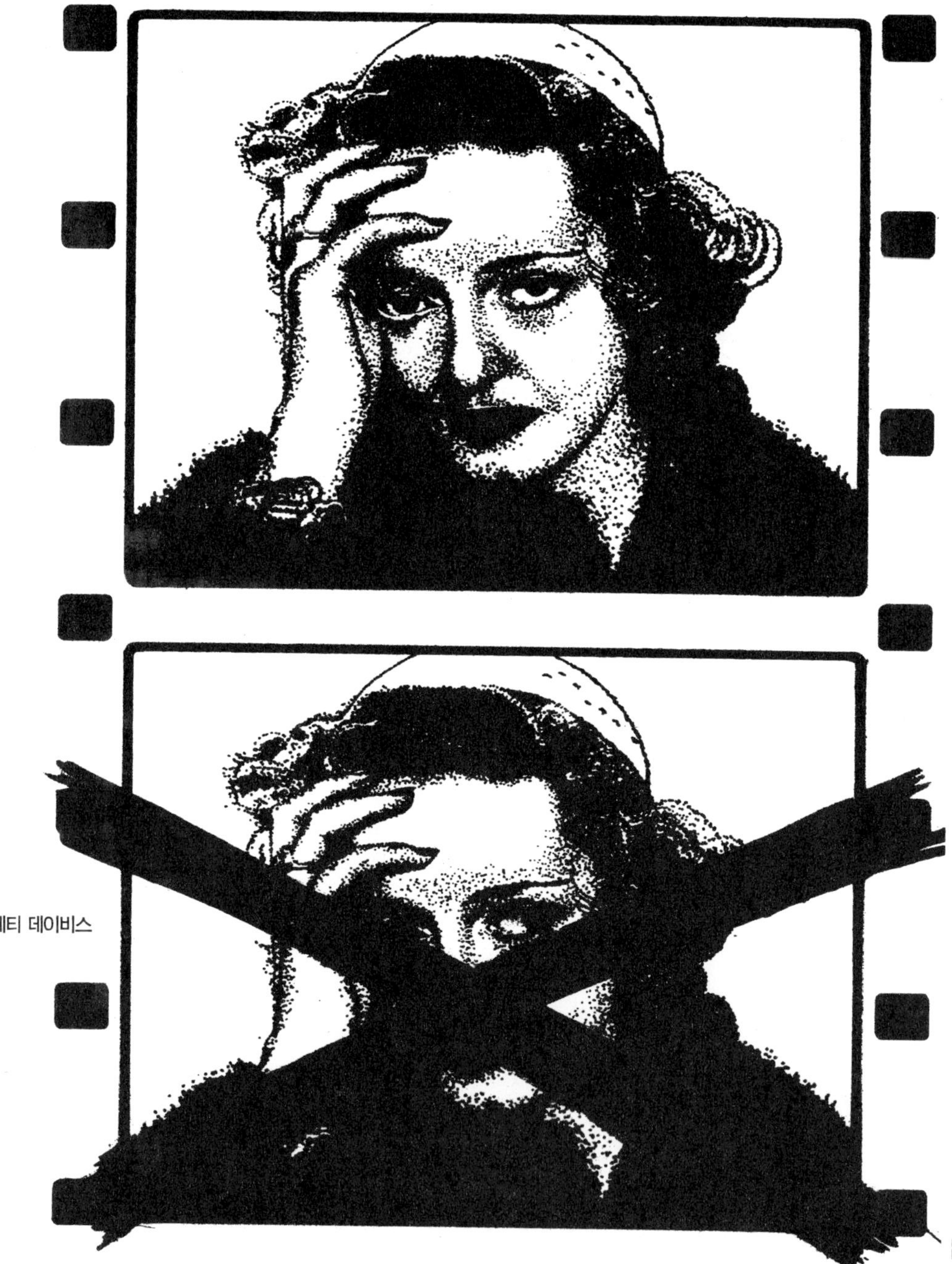

베티 데이비스

편집자와 편집

일반론

대부분의 감독들이 편집 과정에서 스크린을 뚫어져라 응시하면서 가장 공통적으로 느끼게 되는 것은 왜 배우에게 더 하도록 **고집하지** 못했었나 하는 것이다. 여기서 다시 강조하고 싶은 것은 모자라는 것보다는 남는 것이 낫다는 것이다.

편집은 작가의 의도가 무엇이었는지, 그리고 감독이 계획했던 것들은 어떤 것들이었는지에 의해 좌우되는 것이 아니다. 편집 기사는 **오로지 현재 자기 손에 있는 것만**을 취급한다. 그가 상대해야 할 재료들은 카메라가 녹화한 것, 그 이상도 이하도 아니며, 그것은 바로 배우가 렌즈에 담아놓은 것이다.

리액션

리액션에 관한 설명은 이미 제5장 '리액션과 비즈니스'에서 다뤘던 것으로 알고 있다. 여기서는 또다른 관점으로 해석해보려 한다.

두 사람이 서로 대화를 나누고 있을 때는, 대개 먼저 한 사람에게 카메라를 놓고, 중간 중간에 그가 얘기를 듣는 순간까지도 포함해서 그가 얘기하는 것을 전부 찍게 된다. 그런 다음 카메라는 다른 배우에게로 이동을 해서, 그와 같은 과정을 되풀이하는 것이다. 편집을 할 때 편집 기사는 스크린에서 말하고 있는 배우의 장면만을 쓰지는 **않는다**. 감독과 편집 기사가 찾는 것은 말하는 자의 얼굴이 **아니기** 때문이다.

편집 기사는 대개 한 인물에서 일을 시작하는데, 그리고는 다른 인물의 듣고 있는 리액션 샷을 보면서 뭔가 흥미를 유발시키는 꺼리가 없는지를 찾는다. 흔한 일이지만―특히 경험 부족인 배우들에게 해당된다―사실상 쓸 만한 것이 별로 많지는 않다. 나는 무려 3분 짜리 테이크에서 자기의 대사 한 마디를 제외하고는 **아무 것도** 하지 않은 배우의 얼굴을 거의 공포에 가까운 심정으로 바라보았던 기억이 있다.

이 시점에서 무엇이 **진실이며**, 무엇이 **진실처럼 보이는지** 처음부터 다시 한 번 정리해보아야 하겠다. 실제 생활에서, 만일 당신이 누군가의 말을 듣고 있다면 '정중함'을 얼굴에 표현하려고 상당히 노력할 것이며, 당연히 상대방이 얘기하는 도중 당신이 생각하고 있는 것을 곧이곧대로 얼굴에 드러나게 방치하지는 **않을** 것이다. 당신이 얼굴에 눈에 띄는 구체적인 표현을 하면, 그의 말에 대해 당신 자신의 견해를 가지고 대화에 끼어들어 한마디하고 싶다는 일종의 사회적 '신호'가 되어버리기 때문에 그러한 의도가 없는 경우에는 눈에 띄는 표현을 **하지 말아야** 한다.

연극에서, 상대방이 대사를 하는데 당신이 크고 극명하게 리액션을 해버리면, 그의 연기를 방해했다는 혐의를 쓰고, 연극이 끝난 후 분장실에서 피차 곤혹스런 시간을 가지게 되기가 쉽다.

다시 요점으로 돌아가서, 사실 다른 사람이 얘기를 하는데 리액션을 한다는 것은 '비사실적인' 일이다. '사실적'이려면, 아주 자제된 약간의 얼굴 표정으로 그쳐야 하는데, 그러나 **그러한 리액션을** 스크린에서 보여준다면, 이 또한 지루하고 쓸모 없는 것이 되고 만다.

편집자나 감독이, 말하고 있는 얼굴에서 듣고 있는 얼굴로 편집을 하는 것은 단지 일 초 정도의 짧은 순간 동안 듣고 있는 사람의 얼굴을 삽입해서 그 샷에 좀더 생기를 불어넣기 위함이다.

앞에서 이미 설명한 바와 같이, 쓸 만한 *리액션 샷을 찾아내느라 듣는 얼굴을 **무수히** 들여다봐야 할 수도 있다. (**찾았다!** 이 얼굴 괜찮은데. 이런, 그냥 깜박이는 것뿐이잖아.) 혹시라도 배우가 각기 다른 세 가지의 리액션을 연속적으로 한다면, 배우는 아주 이상한 **느낌**이 들것이다. 그것이 관객에게 그대로 보여진다면, 관객도 마찬가지로 매우 이상하게 **볼** 것이다. 그러나 편집자가 그 리액션들을 **전부 쓰는 것은 아니다.** 그가 찾는 것은 아주 짧은 순간, '좋은 리액션'이 있는 그 순간을 찾는 것이다. 당신이 몇 개의 리액션을 제공해줄 수 있다면, 당신을 더욱 쓰임새가 많은 배우라고 인정할 것이다. 당신 자신은 이상한 **느낌**을 경험하는 것이겠지만, 편집자에게는 선택의 여지를 주는 것이고, 좋은 재료들을 충분히 가지고 한 단계 발전시킨 작품으로 다듬어서 예술적인 차원에서의 편집을 가능하게 해주는 것이 된다.

예전에 한번은, 부인이 남편에게 계속 말을 하고, 남편은 묵묵히 듣고만 있다가 한 마디 겨우 내뱉는 장면을 찍은 적이 있다. 그 장면을 찍을 때쯤 되니 이미 시간이 모자라기 시작해서 나는 부인의 클로즈업을 먼저 잡아서 대사를 다 따두었다. 그리고는 거의 듣기만 하는 남편에게로 카메라를 옮겼다. 그가 하는 리액션이란 지루하기 짝이 없었고 이제는 주어진 시간이 일 분 남짓밖에 남아 있지 않았으므로, 카메라에게는 계속 찍어줄 것을 부탁하고(아니 정확히 말해서 그렇게 고함을 쳤을 것이다), 배우에게 뛰어가 얼굴에서 나올 수 있는 모든 감정과 느낌을 보여달라고 빌며 애원했다. 그러면서 그에게 상황에 맞지 않거나 진실되지 않게 보이는 것은 절대로 쓰지 않겠다고 굳게 다짐을 해주었다. 그리고는 촬영을 끝마쳐야 하는 시간 직전에, 마지막으로 그의 리액션 샷을 한 번 더 찍을 수 있었다.

그러나 그의 얼굴은 **여전히** 아무것도 보여주지 못하고 있었다. 결국 나는 촬영을 포기하고 그 배우의 옆으로 다가가서 왜 내가 간절히 부탁을 했는데도 그렇게 하지 않았느냐고 부드러운 어조로 물었다. "그렇게 하고 **싶었어요.** 그런데 그렇게 하면 단지 거짓으로 얼굴 표정만 만드는 것 같아서……." 그 자신도 안타깝다는 듯이 이렇게 대답하는 것이었다.

나는 그런 그에게 아무런 대답도 해줄 수가 없었다. 편집 과정에서 우리는 부인의 얼굴밖에는 쓸 수가 없었다. 왜냐하면 보충을 하거나 이야기의 전개를 발전시켜줄 만한 것이 아무것도 없었기 때문이다. (이런 경우, 배우가 뭔가 해결해주지 않으면 감독은 속수무책이라는 것을 알아두기 바란다.) 만약 그가 거짓으로라도 한 번만 표정을 제대로 만들어주었다면 편집자가 필요로 했던 남편의 리액션으로 짧게 컷할 수 있었을 것이고, 그랬더라면 스크린 속의 부인이 계속 말을 하고 있는 와중에 남편이 어떤 감정을 느끼고 있었는지 관객도 이해할 수 있었을 것이다.

관객이 보는 비밀

스크린에 당신 혼자만 보일 때, 관객은 당신이 겪고 있는 과정을 **관객 자신들만이** 보고 있다고 믿는다. 그때 당신의 표정에서 내면의 감정을 드러내 보여주면, 관객들은 상대 배우가 모르는 비밀을 알게 되었다고 믿게 된다.

최근에 찍은 신 중에 옆집으로부터 초대를 받은 상황에서 부인이 남편에게 그 집에 차 마시러 가기가 **싫다는** 자신의 의지를 어떻게 해서든 남편에게 암시하고자 하는 신이 있었다. 나는 그 여배우에게 가기 싫다는 뜻으로 남편이 볼 수 있도록 고개를 저으면 되지 않겠느냐고 제안했지만 그녀는 강경하게 대답했다. "그렇게는 못해요. 옆집에서 볼지도 모르잖아요." 그러나 이 장면은 그녀의 클로즈업이었다. 나는 그녀에게, **실제 생활에서는** 옆집에서 그런 그녀의 행동을 보게 될 가능성이 있지만, 스크린에서는 남편만이 그녀의 본심을 아는 것으로 관객들은 생각할 것이라고 거듭 인식시켜야만 했다.

그녀는 마지못해 그렇게 했지만, 편집을 해놓고보니 실제로 그런 효과가 난다는 것을 깨닫게 되었다. 이는 카메라에 의해 정의되는 '진실한' 감정이란 과연 무엇인가를 부단한 경험을 통해 터득하기 전까지는, 배우가 자신의 감정을 신뢰한다는 것이 얼마나 어리석은 일인가를 다시 한 번 일깨워주고 있다.

상대방 순간 응시

동시에 여러 사람들이 출연하는 장면에서, 편집자는 어느 누구의 얼굴에서 다른 누구로 전환할 때에 동기를 유발하는 순간에 컷하고자 하며, 이런 의도로 가장 쉽게 쓰이는 것이 바로 극 중 한 캐릭터가 다른 배우를 '순간 응시' 하는 그 시점이다.

이런 '순간 응시'는 편집자를 상당히 배려해주는 것이다. 자연적으로 편집자는 다른 사람의 얼굴을 잡기 위해 당신의 얼굴을 기점으로 이용하므로, 당신의 얼굴이 스크린에 더 자주 나타나게 된다. 이것은 절대 이기적인 행동이라고 볼 수 없다. 실질적인 행동이다. 나와 함께 일한 적이 있는 배우 중에 어떤 사람에게 말하기 시작한 지 얼마 되지 않아 다른 사람에게로 **시선을 돌리는** 버릇을 가지고 있는 배우가 있었다. 그 배우처럼 하면 편집을 해놓았을 때, 그가 말을 하고 있는 상대 배우가 어디에 있는지 보는 사람의 입장에서는 무척 혼란스럽게 만드는 단점이 있다.

콘티뉴어티

편집을 하다보면 좋은 콘티와 나쁜 콘티는 쉽게 식별이 가능하다.

배우의 동작, 특히 특정한 비즈니스의 순간(무엇을 마신다든지, 책을 넘긴다
든지)은 다른 앵글에서 찍을 때도 **반드시 일치해야만** 한다.

배우가 어떤 말과 동작을 하고나서, 얼마 지나지 않아 같은 말을 하면서도 다
른 비즈니스를 또다른 위치에 하는 것을 보고, 스크린 관계자들(연극 쪽은 그
렇지 않을 것이다!)은 항상 놀라게 된다. (배우들은 항상 자신의 연기를 발전
시키려고 하기 때문에, '촬영'을 발전하는 과정의 연속으로 간주하려는 경향
이 있다. 연극에서는 그것이 자연스러운 것으로 받아들여질 테지만, 스크린에
서는 오히려 결점이 될 수 있다는 것을 명심해야 한다.)

촬영에서는 스크립터, 촬영 기사, 감독 등 많은 사람들이 배우의 콘티를 지적
해주고 상기시켜주기 마련이지만, 당신이 콘티를 다르게 해서 편집자가 중요
한 순간에 당신의 얼굴로 컷하지 못하였다면, 다른 누구의 잘못이라고 스스로
위안하기는 힘든 일이다.

누구나 최상의 것을 원한다. 그리고 편집자는 러시에서 보게 되는 가장 좋은
순간을 편집해서 스크린에 보여주기를 원한다. 그러나 연결되어야 할 샷에서
동작, 혹은 어깨나 머리의 각도가 맞지 않으면, **의도대로** 장면을 편집할 수 없
기 때문에 결국 그것은 쓸 수 없게 되고, 아깝지만 버릴 수밖에 없다. **편집이 가
능할 때에만** 최고의 순간도 그 가치를 발휘할 수 있는 것이다.

두 배우가 들판을 가로지르며 걷는 장면을 찍을 때의 일이다. 그들을 따라 카
메라가 트랙킹을 하는 두 개의 셋업을 촬영하기로 되어 있었다. 하나는 두 배
우가 같은 방향을 보는 투 샷이었으며(그중 한 배우는 카메라에 더 가까이 선
다), 다른 하나는 그 반대 방향을 트랙킹하는 것이었다. 배우 한 명은 담배를
피고 있었는데, 나와 편집자는 그가 그 긴 장면을 연기하면서 다른 앵글에서
도, 똑같은 단어에서 정확히 똑같은 만큼의 담배를 피고 있는 것을 보고는 경
탄을 금치 못했던 적이 있다. 그렇게 되면 편집이 가능한 순간뿐만 아니라, 원

하는 때에 **언제라도** 이 샷에서 다른 샷으로 컷할 수 있으며, 더불어 연기가 가장 좋았던 부분을 아무 제약 없이 골라서 편집할 수도 있다.

이런 배우가 된다는 것은 얼마나 좋은 일인가. 그러기 위해서는 자신의 세밀한 동작들까지도 계산하고, 충분히 연습한 상태에서 촬영에 임하는 자세가 필요하다.

당신에게 식사하면서 연기를 해야 하는 신이 있다면 그 자체가 큰 부담으로 작용할 수 있다. 카메라가 당신의 오버 숄더로 상대방의 얼굴을 잡다가, 다시 당신 쪽으로 와서 당신이 말하기 직전부터 클로즈업으로 당신을 잡으려 한다면, 스크립터는 당신에게 와서 **언제** 잔을 들어야 하며, **언제** 음식을 한 입 넣고, **언제** 몸을 앞으로 구부렸었는지 등등 **엄청난 양**의 체크 사항을 당신에게 전달해줄 것이다. 그런 경우, 너무 지시되는 콘티가 많아서 애를 먹곤 하는 배우들도 봤지만, 그렇게 **해야 하는** 것이 원칙이다.

어떤 배우들은 콘티에 대한 그런 지시가 너무 귀찮은 나머지, 손쉬운 해결책으로서, 먹어야 하는 장면인데도 끝까지 양손을 주머니에 넣고서 아무것도 먹지 않고, 담배도 피우려 하지 않는다. 이렇게 하면 물론 촬영할 때 인물의 일상을 **단순화시켜주기는** 하겠지만, 과연 배우의 연기 자체가 **향상될 수 있을까?** 미리 자신이 해야 할 비즈니스들을 연구하고, 촬영에 와서 콘티뉴어티를 연기에 실행하는 것이 훨씬 더 바람직한 배우의 태도라고 할 수 있다. (이는 또한 편집자가 당신의 얼굴을 더 많이 스크린에 삽입할 수 있게 하는 것이기도 하다.) 마이클 케인(Michael Caine)이나 존 길거드 경 같이 특출한 영화 배우들은 심지어 호텔 방에서도 가구를 재배치시키고 테이블을 치우게 하는 등 까다롭게 준비를 했던 것으로 유명하다. 그들은 자신의 동작과 비즈니스가 완전히 몸에 붙을 때까지 수십, 수백 번을 연습하는 배우들이다. 촬영장에 와서 어떤 손으로 어떤 스푼을 들었었나 기억해내느라 시간을 낭비하지 않고, 어떻게 하면 카메라와 가장 좋은 감정을 끌어낼 수 있을 것인가 같은 더 중요한 것들에 재능과 시간을 집중하는 것이다.

배우가 콘티뉴어티의 중요성을 인식하고 이해하게 되면, 그것을 자기에게 유리한 방향으로 얼마든지 적용할 수 있다.

일례로 편집자들은 화면을 전환할 때, 눈에 띄는 결정적인 동작에서 컷하는 것을 선호한다. 이는 컷의 동기를 부여하고, 콘티상의 문제로 발생하는 어쩔 수 없는 불일치를 숨겨주는 구실을 하기 때문이다. 어떤 하나의 상황을 연결시키느라 평생을 편집실에 앉아 있을 요량이 아니라면, 세 사람을 어떤 앵글로 잡았다가 변화를 준 앵글에서도 그들의 머리, 어깨, 팔과 손, 이 모든 것이 완벽하게 연결되는 샷을 만들어내기란 거의 불가능하다는 것이다.

그렇기 때문에 편집자는 그런 요구에 합당한 비즈니스를 찾는 것이며, 경험 많은 배우들은 자신이 화면에 나와야 할 때라고 느끼는 순간 바로 직전에, 마치 무심결에 하듯 그런 큰 행동이나 동작을 한다. 결국 그 배우는 편집 동기를 부여하는 비즈니스를 편집자에게 제공하여, 그가 내려야 할 결정에 대해서 일조를 해주는 것이다. 현명한 배우이다.

필름 vs 비디오

과거에는 영화에서 흔히 쓰이는 싱글 카메라보다 멀티 카메라 비디오 촬영이 어찌됐든 좀더 '사실적'이라는 통념이 지배적이었다. 왜냐하면 멀티 카메라 비디오 촬영에서는 배우와 그의 리액션과 비즈니스가 실제적인 시간 개념 하에 이루어지기 때문이다. 그러나 오늘날에는 전혀 그렇지 않다는 쪽으로 받아들여지고 있다.

싱글 카메라에서는 어떤 순간에, 다른 샷으로 나눠지게 되면 그 순간이 '사실적으로' 함께 맞물리기가 어렵다. 그러므로 그 장면이 현실적이라는 **느낌**을 부여하기 위해서, 어떤 순간은 앞 뒤 신을 반드시 반복해주는 것이 필요하다. 단독 샷에서 상대 배우와 어느 정도 떨어져 있다가도 바로 그 다음 더 타이트한 샷에서는 그 배우와 어깨가 닿을 정도로 가까이 있어야 한다는 것은 이제 묻지 않아도 아는 일이다.

첨단의 편집 장비를 갖추고 있는 요즈음의 멀티 카메라 촬영은, 가장 속성으로 제작되는 것들도 싱글 카메라와 같은 테크닉을 적용하여 편집 과정을 거친다. 종전의 멀티 카메라 편집이란 대개의 경우 단순히 신을 조합하고, 조금 이상한 샷은 재배치하거나 잘라내는 것이 전부였다. 그러나 이제는 좀더 타이트하게 속도감 있는 편집을 하고, 배우들의 쓸데없는 포즈들은 단축시키는 등 싱글 카메라 편집에서 쓰이는 온갖 방법들이 멀티 카메라 편집에도 상당 부분 적용되고 있다.

두 배우가 서로 한 번 껴안고나서는, 부엌으로 걸어 들어오는 장면을 편집하던 일이 생각난다. 그들의 포옹은 타이트한 투 샷이었다가, 돌아서면 부엌에서 잡은 롱 샷으로 컷할 작정이었으므로 롱 샷 셋업을 한 뒤 그들로 하여금 다시 돌아서면서 부엌 쪽으로 걸어오게 했다. 편집 과정에 들어와서, 편집 기사는 두 번째 샷의 '돌아서는' 동작의 전체를 쓰지 않고 약 삼분의 일초 가량을 첫 번째 샷 이후에 붙임으로써 돌아서는 동작이 보다 '자연스럽게' 보이도

편집의 비밀

- 다양한 리액션은 편집자에게 더 많은 선택권을 준다 이는 당신을 더 많이 노출될 수 있게 한다
- 편집자를 위해 상대방을 향한 순간 응시를 많이 제공하라
- 좋은 콘티뉴어티는 편집자에게 당신의 가장 훌륭한 연기의 순간을 편집할 수 있는 기회를 준다
- 스크린에 나오기 바로 직전에 편집에 쓰일 수 있는 적당한 비즈니스를 해준다
- 실제 리얼리티에 대해서 생각하지 말고, 리얼리티의 상황을 어떻게 창조해낼 것인가를 생각하라

록 만들었다. 이렇게 하는 것은 배우가 돌아서는 것은 실제의 시간에서 이루어지는 것이 아니라, '스크린의 시간' 안에서 이루어지는 것이고, 실제 '자연스러운' 것은 **아닌** 것이다. 이것이 바로 촬영의 리얼리티가 항상 실제 리얼리티의 **인상**을 부여하지는 않는다는 것의 또다른 예가 될 것이다.

편집 과정 지켜보기

만약 당신에게 편집 과정을 지켜볼 수 있는 기회가 주어진다면, 그 기회를 **최대한 활용하라.** 편집 과정에서 어떤 것들이 남고 어떤 것들이 잘리는지, 어떤 것이 효과적이었고 또 그렇지 않은지를 보면 스크린에서 좋은 연기를 하기 위해 무엇이 필요한지 빨리 깨달을 수 있기 때문에, 다음 번에 카메라 앞에 서게 될 때는 이러한 판단하에 자신의 연기를 실질적으로 향상시킬 수 있을 것이다. 이 장의 맨 처음에 나오는 베티 데이비스의 눈의 변화처럼, 대단히 경미한 차이로도 그것을 보고 있는 사람들에게는 엄청난 변화를 느끼게 할 수 있다. 끊임없이 참견하고 싶은 욕구가 치밀어 오르겠지만, 무슨 일이 있더라도 편집실에서는 절대 당신 개인의 의견을 섣불리 말하지 말아라. 당신이 의견을 내면, 아무래도 무의식적으로, 스크린에 좀더 자기를 나오게 하는 방향으로 말을 하기가 쉽기 때문이다. 이는 편집자들을 성가시게 하는 일일 뿐만 아니라, 역시 배우는 자기의 클로즈업밖에는 생각하지 않는다는 선입견을 더욱 확고히 해주는 결과를 초래하기 때문에, 독하게 혀를 꽉 깨물고 있어야 한다.

'자기가 한 연기는 절대 보지 않는다.' 혹은 '러시는 절대 보지 않는다.' 라고 말하는 배우들이 있다. 그러나 이것은 마치 연극을 하면서 관객의 반응에는 전혀 관심이 없거나 관객이 다 집으로 돌아간 후에 무대에서 최고의 연기를 하는 것과 마찬가지이다. 일단 당신이 한 연기에 대해서 자신을 가져라. 배울 수 있는 것은 모두 배워라. 그리고 배운 것을 즐겁게 연습하라.

부록
End Matters

에필로그

유능한 기술자는 자신만의 공구 박스를 구비해놓고, 그 속에 있는 공구 하나 하나의 쓰임새에 대해 잘 알고 있다. 숙련된 장인일수록 **언제, 어떤 것**을 사용 해야 할지를 정확히 안다. 그 안에 있는 갖가지 도구들이 모든 일에 한꺼번에 사용되는 것은 아니다.

이 책을 통하여 나는 독자들에게 다양한 스크린 연기의 근거와 인과 관계들을 설명하려고 노력했다. 그 다양한 방법들이 이 책을 읽은 배우들 모두에게 항상 적용되지는 않겠지만, 카메라 앞에서 연기할 때 부딪히게 될 문제들에 일면 향 상된 선택의 범위를 제공할 것이라고 믿는다.

요즈음의 전문적 연기라는 것은 대부분 스크린에서 일하는 것을 의미함에도 불구하고, 전문적으로 훈련된 배우들은 대부분 과거나 현재의 '연극 배우'들 이다. 그나마 스크린 연기 경력이 있는 사람들조차도 카메라 앞에서의 경력만 을 가지고 있고, 스크린에 나타나는 것에 영향을 주는 배후의 일들에 대해서 는 잘 모르는 경우가 많다.

자기의 연기 스타일을 신뢰한다는 것은 훌륭한 일이다. 그러나 그 신뢰가 종교 적일 정도로 강렬해져서 오로지 그것만이 유일한 신앙인 것처럼 변하게 되면 그것도 정도(正道)를 걷지 못하고 있는 것이다. 종교적인 제의의 방법이 다양한 것처럼 연기하는 방법도 다양해야 한다.

수동 기어 자동차를 막 운전하기 시작했을 때는, 대화를 나누면서 동시에 기어를 바꾸는 것은 상상도 못했을 것이다. 처음엔 도저히 불가능한 일인 것 같았지만, 얼마 지나지 않으면 수다를 떨면서도 얼마든지 혼잡한 곳을 누비고 다니게 된다. 기어를 바꾼다는 자체가 너무도 자연스러워져서 특별히 신경 쓰지도, 또 생각하지도 않게 되는 것이다.

스크린 연기도 마찬가지이다. 충분히 경험이 쌓이면 그렇게 될 수 있다. 처음에는 약간 어색하게 **느껴질** 것이다. 그러나 운전을 배우기 시작했을 때 어색하다고 그만두지 않았던 것처럼, 스크린 연기도 어색하다고 해서 포기할 것이 아니라, 오히려 더욱 더 연구하고, 연습하고, 더 나아가 즐길 줄 알아야 한다.

어쩌면 당신은 이러한 테크닉에 구애받지 않고 오랫동안 해왔던 자연스러운 방식의 연기가 스크린에 족하다고 느낄지도 모르겠다. 그러나 어느 날 "책이 프레임 안에 들어오게 올려주세요." 같이 좀더 기술적인 주문을 받았을 때 만반의 준비가 되어 있지 않는다면, 스크린 연기에 필요한 기술적인 요구로 인해 자신의 집중력과 연기를 망치게 되는 수가 있다. 바로 그러한 순간들 때문에 이 책이 필요한 것이다.

스크린 연기 점검표

세트에서 기다리면서 시간 보낼 때 틈틈이 다시 읽을 수 있도록 이 페이지들을 점선에 맞춰 잘라내십시오. 다른 사람들에게는 보여주지 말아야 합니다. 이 책에 숨겨져 있는 비밀을 터득하느라 아까운 돈 들여 산 사람은 바로 당신이니 다른 사람들도 그래야 하지 않겠습니까?

가. 에티켓

1. 감독이 "컷!"이라고 외칠 때까지 계속 연기한다. 그후에도 좀더 연기를 한다.
2. 대사가 이상하게 꼬여도 감독의 결정하에 장면을 끊을 수 있게 계속 연기한다.
3. **이유 여하를 막론하고**(부상이나 사망의 경우 제외) 결코 촬영을 멈추게 해서는 안 된다.
4. 특별히 지시할 때를 제외하고 결코 카메라 렌즈를 정면으로 쳐다보지 말아야 한다.
5. 절대 감독에게 샷의 크기를 묻지 않는다. (촬영 감독에게 물어라.)
6. 대사의 정확도보다 위치의 정확도가 중요할 때가 더 많다.

7. 숏 테스트와 리허설의 반복 중에도 집중해야 하며 시선 방향을 유지하라. 이것은 동료 배우들**뿐만 아니라** 스태프들을 도와주는 것이다.

8. 배우는 "액션!"과 "컷!"이라는 말 사이의 동안에만 대접받는다. (그러나 스타급 배우의 경우 아침 인사를 나누고 촬영을 시작하여 끝나는 순간까지 온종일 대우받는다.)

9. 절대로 "안돼요."란 말은 하지 말고 "어쩌면……."이라고 말해야 한다. 절대로 어떤 역을 하기 싫다고 말하지 말라. 시간이 안 된다고 말한다. 또는 매니저에게 그렇게 말하도록 한다. 그런 것이 매니저의 일이니까.

나. 렌즈

1. 언제 어디서든지 카메라의 렌즈가 자석처럼 당신의 얼굴을 끌어당기게 하라.

2. 시선 자체의 눈속임만 생각하지 말고 **동기를 부여하라.**

3. 두 눈 어느쪽으로도 카메라 렌즈가 안 '보이면' 당신의 얼굴은 가려진 것이다.

4. 카메라 앞에서부터 죽 펼쳐져 있는 가상의 '붉은 카페트' 위에 자신의 위치를 정한다. 기억하라. 샷은 깊이로 구성된다.

5. 깊게 배치된 스리 샷에서는, 당신이 아닌 렌즈가 공백 중간을 잡도록 한다.

6. 표시된 마크까지 가는 것에 어려움이 있다면 당신이 이르러야 할 마지막 위치에 두 개의 물체를 세워놓는다.

7. 카메라를 보고 정면으로 향한 어깨보다는 기울인 어깨가 대부분 더 나아 보인다.

다. 프레임

1. 의도적으로 비즈니스를 설정하여 손이 '프레임' 안으로 들어오게 한다.

2. 샷의 크기로써 프레임 안에서의 연기 스타일을 예측할 수 있다.

롱 샷: '발코니 석의 뒤쪽' — 큰 동작

미디엄 샷: '친밀한 연극' — 연극적 진실과 현실

미디엄 클로즈업: '실제의 현실' — 현실과 똑같이 한다.

익스트림 클로즈업: '베개 함께 쓰는 관계' — 생각을 떠올리고, 모든 에너지, **그리고** 집중을 얼굴에 쏟는다.

3. 다른 인물들과 함께 연기하고 이야기할 때, 어색할 정도로 가까이 다가설 준비가 되어 있어야 한다.

4. 프레임 바깥에는 현실이 존재하지 않는다. 시간과 공간은 확장될 수도, 축소될 수도 있다.

라. 발성

1. 마이크 위치까지만 발성하라. 각 장면의 테이크마다 늘 마이크 위치를 확인하는 습관을 가진다.

2. 볼륨이 **아니라** 속도로써 강도를 조절할 수 있다.

3. 카메라가 당신과 함께 움직이고 있을 때에는 대사는 빨리 하되 동작은 천천히 하라.

4. 소리를 줄여달라는 지적을 받으면 **소리만 줄이고**, 동작의 스케일은 그대로 유지한다. ('오버했다'는 말은 아마도 목소리를 지적한 말일 것이다.)

5. 원래 본인의 말투가 아닌 억양이나 사투리를 하면, 평소보다 더 크게 말하는 경향이 있다. 그렇게 하지 않도록 주의하라.

6. 스튜디오에서 관객 앞에서 연기할 때, 마이크 없이도 관객에게 당신의 목소리가 잘 들린다면 너무 크게 말하고 있는 것이다.

7. 주인공 또는 시리즈물의 고정 출연자보다 더 크게 말하지 말아라. 그들이 그 프로의 스타일을 정하는 것이다.

8. 작은 목소리로 말할 때, 생생한 에너지를 잃어버리거나 너무 느려지지 않도록 하라.

9. 작은 소리로 말하면 다른 소리들은 너무 크게 들리기 때문에 모든 종류의

발자국 소리, 컵 딸그락거리는 소리, 신문지 소리, 심지어는 숨소리조차 조심해서 내야 한다.

10. 장면에서 감정이 심화되면 목소리를 좀더 크게 내야하는 것이 아닌가 생각할 것이다. 그렇지만 그럴수록 샷은 더욱 타이트해지는 경향이 있기 때문에, 균형을 맞추기 위해 더 농축되고 동시에 더 조용한 연기를 해야 한다.

11. 투 샷으로 함께 잡을 것인지, 반대의 앵글로 따로 잡을 것인지 조심스럽게 물어본다. 후자라면 대사를 오버랩시키지 **말아달라는** 주문을 받게 될 것이다.

마. 연기하기

1. 연기에 있어서 가장 중요한 것은 바로 **당신이** 그 역할을 맡았다는 것이다. 그러므로 당신의 외모, 성격, 배경을 역할 속에 집어넣어라.

2. 감독이 고르는 샷 자체가 감독의 디렉션이므로, 각 샷에 내포된 지시를 따른다.

롱 샷: **몸**으로 말하라.

리액션 샷: 반응을 **연기하라**.

투 샷: 상대 배우의 말을 들으면서 **리액션하라**.

클로즈업: **얼굴**로 생각을 나타내라.

소품을 들고 있는 손의 클로즈업: 연기와 생각을 **손과 소품**으로 전이시켜라.

3. **모든** 연기는 **관객 중의 하나인** '카메라'를 위해서 한다.

4. 각각의 비즈니스(카메라에 동기를 부여하는 것도 포함해서)는 연기로서 합당한 이유를 만들어야 한다.

5. 대사는 당신과 딱 들어맞아야 한다. 만일 그렇지 않거나 혹은 그렇게 말할 수 있는 캐릭터를 구축할 만한 충분한 연습 시간이 없다면, 대사를 바꿔달라고 요청한다.

6. 부정적인 생각을 긍정적으로 전달하는 방법을 모색하라.

7. 샷이 끝난 **후에도** 뭔가를 계속하라. 그렇게 해야 그 장면 끝까지 얼굴 표정

이 살아있을 수 있다.

8. 무성영화 시대 배우들이 감독의 메가폰을 통해서 받았던 것처럼, 내면의 소리로서 스스로에게 연속적인 디렉션을 한다.

9. 무대라면 동선의 움직임을 유발할 만한 연기적인 충동을, 스크린에서는 제스처나 표정으로 대신 나타나게 한다.

10. 카메라가 단독 샷으로 당신을 잡고 있다면 그것은 마치 다른 모든 배우들은 무대 양쪽 바깥에 대기해 있고, 혼자만 무대 위에 있는 것과 같다. **이런 경우** 어떤 연기를 해야 하겠는가?

바. 리액션과 비즈니스

1. 말하기 전에 먼저 리액션을 한다. 그런 다음 떠오르는 생각에 반응하라. 이것은 다음 대사를 하기 위해 숨을 들이쉴 때 하는 것이 제일 좋다.

2. 다른 사람들이 말하고 있는 **동안**에 리액션을 한다. 관객은 스크린상에서 듣는 사람을 본다.

3. 무언의 순간들이 최고의 순간들이다. 스스로 그런 **순간**을 만들어낼 수 있어야 한다.

4. 촬영에 들어가기 전에 모든 대사와 비즈니스를 **아주 능숙하게** 할 수 있을 정도로 연습해놓아야 한다. 막상 촬영에 들어가면 카메라 앵글과 마크의 위치 등등 또 다시 부딪히게 되는 **새로운 사항**들에 집중해야 하기 때문이다. 그러나 촬영 바로 직전에도 대사와 동작은 얼마든지 바뀔 수 있다는 것을 염두에 두고, 그러한 상황하에서도 **융통성 있게** 협조할 수 있어야 한다.

5. 극의 템포란 계속적인 말하기가 **아니라** 연속적인 사건들이다.

6. 큰 리액션에는 충분히 동기를 부여하라. 리액션의 크기를 축소하지 말고, 신빙성을 증대시킨다.

7. 카메라는 빠른 동작을 쫓을 수 없다는 것을 인식하고 컵을 들 땐 천천히 들어올리고 의자에서 일어날 때는 부드럽게 일어난다.

8. 멀티 카메라 스튜디오에서 빨간 불은 그 카메라가 작동 중이라는 것을 의미

한다. 그러므로 그 카메라가 내 얼굴의 리액션을 찍을 때까지 연기를 지속해야 한다.

9. 시선은 매우 효과적인 역할을 할 수 있다. 아래만을 보지 말라. 특히 상대방의 말을 들을 때 시선을 떨구고 있지만 말고 올려다보기도 하라. (어떤 이들은 한쪽 눈으로 쳐다봤다가 다시 다른쪽 눈으로 쳐다보는 연기를 해보기도 한다.)

10. 인터뷰에서나 리딩을 할 때, 중간에 할 수 있는 중요한 리액션을 적어도 하나 정도 계산해놓는다. 상대방이 대사하는 동안, 리액션을 해야 하는 것을 기억하고, 시선은 **떨어뜨리지 말아야** 한다.

사. 편집자

1. 콘티뉴어티가 좋을수록 편집자가 가장 좋은 순간을 잘라내서 편집하기가 훨씬 수월해진다.
2. 편집자들은 어떤 동작에서 컷하기를 선호하므로, 중요한 연기 순간 직전에 어떤 종류이든 약간의 동작을 첨부해주는 것이 좋다.
3. 비즈니스를 활용해서 심리의 변화를 표현하라.
4. 대화 중에는 문득 다른 인물들에게 시선을 옮겨라. 편집자는 샷을 바꾸기 위해 동기 부여를 해줄 만한, 배우의 '시선 전환' 혹은 '순간 응시'가 필요하다.
5. 리액션은 반드시 논리적이거나 일관성이 있어야 하는 것은 아니다. 편집자는 단지 하나의 쓸 만한 리액션이 필요한 것이지만, 리액션이 다양할수록 더 좋은 선택을 할 수 있게 된다. 당신에게로 샷을 전환할 수도 있다!

아. 결론

1. 진실하고 신뢰가 가는 배우가 되려면 재능**뿐만 아니라** 기술도 필요하다.
2. 어떤 문제가 발생해도 당황하지 말라. 전혀 문제가 없는 촬영이란 없는 것

이고, 어차피 앞으로도 얼마든지 다른 문제들이 생길 수 있다.

3. 오늘 해야 할 연기의 몫을 내일을 위한 오디션의 느낌으로 해서는 안 된다. 오늘 해야 하는 것은 **바로 이것**이라는 마음가짐으로 연기하라. 일이 없을 땐 오늘의 연기에 완전히 집중하지 않았던 어느 날을 후회하게 될 것이다.

4. 원칙은 언제든지 바뀔 수 있다. 그러므로 어떤 것이 예외 조항인지 알아야 한다! (그리고 거기에는 그럴 만한 이유가 있어야 한다.)

5. 스크린 연기는 본인의 경력에서 매우 중요한 것이다. 그러므로 어떻게 하면 그것을 **즐기고 만끽할 수 있는지**를 찾아내라. 마음만 먹으면 정말 재미있을 수 있고, 또 **재미있어질 것이다.**

6. 만일 당신이 개인적으로 터득한 것들이 있는데 이 책에서 거론되지 않았다면, 귀뜸해주길 바란다. 다음 번에는 꼭 함께 다룰 것을 약속한다.

연기 연습

오랜 동안에 걸쳐 내가 응용 발전시켜온 적절한 연습 방법과 그에 대한 실질적 예들은 이 책 전체에 분산되어 있지만, 특별히 가르치는 과정에 나의 방법을 수용해볼 의향이 있거나 자신의 재능을 좀더 실질적으로 발전시키는 데 관심이 있는 배우들을 위해서 요점을 모아 정리해놓은 것이다.

이러한 연습에 숨어 있는 의도를 이해하지 못한 채 단순히 연습만 하는 일이 없기를 바란다.

연습에 필요한 도구는 그리 복잡하지 않다. 기본적으로는 소형의 캠코더와 결과를 재생해서 볼 수 있는 텔레비전 모니터가 필요하다. 좀더 경제적인 여유가 허락된다면 카메라 한 대, 비디오 카메라 한 대, 그리고 모니터 한 대까지 갖추면 좋다. 그중 분리되어 있는 마이크는 **반드시** 갖추어야 한다. 이 책을 처음부터 읽었다면 그 이유를 정확히 알 것이다.

캠코더에 붙어 있는 마이크는 사용하면 **절대 안 된다**. 왜냐하면 화면과 맞지 않는 소리가 녹음될 것이기 때문이다. 다른 분리된 마이크를 구하거나, 아니면 캠코더에 붙어 있는 마이크를 떼내어 연장 도선에 달아 낚싯대에 연결시켜 붐(마이크를 매달 수 있는 완충 장치가 있는 긴 막대기)으로 사용한다. 알루미늄으로 된 낚싯대는 저렴한 가격에 살 수 있고, 접을 수 있는 카본 낚싯대는 조금

더 비쌀 것이다.

낚싯대를 구할 수 없다면 빗자루 같은 단순한 물건에 부착해서 쓸 수도 있다. 문제는 마이크가 온갖 진동을 다 잡아내기 때문에, 마이크와 장대 사이에 어떤 방식으로든 완충 장치가 필요하다는 것이다. 이것도 스펀지나 고무줄 등으로 스스로 만들어보자.

함께 작업하는 사람들이 스크린 작업을 녹화할 때 겪게 되는 다양한 일들을 각자가 경험하고 각 분야에서 하는 일의 가치를 서로 인정해주는 것을 배우도록 한다. 팀워크란, 스크린에서 좋은 결과를 얻는 데에 필요 불가결의 절대적 요소라는 것을 깨닫게 될 것이다.

카메라 맨: 카메라를 작동시키고, 방향을 맞추며, 줌 렌즈를 조절하여 샷의 크기를 맞춘다. 대개의 경우 카메라는 가장 가까운 물체에 초점을 맞추므로 오토 포커스에 놓지 않는 것이 좋다. 경험이 없는 촬영 기사가 방향과 줌, 초점까지 맞추는 것은 상당히 힘든 일이기 때문에 이때 **촬영 조수(카메라 퍼스트)**가 필요한 것인데, 그의 역할은 모니터를 보면서 그 샷에서 포커스를 맞춰야 할 것이 무엇이든 간에 그것에 포커스를 맞추는 일이다. 어쩌면 그는 가장 멀리에 있는 배우에게 초점을 맞추고 가까이 있는 배우들은 초점을 흐려야 할지도 모른다.

붐 오퍼레이터(붐 맨): 좋은 소리를 얻으면서도 동시에 붐이 들키지 않기 위해서는 붐대의 위치, 즉 마이크와 배우와의 거리를 알맞게 유지해야 한다. 붐 오퍼레이터는 테크니컬 리허설을 하는 동안 마이크를 샷의 안팎으로 움직여보면서 프레임의 경계선이 어디인지 파악해야 한다. 붐 맨은 항상 화면을 보면서 소리를 잡아야 한다. 예를 들어 두 사람이 이야기하고 있는 장면에서 각각 카메라로부터 떨어진 거리가 다르다면, 시청자는 가까이 있는 사람보다 멀리 있는 사람의 소리가 더 멀리서 들리는 것을 당연하게 생각하기 때문에 카메라에 **더 가까이 있는** 사람에게 붐을 사용해야 한다. 흔히 저지르게 되는 실수 중의 하나는 장면 녹화가 끝났는데 소리가 전혀 녹음되지 않은 것이다. (나도 뼈아픈 경험이 있다.) 이를 방지하는 좋은 방법은 녹음이 되는지의 여부를 알 수 있게 붐 오퍼레이터가 헤드폰을 착용하는 것이다. (이렇게 하면 붐대와 마이크 자체가 바스락거리는 소리 때문에 배우들의 목소리가 방해받는지의 여부도 더불어 알 수 있다.)

무대 감독(Floor Manager): 제1조감독이라고도 하며, 촬영장의 제반 사항을 일임 한다. 감독이나 배우가 원하는 곳에 마크 표시를 하며, 필요한 경우 리허설 때 배우에게 대사를 쳐주기도 하고, 배우들의 소품을 전담해서 건네주며 (어떤 때는 바닥에 누워서 준비된 찻잔이나 서류 뭉치 등을 건네준다), 샷과 장면 촬영 테이크를 외친다.

기술 감독(Technician): 비디오 리코더를 따로 쓰고 있다면 그것을 작동시킨다. 테이프가 실제로 작동하는지 확인하고, 미터를 갖고 있을 경우 마이크에 소리가 녹음되어 들어오는지 확인하는 것이 책임이다.

감독(Director): 장면의 각 테이크를 계획하고, 구성하며, 촬영을 시작하고 끝맺는다.

배우(Actors): 완전히 셋업된 것이 아닐 경우 배우들은 연기를 하면서도 그것을 직접 모니터를 통해 **볼 수 있다**. 그러나 **절대 모니터를 지켜보는 습관을 길러서는 안 된다**. 실전에서는 모니터를 보지 **못할** 것이기 때문이다.

그룹이 각 장면 촬영을 시작할 때 일반적인 과정과 용어에 익숙해지는 것이 좋다. 예를 들어,

감독: "카메라!" 촬영 기사 또는 캠코더 기사가 카메라를 작동시킨다.

기술 감독 또는 캠코더 기사: 숫자가 바뀌고 기계가 실제 작동하는 것을 확인한 후 "돌았어요!" 혹은 "런!"이라고 말한다.

붐 오퍼레이터 또는 헤드폰이 없을 경우 기술 감독: 세트에서 소리가 나는 것을 확인한 후 "사운드."

무대 감독: "샷 원, 테이크 원.", 다음은 "샷 투, 테이크 투." 등등. 이것이 각 샷의 처음을 시작하는 "슬레이트"이고 영화 속에서는 할리우드가 그토록 사랑하는, 그 유명한 신호용 딱딱이다.

감독: "액션!" 처음으로 이것을 말하는 것은 너무나 즐거운 일이다. 사실 나는 지금도 이 말을 하는 것이 즐겁다.

배우: 연기한다.

감독: "컷!" 배우는 연기를 멈춘다. 다시 반복할 것인지, 아니면 다음 샷으로 넘어갈 것인지 전원이 감독의 판단을 주목하게 된다.

내가 이런 수업을 위해 귀중하다고 생각하는 또다른 도구가 액자이다. 이것은 텔레비전 스크린 크기로서 한 사람, 두 사람, 세 사람 등등이 하나의 액자 안으로 들어가면서 나타나게 되는 효과를 모두가 함께 살펴볼 수 있게 한다. 처음에는 나무를 사용해 접을 수 있는 액자를 만들어 썼지만, 한번은 그것마저 없어서 신문지 네 장을 길게 말아서 편편하게 한 다음 서로 붙여 쓴 적이 있는데 그렇게 써도 무방하다.

※주의사항: 무심결에 잡담을 하거나 심지어는 다른 사람의 연기를 보고 웃거나 해서 그들 목소리가 사운드 트랙에 들어가면 테이크를 망치게 되는 수가 있다. 카메라가 녹화 중일 때, 이것이 리허설이 아니라는 것을 잊기가 쉽다. 이

것은 실제 상황이고, 하나의 작품이라는 사실을 잊지 않도록 하자.

연습 과제는 각 장 제목과 관련 있는 것들을 함께 묶어놓았다.

제1장 스크린 vs 무대

1. 학생들에게 무대 연기와 스크린 연기의 차이점을 적어보라고 한다. 보관했다가 연습을 모두 끝마쳤을 때 읽어본다.

2. 액자를 하나 들어올리고 2미터 정도 떨어져서 지켜보도록 한다. 롱 샷, 미디엄 샷, 미디엄 클로즈업, 클로즈업, 빅 클로즈업으로 볼 수 있게끔 배우들은 필요한 만큼 떨어져 선다. 가능하다면 극장에 앉아서 어느 좌석이 어느 샷에 부합되는지도 액자를 통해 살펴본다.

3. 다양한 거리에서 다양한 감정들을 연기해본다. 이렇게 하면 거리에 따라 어떤 테크닉들이 요구되는지 알 수 있다. 짝을 지어 다양한 거리를 설정해서 "난 널 사랑해!"와 "난 네가 싫어!"를 연기한다. 거리에 따라 연기가 어떻게 변화하는가?

4. '현실에서처럼' 한 장면을 연기하고, 같은 장면을 '무대에서처럼' 연기하고, 또 동일한 장면을 액자를 들고 연기하고, 스크린에서는 어떤 상황들이 벌어지는지를 본다.

제2장 스크린 vs 텔레비전

5. 단순한 대사를 말하는 것을 찍고 각 테이크마다 다른 디렉션을 준다. 그 차이를 보고, 배우 자신은 언제 어떤 연기를 했는지 기억하는가? **그리고** 배우가 관객 호응이 제일 좋았던 것을 골라낼 수 있는가?

6. 텔레비전 스크린에서 블록버스터 영화를 본다. 극장 크기 화면에서의 장면
과 다르게 느껴지는 순간들은 언제인가? 어떤 장면들이 스크린 크기에 따라
더 효과적이고 그렇지 못한지를 판가름해보자.

7. 텔레비전에 나온 장면 몇 개를 보면서 그것들이 극장 화면에 나온다고 상상
한 다음, 극장 화면 크기에 더 효과적일 수 있는 장면이나 샷들을 찾아낸다.

제3장 프레임

8. 편지 쓰기, 차 마시기, 스웨터 뜨개질하기, 라디오 고치기 등 평범한 행동
들에 액자를 만들어본다. '눈속임'을 이용하여 중요한 부분들이 다 액자 안
으로 들어가게 한다. 이렇게 함으로써 배우가 프레임 안의 연기를 위해 무
엇을 해야 하는지 알 수 있을 것이다.

9. 영화나 텔레비전 프로그램에서 유명한 스틸 사진들의 순간을 **똑같이** 재현해
본다. 똑같은 효과를 만들어 내기 위해서 블록이든 쿠션이든 무엇이든지 사
용하고, 결과의 '외양'과 그것을 만들 때의 '기분'을 비교해본다.

10. "지하철 역 가는 길 좀 가르쳐주시겠어요?" 같은 평범하고 일상적인 장면
들을 하되, 액자가 들어올려졌을 때 두 사람 얼굴이 다 보이도록 연출한
다. 어색한 감정은 무시하고 두 사람은 프레임 안에 바짝 들어간다. 실제
로 느끼고 있는 어색함이 아닌 대본의 감정을 연기한다.

11. 텔레비전 프로그램이나 영화에서(가능하면 녹화를 하는 것이 좋다) 몇몇
순간들을 골라내어 그것에 나타난 관계와 순간들을 **그대로** 재현한다.

12. 각자의 클로즈업을 비디오로 녹화해서 결과물을 본다. 실제로 봤을 때와

비교하면서 머리와 어깨만 보이게 될 때 놓치는 연기를 지적한다.

제4장 카메라

13. 전에 배운 것 중에 아무거나 30초 동안 연기하는 것을 녹화해서 그 결과물을 본다. 목소리의 볼륨, 긴장된 정도, 카메라가 끼치는 영향을 주시하고, 카메라에 신경 쓰느라 연기를 제대로 못하는지 살펴본다.

14. 앞에 했던 연습 상황의 30초를 재생한다. 눈과 입을 작은 가리개로(나는 평범한 주걱을 사용한다) 가려서, 재생시 화면의 약 10%를 차지하는 이 부분이 안 보일 때 어떤 효과가 나타나는지 본다. 배우들 중에 단 한 명이라도 눈과 입 외에 스크린의 나머지를 관객과 교감을 나누는 것에 사용하였는가?

15. 카메라가 다른 사람에게 이동할 수 있게 **동기를 부여**하는 눈, 머리, 또는 손의 작은 움직임을 연습한다. 방 안을 천천히 이동하면서 카메라가 화면 중앙에 있는 인물에게 '줌 인', '줌 아웃' 할 수 있도록 **동기를 부여하라.**

16. 걷기와 말하기의 속도에 변화를 주면서 팬하고 있는 카메라 앞을 걷는다. 매우 화난 연기, 매우 슬픈 연기를 해본다. 카메라에 맞는 효과를 내려면 배우들이 어떻게 해야 하는지 **찾아본다.** 빨리 말하면서도 천천히 걷는 것을 연습하라.

17. 카메라가 보기에 좋은 배치가 될 때까지 배우 서너 명을 배치해보고, 스크린상의 모습과 무대상의 모습을 비교해본다. 배우들이 '좋은 연출'과 그렇지 않은 연출의 느낌을 구분해서 감지할 수 있도록 다양한 연출을 실험해본다. 카메라 앞의 '붉은 카페트' 위에서 연기해보고, 연극의 무대 연출과 어떻게 다른지 살펴본다.

제5장 리액션과 비즈니스

18. 모든 사람들은 카메라 앞에서 정확히 30초 동안만 연기한다. 그 시간 동안 얼마나 극미한 제스처와 리액션을 하는지 본다. 제스처와 리액션을 더 많이 하면서 반복해본다. 배우가 가급적 **적은 대사**를 하면서 여전히 재미있고 흥미로운 연기를 하려면 어떻게 해야 하는가?

19. 각 배우의 감정적이지 않은 비즈니스 연기—삼키는 것, 어금니를 악물어서 볼 근육이 드러나게 하는 것, 이마의 머리를 뒤로 빗어 넘기는 것, 코웃음 치는 것 등—를 찍는다. 결과를 재생하되 대사를 집어넣어서, 그 동작들이 대사에 대한 반응인 것처럼 해본다.

20. 짧은 대사를 하는 것을 찍는다. 이때 **말하기 전에** 리액션을 해야 한다. 리액션 없이 할 때의 효과와 비교해본다.

21. 다른 사람이 말하는 것을 듣기만 하고 있는 모습을 찍는다. 다음에는 듣는 연기를 과장되게 하라고 주문하고는 다시 찍는다. 과연 '**과장된 연기**'를 한다는 것은 어느 정도인가?

22. 연필, 전화, 의자를 가지고 각각 얼마나 다양한 연기를 할 수 있는지 보기 위해서 소도구가 있는 장면을 찍는다. 어떤 비즈니스가 어떤 배우에게 어울리는가?

23. 무성영화 연습을 찍어본다. 굉장히 멜로드라마틱한 순간을 연기할 배우를 지목해서 같은 연습을 반복하되, 이번에는 해야 할 행동에 대한 지시를 끊임없이 소리쳐준다. 이때 메가폰을 사용할 수도 있다. 재생해서 결과를 비교한다.

24. 배우들의 다양한 표정 변화가 있는 텔레비전 광고들을 몇 편 녹화하고 그 것들을 똑같이 재현해본다. 스케일에 있어서나 빈도에 있어서 전문 배우들이 스크린에서 연기할 때의 느낌을 경험할 수 있을 것이다.

제6장 사운드와 발성 볼륨

25. 목소리는 될 수 있는 한 자제하고 다른 부분들을 활용하여 매우 감정적인 내용의 장면들을 연기해본다. 필요하다면 감독은 배우에게 약 15센티미터까지 얼굴을 가까이 한 상태에서 배우로 하여금 정열적으로 '연기하게' 한다. 이런 식의 작업이 어떤 것인가를 알게 될 것이다.

26. 유명한 영화나 텔레비전 장면들을 몇 개 본 후에, 오리지널에 있는 모든 감정과 **발성 볼륨**을 그대로 다시 재현한다. 목소리 레벨에 대해서는 특히 정확히 하도록 한다. 오리지널과는 다르게 느껴질 때가 많을 것이기 때문이다.

27. 침착한 상태에서 시작하여 격노한 감정으로 끝나는 장면을 연기한다. 롱 샷으로 찍기 시작하여 말하는 동안 줌 인을 하다가, 마지막에 클로즈업으로 끝나게 촬영을 한다. 배우의 대사 전체가 효과적으로 전달되기 위해서는 어떤 종류의 조절이 필요한가?

28. 배우들은 한 쌍씩 짝지어 약 1미터 정도 떨어져 앉아서 사적인 대화들을 나눈다. 계속 1미터씩 떨어진 채 연습을 반복한다. 이번에는 15센티미터 밖에 떨어져 있지 않은 **것처럼** 상대방에게 연기한다. 이때 말하는 속도를 늦추지는 **말아야** 한다. (아마도 웃음이 나올 것이다.)

제7장 타입 캐스팅

29. 짧은 인터뷰 후 자기에 대해서 쓰여질 듯하다고 생각되는 한 줄 짜리 묘사를 소리내서 읽는다. 활기찬 토론과 더불어 진실을 말하는 시간을 가진다. 이 한 줄 짜리 묘사 읽기가 녹화되는 경우, 배우들은 새로운 것에 집중하느라고 배운 것 대부분을 잊어버리곤 한다. 여기서 알아둘 교훈은, 새로운 것은 배우들로 하여금 전에 알던 것, 즉 무대 연기를 하게 한다는 것이다.

30. 모든 사람들이 각각 카메라 앞에 와서 "나는 그녀에게 투표하겠다."라고 말하는 것을 녹화하라. 결과를 재생하면서 각각의 인물이 '누구'에게 투표할 것 같은지 외친다. 옷 입은 스타일을 비롯한 전체적 인상이 어떤 효과를 내는가? 배우 자신이 어떤 사람에게 투표하겠는지와는 관계 없을 수도 있다는 것을 알게 될 것이다.

31. 모두의 프로필을 찍는데, 손가락으로 딱하는 소리가 들리면 아무 생각도 하지 말고 카메라를 향해 고개를 돌린다. 결과를 재생해보자. 프로필에서 정면으로 돌릴 때의 변화에 얼마나 많은 정보가 담길 수 있는가?

32. 위의 연습을 변형해서 할 수 있는 방법 중에 하나는, 고개를 돌리기 직전에 미리 준비된 대사를 말하는 것이다. 이렇게 하면 단지 표정만 변화시켜도 얼마나 많은 것이 전달될 수 있는지 알게 될 것이다.

33. 눈을 휘둥그렇게 뜨는 것, 입술에 침 바르는 것, 이를 악무는 것, 코를 벌름거리는 것, 눈을 깜빡이고 깜짝거리는 것, 삼키는 것 등을 클로즈업으로 찍는다. 결과를 재생하여 어느 표정 연기가 어느 배우에게 가장 잘 어울리는지 가려내보자.

34. 누군가가 연극적으로 연기한 사진을 카메라 앞에 놓고 모두가 스크린을 통해 본다. 그 사진에 있는 배우는 **그 사진에 나와 있는 방식으로** 어떤 것이든 연기하라. 관객은 연기가 그 사진 속의 모습과 동일하게 될 때까지 평을 하면서 만들어본다. 어떤 때는 스크린에 보이는 사진의 크기를 조절할 수도 있다. 대부분의 경우 배우가 그 사진과 맞아떨어지는 연기를 좋아하지 않는다는 결론이 나온다. 그런 경우 그 배우는 다른 사진을 구해야 한다.

제8장 연기

35. 원래의 극장 환경을 재현하고, 중세 신비극의 무대, 야외에서의 셰익스피어 단편, 촛불로 방 안을 밝힌 왕정복고 시대 작품, 그리고 촛불 하나로 밝힌 멜로드라마의 순간을 관객과 적어도 100미터 정도의 거리를 두고 연출한다. 그 다양한 관객 또는 배우 관계에서 어떤 연기법이 필요한가? 이 연습을 무성영화 연기에 적용해본다. 여기서의 관계는 어떠하며, 무엇이 보이는가? 그것을 유성영화 연기에까지 확장시켜본다.

36. 입술로 재채기 소리를 내는 것, 횡경막을 울리면서 웃는 것, 눈물나게 하는 약(양파?)으로 눈물을 빼면서 우는 것 등을 연습한다. 결과를 녹화해서 그 행동들이 설득력 있어 보일 때까지 연습한다.

제9장 오디션

37. 오디션 장소에 들어와 악수하고, "안녕하세요!"라고 말한다. 각자에게 점수를 준다. 학생들끼리도 서로에게 점수를 준다. 모든 오디션의 기본이 되는 이것을 충분히 연습해둔다.

38. 각 배우에게 표시되어 있는 마크에 가서 렌즈에 대고 자기 이름과 에이전트 이름(이것은 꾸며내도 좋다)을 말한다. 각자 다른 사람들이 자기 이름

을 얼마나 잘 말하고 있는지에 대한 점수를 매긴다. (배우들은 점수 매겨
지는 것을 싫어하지만, 오디션에 가면 불가피한 일이기 때문에, 누군가는
결국 당신 앞에 앉아서 당신의 연기에 대해 점수를 준다는 것에 익숙해지
는 편이 낫다.)

39. 두 세 명이 할 수 있는 간단한 즉흥 연기를 녹화한다. 처음에는 대부분의
사람들이 '연극적' 연기로 되돌아가게 될 것이다. '영화적' 연기를 할 수
있을 때까지 즉흥 연기를 반복한다.

40. 앞의 연습을 반복하되 이번에는 소리 없이 녹화한다. 결과를 재생하고 즉
흥 대사에 담고 있었던 모든 정보가 몸과 동작에서 표현될 수 있을 때까지
반복한다.

41. 마크가 표시된 위치에 가서 자기 이름과 에이전트 이름을 카메라에 대고
말한 다음, 가상의 초콜릿을 한 입 먹고 "와!"라고 말한다. 결과를 재생해
보면서 누가 '최고'였는지를 냉정하게 가려낸다. 필요한 만큼 반복하라.

42. 요즈음 텔레비전 광고 중에 매우 확연한 연기를 요구하고 있는 유형의 광
고들을 찾아보자. 그리고나서 **같은 것**을 해본다.

43. 5초 동안 5가지의 뚜렷한 리액션을 녹화한다. 필요하다면 배우에게 무성
영화를 찍을 때처럼 변화들을 소리쳐준다.

44. 카메라에 얼굴을 잡고 감정 없는 리딩을 연습하고, '듣기' 부분에서 얼마
나 많은 연기를 할 수 있는지 해본다. 배우가 같은 리딩과 인터뷰를 할 때
다른 사람들이 없는 데서 하고, 나중에 결과를 재생해서 함께 각 배우의
상대적인 효과를 보고 평가해본다.

제10장 리허설과 테크닉

45. 한 장면의 리딩을 모두 테이블에 앉은 채 **클로즈업에 해당하는 레벨의 소리로 연기한다.** 작은 소리로 이야기할 때는 표정 연기가 어떻게 달라져야 하는 가?

46. 반드시 지켜야 할 마크와 동작이 많은 작은 장면들을 연습한다. 이런 촬영에서 요구되는 극도의 인위성에 익숙해져야 한다.

47. 가능한 장비가 있다면, 장면을 찍는 동안 배우들을 컷할 수 있는 두 대의 카메라로 장면들을 찍는다. 이때 롱 테이크와 멀티 카메라에 대한 경험을 쌓도록 한다.

제11장 스크린에 맞는 배우 연출

48. 두 배우가 서로 마주 보는 짧은 장면을 연출한다. 이 장면을 반복하되, 이 번에는 한사람이 다른 사람의 어깨 너머에서 이야기한다. 서로 바라보지 않는 다양한 방법으로 반복한다.

49. 짧고 친밀한 장면을 오버 숄더 투 샷으로 찍어라. 같은 장면을 클로즈업으로 찍고 한 명의 배우가 안 보이는 상대에게 연기한다.(상대는 눈이 그려 진 종이라도 좋다). 재생해서 결과를 비교하라.

제12장 아나운서와 인터뷰의 기술

50. 공식적인 사진 한 장과 '제일 좋아하는' 스냅 사진 한 장씩을 가지고 온다. 각자의 공식 사진을 카메라 렌즈 앞에 두고, 그 사진의 분위기에 맞는 대

사를 한다. 또한 '제일 좋아하는' 스냅 사진을 가지고 와서, 필요하다면 캠코더의 줌 렌즈를 사용해서 화면상으로 볼 수 있게 확대하라. 아나운서라면 스냅 사진의 분위기에 맞게 말을 하는 것이 더 좋고, 더 긴장을 푼 모습일 것이며, 더 **자기다운 모습**일 것이다.

51. 위험한 연습: 필요하다면 관객의 도움으로 자신들의 가장 마음에 들지 않고, 가장 숨기고 싶은 점들을 말해본다. 그 다음에 이 부정적인 점들을 긍정적으로 나타내는 말이나 인터뷰를 한다.

52. 인터뷰 상황에서도 대답에만 집중하지 말고, '적극적인 듣기'에도 집중한다.

53. 각 배우들은 긴 대사를 해보라. 완전히 멈추지 않고 얼마나 오랫동안 말할 수 있는가? 잠깐 동안의 포즈는 가능하지만 그렇다고 해서 억양이 떨어지면 절대 안 된다.

제13장 촬영

54. 기술적 난이도가 높은 짧은 장면을 촬영한다. 결과를 재생하고 즉각 그 장면을 다시 촬영하라. 이렇게 하면 방금 터득한 것을 실행해볼 수가 있다. (프로페셔널한 상황에서는 촬영이 끝나고 너무 오랜 시간 후에 배우가 결과를 보게 되기 때문에, 그 장면을 그렇게 찍은 동기를 잊어버리는 경우가 대부분이다.)

55. 배우들이 마크를 찾아야 할 때, 그것이 실제로 인물이 하고 싶었던 것인 양 연기하는 작은 순간들을 투 샷과 스리 샷에서 찍어본다. 마크를 확인하기 위해 아래를 바라보거나, 샷 안으로 들어오려고 몸을 옆으로 살짝 움직이거나, 컵을 높이 샷 안으로 들어올리고 있는 등 **동기 부여**하는 것을 촬영

한다.

제14장 편집자와 편집

56. 샌드위치를 먹는 두 사람의 장면을 촬영한다. 반대편에서 다시 찍고, 콘티뉴어티가 얼마나 좋았는지를 살펴본다. 배우들이 복잡한 비즈니스를 **정확히 반복할 수 있을 때까지** 연습한다.

57. 한 배우가 다른 배우의 말을 들으면서 다양한 리액션을 하는 것을 촬영한다. 재생해서 그 시퀀스의 리액션 중에 무작위로 골라 빼서 따로 본다. 리액션이란 빠른 장면 전환에서만 독립되어 쓰일 수 있다.

에필로그

58. 처음에 **생각했던** 스크린 연기는 어떤 것이었는지 보관해두었던 것을 다시 읽어보자.

참고문헌

스크린 연기에 관한 책들

여기, 내 책장에 꽂혀 있는 스크린 연기에 관한 참고문헌을 소개한다. 특별히 쓰임새가 많거나, 독자들이 선호할 것이라고 생각한 책에는 *를 덧붙였지만 어디까지나 개인적인 견해임을 밝혀둔다. 통찰력을 발휘하여 다음의 책들(그 중에는 나의 의견과 다른 것도 있다)을 활용하길 바란다.

연기에 관한 책: 스크린 연기/텔레비전 연기

* *Acting for Film and TV*, by Leslie Abbott. (Belmont, Calif.: Star Publishing, 1994).
* *Acting for Camera*, by Tony Barr. (Boston: Allyn & Bacon Inc., 1982).
* *Acting Hollywood Style*, by Foster Hirsch. (New York: Harry N. Abrams, Kobal Collection, 1991).
* *Acting in Film*, by Michael Caine. (New York: Applause Theatre Book Publishing, 1990).
  Acting in Television Commercials for Fun and Profit, by Squire Fridell. (New York: Crown, 1987).
* *Acting in the Cinema*, by James Naremore. (Berkeley and Los Angeles, Calif.: University of California Press, 1988).
  Acting One, by Robert Cohen. (Palo Alto, Calif.: Mayfield, 1978).
  The Actors' Survival Guide for Today's Film Industry, by Renee Harman. (Englewood Cliffs, N.J.: Prentice-Hall Inc., 1984).

American Film Acting, by Richard A. Blum. (Ann Arbor, Mich.: UMI Research Press, 1984).

Film Acting, by Mary Ellen O'Brien. (New York: Arco Publishing, 1983).

* *Film and Television Acting*, by Ian Bernard. (Stoneham, Mass.: Butterworth Heinemann, 1993).

* *Film Technique and Film Acting*, by V.I. Pudovkin. (New York: Bonanza Books, 1949).

A Guide For Actors New to Television, by Tristan de Vere Cole. (Longmead, Dorset: Element Books Ltd., 1985).

On Screen Acting, by Edward and Jean Porter Dmytryk. (Boston : Focal Press, 1984).

Sanford Meisner On Acting, by Sanford Meisner and Dennis Longwell. (New York: Vintage Books, 1987).

Screen Acting, by Brian Adams. (Beverly Hills: Lone Eagle, 1987).

"Some Notes on Film Acting," by Lawrence Shaffer. Sight and Sound 42, no.2, (London: B.F.I., 1973).

* *TV Acting: A Manual for Camera Performances*, by Larry Kirkman et al. (New York: hastings, 1979).

배우의 저서이거나 배우에 관한 책: 연기 훈련

Actors on Acting, edited by Toby Cole and Helen Krish Chinoy, (New York: Crown, 1970).

Actors talk about Acting, edited by Lewis Funke and John E. Booth. (New York: Avon Books, 1961).

Actors Talk: About Styles of Acting, by John D. Mitchell. (Midland, Mich.: Northwood Institute Press, 1988).

Being an Actor, by Simon Callow. (New York: Grove Press, 1988).

* *The Complete "About Acting,"* by Peter Barkworth. (London: Heinemann, 1980).

* *Confessions of an Actor*, by Laurence Olivier. (New York: Simon & Schuster, 1992).

The Job of Acting, by Clive Swift. (London: Harrap, 1976).

Masters of the Stage, edited by Eva Mekler. (New York: Grove Weidenfeld, 1989).

The New Breed - Actors Coming of Age, by Karen Hardy and Kevin J. Koffler. (New York: Holt, 1988).

The New Generation of Acting Teachers, edited by Eva Mekler. (New York: Penguin Books, 1987).

* *On Acting*, by Laurence Olivier. (New York: Simon & Schuster, 1986).

Papers on Acting, edited by Brander Matthews. (New York: Hill and Wang, 1958).

People Will Talk, by John Kobal. (New York: Aurum Press, 1991).

* *The Player - A Profile of an Art*, by Lillian Ross & Helen Ross. (New York: Limelight Editions, 1984).

* *Snakes and Ladders*, by Dirk Bogarde. (New York: Penguin, 1988).

Star Acting: Gish, Garbo, Davis, by Charles Affron. (New York: Dutton, 1977).

Stars, by Richard Dyer. (London: B.F.I., 1982).

* *Working Actors*, by Richard A.Blum and Laurence Frank. (Boston: Focal Press, 1989).

매체로서의 스크린/텔레비전에 관한 책들(연기 부분 참조)

An American Odyssey, Elia Kazan edited with Michel Ciment. (London: Bloomsbury Publishing, 1988).

Billy Wilder in Hollywood, by Maurice Zolotov. (New York: Limelight Editions, 1987).

Directing for Film and Television, by Christopher Lucas. (New York: Doubleday, 1985).

* *Directing the Film*, by Eric Sherman. (Los Angeles: Acrobat Books, 1988).

Film Art, by David Bordwell and Kristin Thompson. (New York: McGraw-Hill, 1990).

Film Lighting, by Kris Malkiewicz and Barbara J. Gryboski. (New York: Prentice Hall, 1986).

The Film-Makers Art, by Haig P. Manoogian. (New York: Basic Books,

1966).

The Filmmaker's Handbook, by Edward Pincus and Steven Ascher. (New York: New American Library, 1984).

* *Filmmaking: The Collaborative Art*, by Donald Chase. (Boston: Little, Brown, 1975).

From Reverence to Rape, by Molly Haskell. (Chicago: University of Chicago Press, 1987).

* *Getting the Part*, by Judith Searle. (New York: Simon & Schuster, 1991).

Inner Views: Filmmakers in Conversations, by David Breskin. (Boston: Faber and Faber, 1992).

* *Interviews with Film Directors*, by Andrew Sarris. (New York: Avon Books, 1967).

Masters of Light, by Dennis Schaefer. (Berkeley and Los Angeles: Universtiy of California Press, 1985).

Off Camera, by Richard Levinson and William Link. (New York: New American Library, 1986).

* *On Directing Film*, by David Mamet. (New York: Penguin Books, 1992).

Selected Works, by Sergei Eisenstein. (London: B.F.I., 1991).

Take One, by Jack Kuney. (New York: Praeger, 1990).

* *The Technique of Television Production*, by Gerald Millerson. (London: Focal Press, 1990).

The Television Program, by Edward Stasheff, Rudy Bretz, John Gartley and Lynn Gartley. (New York: Hill and Wang, 1976).

* *TV Director/Interpreter*, by Lewis Colby. (New York: Hastings, 1990).

그 밖의 유용한 참고문헌

Another Way of Telling, by John Berger and Jean Mohr. (New York: Pantheon Books, 1982).

Atlas of Facial Expression, by Stephen Rogers Peck. (New York: Oxford University Press, 1987).

Comics and Sequential Art, by Will Eisner. (Guerneville, Cal.: Eclipse books, 1990).

*_Dictionary of Film and Television Terms_, edited by Virginia Oakey. (New York: Barnes & Nobles, 1983).

Fellini's Faces, edited by Christian Strich. (New York: Holt, Rinehart & Winston, 1982).

Frame Analysis, by Erving Goffman. (Boston: Northeastern University Press, 1986).

*_Mannerisms of Speech and Gestures in Everyday Life_, by Sandor S. Feldman. (New York: International Universities Press, 1969).

To the Heart of the Storm, by Will Eisner. (Princeton, Wis.: Kitchen Sink Press, 1991).

*_What Do You Say After You Say Hello_, by Eric Berne. (New York: Bantam, 1984).

저자와 그래픽 디자이너 소개

패트릭 터커(Patrick Tucker)

아프리카 언어학 교수의 넷째 자녀로 태어난 그는 런던 대학교에서 물리학자로 졸업을 했으나, 그때 이미 연극에 대한 열정에 사로잡혀 에딘버러 페스티벌 프린지(Edinburgh Festival Fringe)에서 극단을 운영하면서 연기를 하고 있었다. 물리학을 가르칠 생각이 끔찍하여, 장난 삼아 보스턴 대학교에 연극 대학원 과정 신청을 했는데, 운 좋게도 거기서 연출 공부를 하기 위한 장학금을 받게 되었다. 2년 후 졸업을 했을 때는 이미 텍사스에서 열린 첫 번째 셰익스피어 페스티벌에서 연출을 함으로써 연출에 대해 진정한 눈을 뜨게 된다. 공부를 마치고 영국으로 돌아갔지만 그곳에서는 전혀 자신이 감독으로서 재능을 발휘할 기회가 없다는 것을 깨닫고, 그때부터는 일의 분야를 가리지 않고, 무대 전기 기술자, 스트립 클럽 무대 감독과, 거장 카메론 매킨토시(Cameron Mackintosh)의 뮤지컬 〈올리버 *Oliver*〉의 무대 조감독, 웨스트 앤드의 프로덕션 매니저를 거쳐 마침내는 레퍼토리 시어터의 연출로서 데뷔한다.

1968년 전문 연출로서의 첫 공연 이후, 터커는 주간 레퍼토리에서부터 로얄 셰익스피어 극단까지 130편도 넘는 다양한 형식의 연극을 공연한다. 1976년 BBC 텔레비전의 연출 프로그램에 참가했던 그는 그후 90편도 넘는 텔레비전 프로그램들을 연출하였으며, 그중에는 BBC를 위한 연극과 덴마크 텔레비전을 위해 덴마크어로 한 셰익스피어 연극과 리버풀에서 자체 제작한 드라마 〈브룩사이드〉의 여러 에피소드들도 있다. 로얄 셰익스피어 극단의 미국 공연을 기점으로, 터커는 셰익스피어와 운문 대사를 가르치기 시작했다. 원론으로 돌아가서(어느 물리학자든 그랬겠지만), 그는 셰익스피어 시대의 배우들이 사용했을 큐 대본들에 근거한 자신만의 독특한 접근 방식을 개발하였다. 그리고는 그러한 것들을 바탕으로 영국과 미국 전역, 극동 아시아 지역에서 다국적으로 수업을 한다.

그는 텔레비전과 스크린 연기에 대한 자신만의 독특한 접근 방식을 다른 여타 연기 분야에서 분리된 하나의 훈련으로 개발하여, 1976년 이래로는 드라마 스튜디오 런던(Drama Studio London)의 대학원생들과, 또 1980년대 초 이래로 캘리포니아 분교에서 이 교육 과정을 가르쳐왔다. 또한 전세계에 걸쳐서 강연하고 가르쳤을 뿐만 아니라 미국, 캐나다, 이스라엘, 남아프리카, 대한 민국 등의 나라에서 여러 차례 연극 연출을 했으며, 최근에는 리버풀 존 무어즈 대학교(Liverpool John Moores University)에 방문 교수와 고문으로 위촉되기도 하였다.

패트릭 터커는 현재 배우인 아내, 크리스틴 오젠느와 함께 런던의 치스윅에 살고 있으며, 그녀가 수 년 동안 해온 수많은 광고들을 비롯한 스크린 연기를 통해 많은 아이디어와 통찰을 얻어내기도 했다.

그는 스크린 연기에 대한 자신의 개념들이 생소하다고 생각한다면, 셰익스피어 연기에 관한 그의 접근 방식에 대한 결과를 기대하기 바란다고 덧붙였다.

존 스탬프(John Stamp)

존 스탬프는 프리랜서 그래픽 디자이너로서, 영국 선버리 온 템스(Sunbury-on-Thames)에 살고 있으며, 메이크업 디자이너와 결혼하여 15세의 아들과 결혼한 두 딸이 있다. 그는 해머스미스 예술학교(Hammersmith School of Building and Arts & Crafts) 출신이다. 국민(의무) 병역 후 그는 광고 간판, 회화와 문양, 글자 도안 등의 각종 그래픽 관련 일을 했다.

1959년, ABC 텔레비전의 그래픽 팀에서 일하기 전에는 랭크 스크린 서비스(Rank Screen Services)와 파라마운트 영화사(Paramount Pictures)의 미술부에 있었다. 1959년에서 1990년까지 ABC 텔레비전, 그리고 템스 텔레비전에서 근무했으며, 그중 7년은 팀장으로서 역임했다.

1986년 해로즈 포스터(Harrod's Poster)와 프린트실 소속 작가였고, 이때 템스강을 그린 스크린 프린트를 한정판으로 전시를 열었는데, 그중 두 프린트는 레오나드 체셔 재단(Leonard Cheshire Foundation)에 기증되어, 현재는 여왕의 시골 별장인 산드링햄(Sandringham)의 파크 하우스(Park House)에 걸려 있다. 〈우리의 희극 배우들 *Famous Comedian Prints*〉이란 그의 작품은 1989년에 도미니온 시네마(Dominion Cinema)에서 〈템스의 침묵 *Thames Silents*〉이라는 타이틀로 전시됐고, 1991년 템스 텔레비전은 '영국 영화 텔레비전 아카데미(British Academy of Film and Television)'에서 그가 ABC, 템스 텔레비전에서 작업했던 작품들을 모아 대대적인 회고전을 열기도 했다.

그는 현재 런던의 샤프츠버리 극장(Shaftesbury Theatre) 소속 배우 29명의 초상화들을 제작 중이다.

용어 해설

ㄱ

가편집(Rough Cut): 한 시퀀스나 전체 영상물의 첫 번째 대략적인 정리 및 정돈.

개퍼(Gaffer): 조명 담당 부서의 우두머리.

개퍼 테이프(Gaffer Tape): 무대 장치에 사용되는 강력한 접착 테이프.

교차 편집(Cross-Cutting): 전혀 다른 두 장소에서 동시에 일어나고 있는 장면들을 각각 조금씩 잘라서 보여줌으로써 그 장면들이 동시에 일어나고 있음을 나타내는 편집 방식.

구경(Aperture / F-Stop):

① 렌즈 구경: 카메라 앞에 뚫려 있는 구멍으로서 렌즈를 통과하여 원본에 닿는 빛의 양을 조절한다.

② 카메라 구경: 촬영되는 프레임 별 노출을 조절하는 카메라 내부의 구경

③ 영사기 구경: 투사되는 프레임 별 노출을 조절하는 영사기 내부의 구경

④ 인화기 구경: 필름에 노출되는 빛을 통과시키는 인화기의 구경(표준 구경)

그린스멘(Greensmen): 세트나 로케이션에서 덤불, 꽃, 나무 등 각종 식물 재료를 담당하는 사람.

그립(Grip): 카메라 도구들을 설치하고 이동하는 장비, 혹은 그러한 일을 하는 사람

ㄴ

노디(Noddy): 인터뷰를 하고 있는 사람이 긍정하고 고개를 끄덕이는 샷을 중간 중간에 삽입함으로써 그들의 의견이 지금까지 나눈 이야기에 서로 일치하고 있다는 것을 보여주는 샷. 당연히 인터뷰에 응한 사람의 장면을 모두 찍고나서, 따로 인터뷰한 사람의 노디를 찍는다.

눈속임(Cheating): 사실은 아니지만 카메라 촬영을 통하여 사실로 보이게 하는 기술이나 효과.

ㄷ

다운 스테이지(DownStage): 카메라에 근접한 무대 앞 쪽의 전경 부분.

대원사(ELS, Extreme Long Shot): 피사체와 카메라 렌즈 간의 거리가 극단적으로 먼 화면. 때로는 조안각(鳥眼角)이나 공중 장면의 형태를 취하기도 하고, 광대한 시야를 조망하게 하여 극적 이완이나 화면 설정의 기능을 담당한다.

대접사(BCU, Big Close Up / Extreme Close Up): 피사체와 카메라 렌즈 간의 거리가 극단적으로 가까운 화면. 미세한 특정의 피사체나 눈, 코, 입처럼 한 사람의 특정한 신체 부위만을 화면 가득히 채우는 경우를 말한다.

더블(Double / 2-s): 극중 인물이 아니면서 특정 장면을 담당 연기자 대신 연기하는 사람.

더빙(Dubbing): 모든 음향 효과와 음악, 그리고 목소리를 완성된 영상물에 다시 입히는 것. 또는 다른 나라의 언어를 그 나라 말로 번역해서 목소리를 덧입히는 것.

데이 포 나이트(Day-for-Nights): 낮에 촬영된 장면의 필름이 마치 모든 사람들이 보기에 밤에 찍은 것처럼 보이는 것. 청명한 날에 노출을 조절해서 어두운 블루 필터를 끼워서 촬영한다. 때로는 대낮에나 날아다니는 새가 밤 하늘을 유유히 날고 있는 것을 잡는 실수를 범하기도 한다.

데일리(Dailies, Rushes): 이전에 찍어놓은, 편집되지 않은 상태의 샷. 이것을 보고 재촬영해야 할 부분을 결정한다.

드라이(Dry): 대사를 잊어버리는 경우.

드라이 런(Dry Run): 테이크시에 있을 효과들을 배제하고 장면을 죽 훑어보는 것.

드롭 아웃(Drop-Out): 녹음 기계와 비디오 테이프가 분리된 경우.

디졸브(Dissolve): 하나의 장면에서 다른 장면으로 서서히 전환되는 것. 관객들에게 시간이 지나갔음을 암시하는 장치이기도 하다.

디퍼(Deeper): 더 멀리.

라

라디오 마이크(Radio Mike): 배우의 몸에 보이지 않게 착용되어 목소리를 잡아냄으로써 무선으로 전달되는 마이크. 흔히 와이어리스라고 부른다.

라인 업(Line-Up): 샷 촬영을 위해 모든 것을 준비하는 과정. 스튜디오에 있는 카메라가 서로 화면의 균형을 유지하기 위해 해야 하는 준비.

랩(Wrap): 쉽게는 쫑. 촬영이나 하루의 일을 끝내는 것을 일컫는다.

러닝(Running): 카메라가 촬영을 시작할 때 기사가 외치는 소리.

레벨(Level): 사운드에서 사용되는 소리의 높낮이.

로스트럼 카메라(Rostrum Camera): 정지된 사물들을 찍는 고정 카메라. 다큐멘터리나 뉴스에서 흔히 쓰인다.

로우 로더(Low Loader): 트레일러에 차를 싣고, 그것을 끄는 트럭에 카메라를 설치하여, 운전하는 배우가 실제로는 운전을 하지 않아도 배경이 바뀌어 운전하는 것으로 보이게 하는 장비. 배우가 전면을 크게 의식하지 않고 운전을 하는 경우는 이렇게 찍는다고 생각하면 된다.

록트 오프 카메라(Locked-off Camera): 위치와 샷의 크기가 고정된 상태에서 사물을 찍는 카메라. 경우에 따라서는 특정 인물이나 사물을 잡고 있다가 그것의 움직임을 추적하는 것으로도 쓰인다.

롱 샷(Long shot, LS): 원거리 샷.

루핑(Looping): 필름의 어떤 부분을 끊임없이 반복하는 것. 이를 통해 배우는 대사를 더빙할 때 계속 그 부분을 보면서 완벽하게 입을 맞출 수 있다.

리버스(Reverses): 방금 촬영한 것의 반대 방향을 촬영하는 것. 말하고 있는 배우의 샷을 다 찍었다면 다음엔 듣고 있는 배우의 샷을 찍는다.

리액션 샷(Reaction Shot): 다른 배우가 말할 때 그것을 듣고 생각하는 배우를 촬영한 장면.

립싱크(Lip-Sync): 말하고 있는 배우의 사운드와 동작을 올바르게 맞추는 것.

마

마스터 샷(Master Shot): 전체 배경을 매우 넓은 각도로 촬영하는 것. 가장 먼저 하는 촬영이고, 그 이후에 연결되는 샷들은 이것을 기준으로 조명과 위치를 설정한다.

마크(Marks): 배우가 서야 할 위치나 동작선을 테이프나 초크로 표시해놓은 것. 혹은 배우가 주어진 동선의 마지막에 도달해야 할 지점.

멀티 카메라(Multicamera): 프로그램을 녹화할 때 한 스튜디오에서 3에서 7까지의 카메라를 동시에 쓸 수 있는 경우를 일컫는다. 편집 기사(Switcher)가 카메라의 컷을 넘긴다.

몽타주(Montage): 특정 시간을 나타내는 샷과 짧은 신들의 연속.

무대 감독(Floor Manager): 일정 시간 동안 연기와 촬영이 이루어지는 촬영소와 무대의 한 부분에 대해 운용을 책임지는 사람. 영화 쪽에서는 제1조수, 혹은 조감독이 이 일을 한다.

뮤트(Mute / MOS): 소리 없이 만들어진 것.

미디엄 샷(Medium Shot, MS): 중사.

미디엄 클로즈업(Medium Close-Up, MCU): 중접사.

미장센(Mise-En-Scene): 매우 긴 시퀀스를 한 샷에 촬영하는 스타일. 하나의 샷이 한 신이나 시퀀스의 구실을 하며 장면의 전개를 일컫기도 한다.

믹서(Mixer): 제대로 된 소리를 찾기 위해 마이크에 잡힌 소리를 종합하는 사람.

ㅂ

바나나(Banana): 카메라가 두 인물을 포착하는 경우, 한 인물과 다른 인물이 서로 겹쳐서 가리지 않게 하기 위해 카메라가 커브 형태로 움직이는 것을 말한다.

반 도어(Barn Door): 조명에 부착된 쇠로 만들어진 판. 조명의 빛이 분산되는 것을 막아준다.

배경(Background, BG): 배경으로 쓰이는 효과나 음악.

배경 연기(Background Action): 엑스트라나 다른 보조 연기자가 화면의 배경에서 화면의 풍성함을 더하기 위해 하는 연기. 군중이나 지나가는 사람들의 역할 등을 말한다.

배경 트랙(Backing Track): 영화 속에서의 음악가를 연기하는 배우가 실제로 노래를 부르는 것처럼 하기 위해 따라 부르도록 미리 녹음되어 있는 음악.

베스트 보이(Best Boy): 개퍼(전기 담당자)의 주보조자.
아마도 항상 의문이 갔던 명칭 중에 하나였을 것이다.

변시 전환(Cutaway): 중요한 인물이나 소품을 나타낼 때 매우 크게 촬영하는 장면을 말한다. 또한 전혀 어울리지 않는 두 부분을 서로 이을 때 사용되기도 한다. 보통 다큐멘터리에서 잘 사용하는 방법이다.

보이스 오버(Voice Over): 영상이 보여지는 동안 들려지는, 영상과는 분리된 목소리. 보통 다큐멘터리의 나레이션을 말한다.

보조 광선(Fill Light): 주조명에 의해 생긴 그림자를 가리는 조명.

보조 무대 감독(AFM, Assistant Floor Manager): 무대 감독을 보조하는 사람.

분위기(Atmosphere): 이전의 다른 장면에서 녹음된 배경 음악. 또는 음향의 어색함을 부드럽게 하기 위해 녹음된 배경 음향이다.

붐(Boom): 마이크를 달고 있는 대로서 촬영 장소에서 배우 위에 위치한다. 이동차에 매달려 있는 유동 전자팔도 같은 개념으로 쓰일 수 있다.

붐 업/붐 다운(Boom Up / Boom Down): 마이크가 달려 있는 장대를 상하로 움직이게 하는 명령어. 카메라를 아래위로 움직일 때도 쓰인다.

브레이크(Break): 촬영을 잠시 멈추는 것.

비디오 녹화기(VTR): 비디오 테이프 녹화기

비디오 녹화기(VCR): 비디오 카세트 녹화기

비약 전환(Jump Cut): 화면 연결시 크기나 장소, 콘티뉴어티에 있어 급격하고 부자연스럽게 변화하는 장면 전환. 충격적인 효과를 의도하기 때문에 사용하는 것이다. 대개 이러한 컷은 편집자의 의도이기보다는 감독의 의도로 해석되곤 한다.

비즈니스(Business, Biz): 배우들이 하는 연기. 일반적으로 소품을 들고 하는 연기를 말한다.

비트(Beat): 간략한 일의 중단 상태.

사

사이클로라마(Cyclorama): 촬영소 내에 걸어놓은 하늘이나 자연 풍경 따위의 배경막.

상영 순서(Running Order): 각 장면이 찍히는 실제의 순서.

상영 시간(Running Time): 영상물의 총 소요 시간.

색 온도(Color Temperature): 영화를 촬영할 때, 특히 조명과 관련되어 나타나는 색의 온도를 말한다. 청색은 적색보다 더욱 뜨거운 것을 나타낸다.

샷(Shots): 카메라로 찍은 영상물.

설정 화면(Establishing Shot): 향후에 진행될 이야기를 위해 시퀀스의 시작 부분에서 장소나 무대, 또는 극적인 분위기를 예시해주는 화면. 대개 원사나 전사로 나타난다.

셋업(Set-Up): 카메라의 위치. 작품의 스케일에 따라 하루에 몇 개의 셋업이 가능한지 결정된다.

소프트(Soft): 포커스가 벗어난 상태를 말한다. 이를 방지하기 위해서 촬영 스태프들이 배우들에게 잠시 비켜달라고 하면서 마크를 표시하는 것이다.

수평 이동(Crab): 카메라를 수평으로 이동하는 것.

스리 샷(Three Shot / 3-s): 한 프레임 안에 3명이 있는 것.

스위시 팬(Zip Pan / Swish Pan): 화면 내의 한 지점에서 다음 지점으로 이동한 촬영기의 팬이 급속히 진행됨으로써 중간의 영역이 흐리게 보이는 것을 말한다.

스위처(Switcher / Vision Mixer): 스튜디오에서 비디오 카메라들 간의 기능을 계속 바꾸는 사람. 어떤 카메라에 찍히고 있는 것을 내보내고, 어떤 것을 녹화해야 하는지를 선정하는 사람이다.

스캐너(Scanner): 비디오 카메라를 위해 사용되는 유동 조정실.

스크립터(Script Girl / Continuity Girl): 촬영 대본을 검토하고 그에 대한 세부적인 내용과 촬영시의 실시 여부를 확인하는 역할의 담당자를 말한다. 연기자의 의상이나 동작, 표정 등을 지적하고 수정한다.

스탠드 인(Stand In): 주연 배우급들과 비슷한 체구를 소유하고 있는 대역들. 촬영에 들어가기 앞서 주연 배우들을 대신해서 조명을 설정하고, 위치를 잡아주며, 그 대가로 보수를 받는다.

스테디캠(Steadicam): 카메라를 매고 촬영할 때 카메라를 고정시키기 위해 촬영 기사가 사용하는 장치.

스토리 라인(Story Line): 영화나 영상물의 대략적인 개요나 내용.

스토리 보드(Storyboard): 모든 샷들의 계획이 서로 어떤 관계를 지니며 어떻게 찍혀야 한다는 등의 내용이 그림과 함께 담긴 도표들.

스트라이크(Strike / Kill): 움직이거나 제거하는 것. 가구도 될 수 있고, 아이디어도 될 수 있다.

스피드(Speed): 카메라가 촬영 준비가 끝났을 때 하는 용어. 음향 기사도 같은 용도로 쓸 수 있다.

시각(Point of View): 인물이 보는 것. 종종 카메라는 당신이 편지를 읽는 것을 잡기 위해 죽은 시체가 바닥에 누워 있는 시점을 이용하곤 한다.

시계선(Sight Line): 한 배우에게서 다른 배우에게 이르는 시계선(視界線). 객석에 앉은 관객에서부터 스크린까지, 혹은 무대 위 배우에게까지의 거리와 높이.

시선(Eyeline): 배우가 다른 배우를 바라보는 방향과 높이를 위한 디렉션.

시야심도(Depth-of-Field): 카메라의 초점 내에 있는 영역. 밝은 날에는 매우 영역이 넓어져 다양한 거리에 있는 사람들을 모두 촬영할 수 있다. 날이 흐리거나 빛이 미약할 때는 배우가 자신의 마크에 거의 정확하게 닿아주어야 포커스에서 벗어나지 않을 수 있다.

시켐(Secam Sequential Color And Memory): 프랑스에서 사용하는 색 체계이며, 러시아에서도 사용하고 있다.

신호판(Idiot Cards): 배우의 대사가 적혀 있는 커다란 종이. 토크 쇼의 게스트에게 언제 어떤 농담을 할 것이라고 지시해주기도 한다.

실용 소품(Action Props): 배우들이 사용하거나 다루는 물건들. 장식적인 소품과는 반대되는 개념이다.

실제 소품(Practical): 촬영에서 실제처럼 사용할 수 있는 도구들 및 소품들. 가스렌지, 씽크, 라디오 등.

싱글(Single): 한 사람을 찍은 샷.

싱글 카메라 비디오(Single Camera Video): 한 대의 카메라로 프로그램을 만들되(필름일 경우), 비디오로 녹화한 것을 일컫는다.

아

아웃 테이크(Out-Take): 원래부터 프로그램에서 실수였던 부분들. 요즈음은 더 광범위하게 배우나 앵커가 실수로 세트에서 떨어진다거나, 대사를 잊어버리거나, 벽으로 걸어가는 것들을 일컫는다.

액션(Action): 감독이나 조감독이 촬영 시작을 알리는 큐.

앵글(Angle / Camera Angle): 카메라의 촬영 각도.

어안 렌즈(Bug Eye Lens / Fish Eye Lens): 접사에 사용되는 광각 렌즈.

업 스테이지(UpStage): 카메라에서 가장 떨어진 곳. 본래는 연극 용어이다. 고전에서의 무대는 경사가 져 있었으므로, 결국 업 스테이지란 관객으로부터 멀리 있다는 것을 의미한다.

에프 눈금(F-stop, 렌즈 구경): 렌즈에 빛을 받아들이는 조리개의 크기를 눈금으로 표시한 것. 숫자가 높아질수록 광량은 줄어든다.

NTSC(National Television System Commitee): 세계 최초로 미국에서 나온 텔레비전 컬러 시스템. 초기에 만들어진 것으로 요즘에는 거의 사용하지 않는다.

역광(Back Light): 카메라 촬영시 배우 뒤에서 비추는 빛. 배경과 대비하여 배우를 더욱 입체감있게 만드는 조명이다.

오버랩(Overlap): 배우들의 대사가 서로 겹칠 경우. 촬영을 다시 하게 되는 가장 보편적인 원인이기도 하다.

오버 숄더(OTS): 상대방의 어깨 너머 샷.

OB(Outside Broadcast): 외부 방송

오토 큐(Autocue / Teleprompter): 연기자가 자신의 대사를 읽을 수 있도록 하기 위해 두루마기 형태로 카메라 근처에 위치시키는 일종의 신호판이다. 카메라 근처에 설치된 모니터나 반사 거울도 동일한 기능을 한다.

OTT(Over The Top): 배우의 연기. 특히 음성 레벨 부분에 적용되는 용어.

오프 라인 편집(Off-line Edit): 오리지널(대개는 VHS)이 전환되어 진행되는 비디오 편집. 이 과정에서 대략적인 편집을 한다.

오프 마이크(Off-Mike): 마이크에 잘 잡히지 않은 소리들. 배우가 리허설할 때와 같은 방향으로 하지 않았거나, 붐 오퍼레이터가 정확한 위치를 잡지 못했을 경우 일어난다.

오프 스크린(Off-Screen / Out of Vision / Off-Camera): 스크린 밖에서 들리는 목소리나 행동.

와이드 앵글(Wide Angle): 카메라의 시선 중 가장 광범위 한 것을 일컫는다.

와이프 프레임(Wipe Frame): 화면 앞을 지나치는 사람이나 물건. 보통 컷의 동기로써 쓰인다.

와일드 트랙(Wild Track): 동시 녹음으로 하지 않고, 배우들이 이미 연기와 대사를 마친 뒤 다시 녹음하는 소리와 음향 효과. 때로 배경 음악만 녹음하기도 하며, 배우가 했던 행동의 소리를 녹음하기도 한다.

온 라인 편집(On-line Edit): 실제 촬영된 비디오를 사용한 편집.

이동차(Dolly): 촬영 기사가 카메라와 함께 탑승하여 이동 화면을 촬영할 수 있도록 바퀴를 단 이동 촬영대.

인 더 캔(In the Can): 만족스러운 녹화 혹은 **테이크**.

자

제작 보조(Production Assistant): 영화에서는 프로듀서의 보조. 텔레비전에서는 장면의 진행에 대한 책임과 시간을 재서 시간 코드를 기록하며, 콘티를 기록하는 역할을 한다.

제작 지휘(Production Manager): 모든 기계적이고 업무적인 절차의 관리자.

전경(FG, Foreground): 카메라에 가까운 화면 내의 연기 영역 혹은 화면 내의 영상 중 앞 부분.

전과 동일(A/B, As before): 이전 장면에서의 카메라 촬영이 다음 장면과 같을 때 쓰는 용어.

전보 촬영(Coverage): 완전한 한 장면을 찍는 데 촬영된 샷의 수.

전심 초점(Deep Focus): 와이드 렌즈를 사용하여 카메라 전방의 모든 피사체가 초점거리 내에 포착되어 선명하게 보이도록 촬영되는 것.

전진 화면(Push In): 카메라를 더욱 가까이 가져가는 것. 특히 멀티 카메라 스튜디오에서 특정 카메라를 향하여 지시를 내릴 때 사용한다. 줌 인의 의미로서도 쓰인다.

접사(CU): 클로즈업.

정지 화면(Freeze Frame): 하나의 정지된 장면으로 장면을 연속시키는 것. 대안이 없는 경우 마지막 장면에서 많이 쓰인다.

조감독(Assistant Director): 감독의 주조수이며, 보조하는 역할을 한다.

주광선(Key Light): 화면 내에서 가장 우선적이고도 보편적인 광원. 대상 화면의 화조와 분위기를 결정하는데, 촬영 감독의 지시에 의해 설치된 후 여타의 보조 조명이 뒤따른다.

주서(Juicers / Sparks): 무대의 조명기기를 설치, 조작하는 소명부원의 속칭이다. 개퍼와 촬영진에 속해 있다.

줌(zoom): 렌즈를 사용하여 카메라의 시야를 변화시키는 것. 줌 인, 줌 아웃은 사물을 가까이, 그리고 멀리 보는 것을 말하며 어떤 사물을 매우 빠르게 가까이 포착시키는 것을 **크래쉬 줌**(crash zoom)이라고 한다.

진 편집(Fine Cut): 최종 편집이다. 관객이 보게 되는 완성된 상태이다.

집 암(Jib Arm / Dolphin Arm): 이동차에 부착된 봉으로 카메라를 올리고 내리는 역할을 하는 장치. 촬영기를 다양한 각도로 만들 수 있고, 360° 회전도 가능하다.

차

초점 이동(Racking Focus / Pull Focus): 카메라의 초점을 전방에서 후방으로, 후방에서 전방으로 바꾸는 것.

촬영 대본(Shooting Script): 최종적으로 수정을 거친 대본. 보통 카메라와 편집에 대해서도 언급이 되어 있다.

촬영 비율(Shooting Ratio): 최종 편집이 끝난 필름의 길이와 실제로 촬영한 필름의 양의 비율. 영화는 1:10, 다큐멘터리 필름은 1:30, 비디오 드라마는 1:5가 평균치이다.

촬영판(Clapper Board / Clapstick Board / Slate): 장면의 번호와 내용을 간략하게 적은 표지판이다. 편집을 할 때 각 장면의 음향과 영상을 구분하기 위해 사용한다.

카

카메라 카드(Camera Cards): 여러 대의 카메라로 촬영하는 스튜디오에서 각각의 카메라가 어떠한 시기에 어떠한 방식으로 촬영할 것인지 알려주는 표지판으로서, 카메라에 설치한다.

카메라 트랩(Camera Trap): 촬영장에서 카메라를 보이지 않게 숨기고, 여닫을 수 있는 구멍을 말한다. 하나의 카메라가 등장하여 촬영을 하고, 장면이 넘어가면서 다른 카메라에 이전 장면에서 사용된 카메라가 보이지 않도록 촬영장 내부에서 카메라를 감출 수 있다. 도대체 저 장면은 어떻게 찍은 걸까라는 의문이 생기는 것은 바로 이 때문이다.

캔(Cans): 헤드폰을 말한다.

커터(Cutter): 편집자(Editor)와 같은 의미로 쓰인다.

컷(Cut): 하나의 샷이 다른 샷으로 바뀌는 순간을 말한다. 편집을 통한 컷이 있고 여러 대의 카메라로 촬영할 경우에는 샷의 전환을 가리키기도 한다. 촬영에 임했던 모든 것들을 정지시키는 신호이며, 액션의 반대적 개념이다.

큐(Cue / Q): 시작을 알리는 신호. 대개 연출부 쪽에서 누군가 수신호를 준다.

크레인(Crane): 카메라를 들어올리는 기계 장치. 작은 것은 6피트의 높이까지 카메라를 올리고, 큰 것은 지붕을 내려다볼 수 있는 높이까지 들어올린다.

크레인 업/크레인 다운(Crane Up / Crane Down): 크레인을 상하로 움직이게 하는 명령어.

크로싱 더 라인(Crossing the Line): 지리적인 조건을 무시하고 촬영함으로써 관객들을 혼란스럽게 하는 것. 예를 들어 서로 이야기하고 있는 두 배우의 모습을 두 개의 샷으로 촬영한다고 할 때, 두 대의 카메라는 이 두 인물 사이에 그어진 보이지 않는 선 위에 놓여 있어야 한다. 만약 카메라가 서로 정반대에 위치해 있으면 두 배우의 시선은 같은 방향을 보는 것처럼 스크린에 나타나기 때문에 전혀 대화를 나누고 있던 것으로 보이지 않는다.

크롤(Crawl): 아주 느린 카메라의 이동.

ㅌ

타이트(Tight): 밀착시키기.

타임 코드(Time Code): 비디오 테이프에 부착된 전자 신호판. 무엇이 언제 녹음되었는지를 알 수 있다.

탈음(Out of Sync): 입의 모양과 대사가 맞지 않는 경우.

테이크(Take): 각각의 샷을 일컫는다.

텔레포토(Telephoto): 아주 먼 사람을 가까이 느끼도록 찍는 매우 긴 렌즈. 아주 빠르게 걷고 있는 것처럼 보이나, 결국 아무 곳으로도 움직이지 않은 결과를 만들어낸다.

텔레프롬프터(Teleprompter / Autocue): 카메라 렌즈에 투영되어 카메라를 보고 말을 하는 사람에게 원고를 읽을 수 있게 하는 장치. 대본을 확대해서 보여준다.

트랙(Tracks): 이동차가 움직이는 길로서 레일이나 널빤지를 설치한다.

트랙킹(Tracking / Trucking / Dollying): 촬영 중 이동차나 궤도 따위를 통해 촬영기를 움직이는 것.

트리트먼트(Treatment): 줄거리와 촬영 스크립트의 중간점. 대화를 제외한 영상물의 향방에 대한 지시문.

특수 효과(Special Effect): 모든 영화적 속임수나 꾸밈. 미니어처나 컴퓨터를 사용하는 것을 예로 들 수 있다.

틸트 업/틸트 다운(Tilt up / Tilt down): 카메라가 아래나 위를 찍기 위해 몸체를 숙이거나 들어올리는 것.

파

파일럿(Pilot): 장기적 상영을 목표로 제작되는 모든 사소한 프로그램들.

팬(Pan): 아크를 써서 카메라를 이동시키는 것.

퍼디엄(Per Diem): 라틴 어원이며, 하루에 지불되는 숙식비.

포스트 프로덕션(Post Production): 모든 촬영이 끝난 후 그 영상물에 가해지는 모든 작업들.

폴리(Foley): 발자국 소리나 동물 소리 같은 것들의 재배치나 덧붙임. 한 장면의 음향 효과를 제대로 완성하는 과정이다. 대개 잡음이 많이 끼어들었거나 카메라 자체의 소음이 들어왔을 때 한다. **폴리**는 그 과정을 전담한 스태프의 타이틀로도 쓰인다.

폴캣(Polecat): 바닥과 천장 사이에 끼울 수 있는 장대.

플래그(Flag): 주위의 빛이 카메라로 비추어지는 것을 막는 도구.

플러프(Fluff): 배우가 대사를 더듬거리거나 틀린 단어를 말하는 경우.

플로어 플랜(Floor Plan): 카메라의 위치가 정해진 전체 배경의 도면. 음향과 조명의 위치를 결정하게 해준다.

PAL(Phased Alternating Line): 독일에서 개발되어 프랑스를 제외한 대부분의 유럽 국가들이 사용하고 있는 컬러 시스템.

하

해 떨어진다(Lose the Light): 자연 광선의 조도가 떨어지기 시작하면, 전 스태프들은 화면의 연결을 감안해서 촬영을 서두르게 되는데 그때 다급하게 소리치는 말이다.

핸드 헬드(Hand-Held Camera): 촬영 기사가 카메라를 들고 배우들의 움직임에 따라 촬영하는 것. 좀더 살아있는 사실적인 화면을 만들어준다.

화면 블로킹(Blocking the Scene): 화면 촬영을 위해 움직임을 설명하는 것. 배우와 카메라에 모두 적용된다. 보통 첫 리허설 때 이루어진다.

화면 비율(Aspect Ratio): 화면의 가로 세로 비율이다. 4:3 혹은 1.33:1은 표준 구경률, 1.66:1은 유럽 표준 와이드 스크린 비율, 1.85:1은 미국 표준 와이드 스크린 비율, 그리고 2.35:1은 파나비전과 같은 와이드 스크린 비율이다.

후진 포커스(Pull Focus): 초점을 밖으로 빼는 것.

후진 화면(Pull Back): 카메라를 멀리 움직이는 것.

휘시폴(Fishpole): 손에 들 수 있는 붐대.

찾아보기

옮긴이의 말

아직도 실감이 안 난다. 겁 없이 달려들어 이 책에 손대던 날, 컴퓨터에 익숙하지 못해 첫 페이지를 두 번이나 날리고 간신히 책장을 넘기고나니 무려 6시간이나 지나버렸던 그 날의 악몽이 여전히 생생한데……지금 내가 마무리를 하고 있다니.

이 책과의 만남은 뉴욕에서였다. 공적인 일이든 사적인 여행이든 뉴욕에 가면 숙제처럼 들르는 곳이 48가와 7th Avenue 모퉁이에 있는 'Drama Book Shop'이다. 연극을 시작하고나서 개인적으로 가장 많은 도움을 받았다고 생각하는 텍스트, 우타 하겐(Uta Hagen)의 『산 연기 *respect for acting*』를 만난 곳도 그곳이며, 지금은 시공사에서 출간되었지만, 영화에 발을 들인 후『영화연출론 *shot by shot*』을 산 곳도 그 서점이다.

내가 이 책에 끌렸던 것은 바로 '비밀Secret'이라는 단어 때문이었다. 95년 당시 나는 〈태백산맥〉이라는 데뷔 작품을 마치고 〈301·302〉라는 첫 주연작을 끝낸 풋내기 여배우에 불과했다. 그리고 나는 혼란에 빠져 있었다.

조연이었지만, 임권택 감독님의 절대적인 신뢰 아래 감정상의 어려운 장면들을 두려움 없이 촬영했던 자신감을 두 번째 영화에서는 상실해버렸다. 거침없이 밀고 들어오는 카메라, 원 신 원 샷 개념의 매 테이크마다 끊임없이 정확히 닿아야 하는 마크들, 이동차와 함께 움직여야 하는 동선, 수시로 얼굴 앞에 쳐지는 슬레이트, 감정의 기폭 때문에 조절이 되지 않는 대사 볼륨, 러시를 볼 때마다 견디기 힘들었던 나의 클로즈업된 얼굴들……. 연기 내적 부분들을 차치하고서라도 열거할 수 있는 것들이 수없이 많다. 나는 그렇게 박철수 감독님과 〈301·302〉를 찍었다. 그 영화로 다수의 상을 수상하는 영예를 안았고 나의 대표작이 되었건만, 정작 영화 배우로서의 나는 열정만으로 영화와 정면충돌하다가 온몸이 상처 투성이가 된 처참한 몰골이었다. 그런 내게 '비밀'이란 말은 눈을 번쩍 뜨이게 하는 말이 아닐 수 없었다.

나는 카메라와 친해지고 싶었고, 나아가 사랑하고 싶었다. 그러나 나는 그 대상에 대해 너무 모르고 있었기에 그 사랑을 표현할 길은 묘연했고 멀게만 느껴졌다. 그래서 택한 방법이 연극 연습을 하듯 영화를 하는 것이었다. 촬영뿐 아니라 콘티, 편집, 믹싱 등 영화 한 편이 만들어지기까지의 전작업에 참여하면서 어깨 너머로 배울 수 있는 모든 것을 배우려고 애썼다. 그 과정에서 촬영 당시에는 무심결에 지나갔던 여러 가지 것들을 발견할 수 있었고, 새로운 것들을 알아나갔다. 하지만 무엇인가 아주 쉽고도 단순한 원리, 느낌이 아닌 기술적인 원리를 완전히 내 것으로 만들기엔 부족한 것 같은 생각이 들었다. 또다시 앞이 캄캄해졌다. 좋다, 처음부터 다시 시작하자. 언제는 누가 도와줘서 배우가 되었나. 닥치는 대로 책을 사들여 읽기 시작했고, 작품을 통한 공부도 게을리 하지 않았다. 좋아하는 일련의 영화들은 컷 수를 세어가며 보기도 했다. 그렇게 많은 시간들이 지나자 카메라는 서서히 나를 사랑하기 시작했다.

우연히 사게 된 이 책은 대단한 논리나 감성의 부분까지 건드려주지는 않았지만 당시 나의 갈증과 궁금증을 쉽고도 명쾌하게 풀어주었다. 무대 경험을 쌓아 서서히 자기 분야를 확장하고자 하는 배우라면 한 번쯤 읽어볼 만한 책이고, 또한 엄청나게 증가하는 영상 매체에 부응하여 연기자를 배출하는 학교에서도 이 책에서 소개하는 몇 가지 훈련은 시도해볼 만하다고 생각한다. 저자가 서술한 것처럼 촬영장에서 기다리고 있을 때, 분장실에서 많은 시간을 보내야 할 때 마치

소설같이 편안한 마음으로 읽을 수 있는 책이라 느껴, 나와 같은 처지에 있는 배우들이나 또 후배들에게 전하고 싶은 마음이 간절해졌다. 내가 대단히 유창한 언어를 구사해서도 아니고, 번역에 숙련된 사람도 아니지만 현장에서의 경험을 살려 새로 공부한다는 심정으로 이 일을 시작한 것이다. 나 자신을 향한 또다른 도전이었다.

이러한 도전에 더욱 힘을 주신 분이 계시다. 관록 있는 미술 전문 서적과 디스커버리 시리즈로 다양한 독자층을 확보하고 있는 시공사의 대표님을 비롯한 여러분들의 격려가 없었더라면 이 책의 출판은 불가능했을 것이다. 그런 기대와 막중한 책임에도 불구하고 공연이다, 촬영이다. 심지어는 김진한 감독의 단편 영화 〈장롱〉의 조감독으로 5개월 여를 보내면서 시간과 에너지를 쪼개느라 좋은 원고를 만들어내지 못한 것은 아닐까 걱정도 된다. 마치 영화 한 편, 공연 한 작품을 내놓는 심정처럼 독자들의 반응도 두렵다. 그러나 이제는 미련 없이 떠나 보내려 한다.

패트릭 터커는 우리 나라에서도 연출 경험을 가지고 있다. 불행히도 그의 작품을 보지는 못했지만 우리와는 인연이 많은 사람인 듯하다. 자신의 책이 한국이란 나라에서, 그것도 여배우의 손에 의해 번역되니 말이다. 저자는 혹시 내게 감사하지 않을까, 엉뚱한 상상도 해본다.

그가 책 속에서 예로 든 작품들은 우리 세대가 알고 있는 작품들도 있고, 너무 옛날 작품이어서 우리의 관심과는 먼 것들도 있다. 또 어떤 것은 우리 나라에 소개된 작품이어서 우리말 제목을 찾아낼 수 있었지만, 그렇지 않은 것도 있었다. 알프레드 히치콕 감독의 〈공포의 무대 *Stage Fright*〉가 그것이며, 저자가 연출한 BBC 드라마도 그러하다. 그런 경우는 고심해서 작명을 했다. 참고문헌으로써 인용된 책들 가운데도 임의로 이름을 붙여야 하는 것들이 있었다. 그런 부분은 감안을 하고 보기 바란다. 역주는 역자가 미국에 거주하면서 자연스레 알게 된 경험을 바탕으로 했으며, 집문당의 『영화용어해설집』을 주로 참조하였다.

이번 일을 하면서 인터넷이나 교보문고를 수시로 들락거렸지만 기대만큼 다양한 자료를 구할 수 없었다. 『영화용어해설집』을 만드신 중앙대 영화과의 이용관 교수님을 비롯한 몇몇 분들의 지속적인 노력에 지면을 통해서 개인적으로 감사를 드리고 싶다. 애건사의 『미국영화사』도 영화 제목을 알아내는 데 도움이 되었다. 아울러 편집을 맡아주신 한국미술연구소의 육홍경 님께도 감사하는 마음을 전하며, 다시 한 번 시공사 관계자 여러분께 머리 숙여 감사드린다.

이제 숨차게 또하나의 산을 넘은 느낌이다. 지금 이 순간에도 진정한 배우를 꿈꾸며 외로이 자신과의 처절한 싸움을 하고 있을 사랑하는 선후배와 동료들, 그리고 이 책을 통해 만나게 될 독자들과 뜨거운 포옹을 나누고 싶다.

문득 미국에 있는 엄마, 병상에 계신 아버지가 그리워진다.

1999. 6. 30 방은진